國立臺灣師範大學　專刊（41）

歷　史　學　系

傳道報國

日治末期臺灣基督徒的身分認同（1937-1945）

盧啟明　著

本書承蒙
郭廷以先生獎學金補助出版
特此致謝

▌出版緣起

　　本系出版「國立臺灣師範大學歷史研究所專刊」，迄今已有三十七種。一九七七年二月，張朋園教授接掌所務，為鼓勵研究生撰寫優良史學論文，特擬訂學位論文出版計畫。當時，亦將本系碩士論文榮獲「嘉新水泥文化基金會」、「中國學術著作獎助委員會」等機構獎助出版者列入，即「專刊」第（1）、第（3）、第（5）等三種。迨「郭廷以先生獎學金」成立，由獎學金監督委員會研議辦法，作為補助出版學位論文之用，「專刊」遂得持續出版。

　　郭廷以先生，字量宇，一九〇四年生，一九二六年畢業於東南大學文理科歷史系，曾在國內、外知名大學講學；自一九四九年起，至本系執教。一九五五年至一九七一年，擔任中央研究院近代史研究所籌備處主任及所長，並於一九五九年至一九六二年，兼任本校文學院院長。一九六八年，當選中央研究院院士，是深具國際學術影響力的學者。

　　一九七五年九月，　先生在美病逝。李國祁教授感念　先生的學術貢獻，邀集本校史地系系友籌組基金，在本系設置「郭廷以先生獎學金」，於一九七七年十月開始頒授獎學金。獎學金設監督委員會，由中央研究院近代史研究所研究員和本系教師共同組成，每年遴選優秀學位論文，補助印製「專刊」經費。三十多年來，本系研究生無不以獲得「郭廷以先生獎學金」獎勵，並以「專刊」名義出版畢業論文，為最高榮譽。

「專刊」向由本系刊行，寄贈國內、外學術機構和圖書館，頗受學界肯定，惟印刷數量有限，坊間不易得見，殊為可惜。經本屆獎學金監督委員會議決，商請秀威資訊科技公司印製發行，以廣流傳，期能為促進學術交流略盡棉薄之力。

　　今年，適值郭廷以先生逝世四十周年，「專刊」以新的型態再出發，可謂別具意義。謹識緣起，以資紀念。

國立臺灣師範大學歷史學系

二〇一五年九月

▌序　究明隱晦的歷史

　　清季，隨著臺灣開放通商口岸，英國長老教會宣教師來臺傳教，利用醫療和教育為媒介，順利在各地建立近百所教會。日治時期，臺灣教會長期與總督府、日本教會維持良好的關係，教勢長足發展，基督徒積極追求現代教育和文化，不少菁英在社會各領域有重要的角色和傑出的表現。1937年中日戰爭爆發後，臺灣亦被納入戰時體制，配合「國民精神總動員運動」，宗教統制成為皇民化運動的一環，教會輿論出現鼓吹「傳道報國」以因應時局。此一信仰實踐之真正目標實隨著戰爭情勢及政教關係的變化而有所轉折，基督徒的身分認同也有所轉變，對當時臺灣社會產生一定的作用和影響，自不待言。然而，戰後臺灣脫離日本殖民統治以來，此一複雜且敏感的認同課題長期鮮少有人詳加探討或給以適切的評價。

　　有鑑於此，啟明仔細爬梳臺灣基督長老教會保存的議事錄和報章雜誌，加上時人書信、著作、回憶文字、口述紀錄等基本資料，探究日治末期臺灣基督徒如何因應「傳道報國」，以及其角色和認同如何變動，藉以究明基督徒跨越教會和社會處境的因應之道，釐清基督徒身分認同與政教之關係。指出1930年代中期的奮興運動使臺灣基督徒奠定「傳道報國」的心智，鞏固「天國子民」的信仰認同；在皇民化運動下，「傳道報國」一時形成重要召命，「皇國臣民」的國民認同達到高峰；隨著戰爭的擴大，官方控制更加強化，臺灣基督徒面臨生活和信仰的困境，從而喚起民族認同，「傳道報

國」轉變為關愛鄉土之情懷；迨至戰爭末期，官方之干預及資源匱乏，臺灣基督徒開始有了反思「傳道報國」之空間。要之，本書相當實證且客觀地究明日治末期殖民地臺灣的基督徒在艱苦的時局和處境下，透過信仰進行反省，從國族發現矛盾，於是找到對斯土斯民的認同。可說頗有助於適切釐清特殊時期日本帝國及其殖民地基督徒認同之疑義。

啟明稟賦聰穎，個性沉靜穩重，做事腳踏實地，為學確實專注，好學敏思，常能見人之所未見，頗具史學研究之潛力；加以出身虔誠的基督教家庭，深受基督教經典和訓誨之洗禮，具有正確解讀教會及教徒的白話字文獻之能力，並能適當理解史料的真義；難能可貴的，能秉持歷史研究者冷靜、中立、實證的態度，蒐羅資料力求周延、平衡，有一分證據說一分話，有七分證據不說八分話，不做主觀的闡釋和過當的申論，論理嚴謹合理，論斷頗具創見和說服力；文字平實流暢，條理分明。本書可說是一本開拓新史料、讓人耳目一新且富可讀性之佳作。此次，榮獲本系郭廷以先生獎學金之獎助出版為專書，乃實至名歸，可欣可賀。咸信本書之出版非僅啟明個人之榮耀，也為臺灣社會史研究添一良書。

忝為指導教授，爰聊綴數語，略抒所感，並為之推薦，願讀者諸君捧讀本書，亦有受益良多之感，則幸甚！

名譽教授　吳文星

誌於國立臺灣師範大學歷史學系研究室

2017年6月

▊ 序　為歷史補白的優質研究！

　　得知師大歷史所博士生盧啟明的碩士論文《日治末期臺灣基督徒「傳道報國」認同之研究（1937-1945）》[1]即將出版，為他深深感到喜悅，也很高興能藉這篇序言來表達推薦和慶賀之意。

　　個人認為，這本論文能夠出版，有幾個重要的貢獻和意義：首先，關於這段看似隱晦的歷史，過去的學界（特別是臺灣基督教史的研究者）確實著墨不多，或者感到這段歷史經驗過於屈辱或事涉敏感，或者覺得大眾輿論已有定論，不願再深入探究，結果卻是流於空白。換句話說，啟明的研究可以說為這段長期被忽略的歷史空白做了重要的填補。誠如啟明自己所說：「本論文旨在究明戰爭時期臺灣基督徒『傳道報國』的認同問題，分析其宗教信仰與國家民族的雙重身分，關注基督徒的歷史、文化、宗教及政治等經驗，探討戰時體制下臺灣基督徒的角色與變動，以深究其跨越教會及社會處境的因應之道。」對於研究臺灣史和臺灣基督教史的學術同仁來說，這確實是一個值得關注且深思的議題。

　　其次，關於對這段歷史的理解，過去往往也落入過於簡化的思維或淪為片面的想像，缺乏臨場、實證的史料檢視和願意真實面對人性與歷史之複雜向度的開放態度，啟明的研究帶出了較為整全的視角和詮釋觀點，也重新建構了此一階段的歷史圖像。本文從1930

---

[1] 編案：此為作者碩論原題，出版時微調作本書目前書名：《傳道報國——日治末期臺灣基督徒的身分認同（1937-1945）》。

年代的奮興運動、皇民化運動談起，到皇民奉公運動及「傳道報國」思想的浮現，一直到終戰的困窘局面，輔以日本神學觀點的影響、主日學教育的案例分析，以及世代交替間的思維轉換，呈現出帶有複雜色度及層次感（nuance）的歷史研究，值得讚賞。當然，同樣值得推介的是，本文所介紹的一、二手史料以及所收集整理的圖表、相片、目錄，都是寶貴的研究資訊。

這十多年來，我很高興能夠和啟明共享師生和同事的情誼，他在師大歷史所先後就讀碩士班、博士班的同時，也自2007年起在我所服務的臺灣神學院修課，並擔任臺灣基督教歷史資料中心的研究助理，後來更全時間就讀道學碩士班，將歷史和神學研究做一巧妙的整合。上課之餘，我們也經常一起討論、做研究，編輯並出版不同類型的作品，可謂教學相長。也因此，我有機會看著他一路成長，從基本的學習工具，包括語言和方法論，到史料的收集，不管是原始文獻或學術專論，都能掌握精確，鉅細彌遺，加上下筆謹慎，治學嚴謹，不濫言，確實是年輕一輩研究者中不可多得的人才。

整體而言，本書絕對是一本「物超所值」的碩士論文，不管是第一手史料的整理、立基於歷史臨場感的詮釋、謹慎但有力的論證，其研究質量已經直逼博士論文的等級，確實可喜可賀，也令人更加期待啟明的博士論文早日完成、出土。在讚賞和期許之餘，也感受到些許的感激和欣慰之情，是以為序！

臺灣神學院教會歷史學教授　鄭仰恩
2017年10月

目次 contents

表次

圖次

第一章
緒論

一、研究動機與目的

1895年，根據《馬關條約》，清廷將臺灣、澎湖割讓予日本，從此就法律上言，臺灣已成為日本版圖之一部分。惟日人藉口臺灣之歷史文化、語言、風俗習慣及社會狀態異於日本，乃仿照列強，在臺灣實施民族差別的殖民統治。[1]

日治初期，總督府在政治、經濟及教育上壓抑臺灣人和外國人勢力，唯獨在宗教上對原有的寺廟信仰及外國神職人員少有干預。[2]同時，總督府認為基督教為西方文化之代表，故對教會懷有好感，宣教事務頗能順利推展。[3]另一方面，外國神職人員大多肯定總督府的施政，認為「進步氣息」對教會發展頗有幫助。[4]

統治權遞嬗之際，新一代知識分子成長於日治臺灣社會，不但接受新式教育，且有不少人赴海外留學。這群所謂「乙未戰後新生代」無論出身或觀念都有別於前、後世代。[5]此一時期的基督徒亦

---

[1]　吳文星，《日治時期臺灣的社會領導階層》（臺北：五南圖書公司，2008），頁1。
[2]　矢內原忠雄著，林明德譯，《日本帝國主義下之臺灣》（臺北：吳三連臺灣史料基金會，2004），頁194。
[3]　董芳苑，〈論長老教會與臺灣的現代化〉，收入《臺灣近百年史論文集》（臺北：吳三連臺灣史料基金會，1996），頁192。
[4]　吳文星，〈日據初期（1895-1910）西人的臺灣觀〉，《臺灣風物》40:1（1990.3），頁163。
[5]　周婉窈，《日據時代的臺灣議會設置請願運動》（臺北：自立報系文化出版部，1989），頁13。

不例外，他們開始接觸日本文化，甚至生而為日本國籍，教會領導者認為基督徒比一般臺灣人更早且更有機會接受教育，所以基督徒應成為好國民，有優良表現，實行規律的生活操守。[6]日治初期，一般臺人對日本教育深感疑慮，唯恐子弟就學後被徵兵，但許多基督徒很快地接受國語傳習所的教育，並有志赴日留學。[7]是時，基督徒總人數不及全臺百分之一，惟相較於一般臺人，對日本新式教育頗能因應與接受。例如，早期醫學校學生即有不少基督徒，僅1902-1906年間即佔畢業生總數的四分之一，其比率足堪重視。再者，由於基督徒積極接受西式教育，開啟臺人留學海外風氣之端緒。影響所及，基督徒長期迎拒或抉擇於「同化」與「現代化」之間，無不使其深刻思考身分認同的問題。[8]

日本領臺20年後，1915年因山林原野收奪的衝突而爆發西來庵事件，總督府為深究動亂的原因，以「迷信的改善、陰謀團體的發覺、社會治安的維護」為由展開宗教調查，並以佛、道等民間宗教為主要對象，西方宗教為次。官方根據調查報告，認為基督教的傳播快速，必須著手制訂相關法令，要求教會遵守。其結果，基督徒透過法律程序與官方交涉，屢屢就產權、地租或神職人員生命財產安全進行折衝、溝通。影響所及，促使教會進一步整合成立財團法人，教會組織在法律上受到確認。

---

[6]　賴永祥，〈臺灣基督徒的心路歷程〉，《路標》6（1997.6），頁75。
[7]　杜聰明，《杜聰明言論集》（高雄：私立高雄醫學院，1964），頁51-52。
[8]　留學歐美基督徒之姓名、留學國及修習科系如下：顏春安（美，化）、郭馬西（美，神）、高敬遠（德，醫）、王受祿（德，醫）、蔡阿信（美，醫）、李延禧（美，商）、李延澤（美，經）、李延綿（香港拔萃）、李超然（德，工化）、李昆玉（美，經）、林茂生（美，哲）、廖溫魁（美，哲）、廖溫義（美，化）、劉振芳（美，神）、蔡愛智（美，神）、蔡愛禮（英，醫）、劉主安（英，神）、劉快治（美，教、社）、劉聰慧（美，醫）、劉青和（德，化）、劉清風（美，醫）、劉青黎（美，化）、周再賜（美，神）、杜聰明（美，醫）、張鴻圖（香港，商）、鍾啓明（美）、顏春輝（加，醫）、黃朝琴（美，政）、黃國書（德，軍）、陳約瑟（不詳）、林德翰（美，醫）、吳錫源（美，經）、張文成（英，港大工）、黃彰輝（英，神）。共34人。
　　吳文星，《日治時期臺灣的社會領導階層》，頁113、127、313。

隨著信徒的增加，臺灣基督教在拓展過程中，逐漸由一個以外國神職人員領導的教會，轉變成以本土信徒為中心的教會。在面對社會壓力時，臺灣基督徒從阻力中尋求化解之道，同時推動本土教會自養、自傳、自治的「三自運動」。因此宣教的對象從平埔族轉至漢人，其中雖有人倚仗洋勢，但絕大多數是以認真的態度看待信仰，教會也漸漸由本地信徒負擔費用、管理經營。[9]

1920年代以降，基督徒有識之士如林茂生、蔡培火等人，進一步在「多重邊緣性」的帝國殖民情境中，藉信仰與文化資源來批判殖民體制，進而思考臺灣自主意識。政治上，基督教人際網絡使臺灣議會設置請願運動更加推展，仁愛和平的教義則助其走向「體制內」的路線。教育上，基督徒結合社會資源，希望長老教中學成為「臺灣人的中學」。文化上，基督徒推行羅馬拼音的「白話字」，提供社會大眾吸收新文明的工具。[10]新一代的基督徒知識分子接受新式教育，經由日語和各種外文的閱讀，與普世接軌，具有向世界學習的開放態度，既培養出批判性的思考態度，也承受更多思想的挑戰，使其內在生命和外在環境不時激盪。[11]

不可否認的，學校教育是養成國民認同的重要場所，政教關係若產生變化，教會學校往往最先感受到緊張。以長老教中學為例，宣教師視之為神學校預備教育，本地信徒則希望它成為中等普通教育之一環。該校擴遷後，本地信徒經營權提升，進而組織後援會募集基金，但在總督府以「參拜神社」作為認可前提下，出現統治權力、宗教教育與本土教育之間的張力。[12]總督府要求基督教參拜神

---

9 吳學明，《從依賴到自立：終戰前臺灣南部基督長老教會研究》（臺南：人光出版社，2003），頁429-436。
10 王昭文，〈日治時期臺灣基督徒知識分子與社會運動（1920-1930年代）〉（臺南：國立成功大學歷史學系博士論文，2009），頁204-217。
11 鄧慧恩，〈日治時期臺灣知識份子對於「世界主義」的實踐：以基督教受容為中心〉（臺南：國立成功大學臺灣文學系博士論文，2011），頁261-262。
12 黃德銘，〈長老教中學的發展與本土教育（1885-1934）〉，收入侯坤宏、林蘭芳編

社，認為此舉是「愛國的行為」，這雖然讓基督教有了新的詮釋空間，但這些都只是暫時避開衝突，而非徹底消弭，一神信仰的「上帝」和「天皇」在宗教性質都有排他性，兩者的牴觸仍然存在。[13]

　　1931年，日本擴大對外戰爭，推動「敬神崇祖」精神。此一時期，陸續展開社會教化運動，如1932年起的「部落振興運動」、1934年的「臺灣社會教化協議會」、1936年的「民風作興運動」等。日本的國策從產業振興層面漸次強調宗教信仰、國民教化層面，益發重視建造神社、奉祀大麻的國家神道。推動「民風作興運動」時尤其強調神社參拜與敬神思想的普及。[14]臺灣的右翼團體不但呼應「忠君愛國」的主張，甚至要求撲滅臺灣的民族運動，恢復武官總督統治。[15]

　　1937年，盧溝橋事變爆發，日本政府為集結國力，遂以社會教化為基礎，推展一系列的「國民精神總動員運動」、「新體制運動」等國策。總督府的宗教政策也從初期「放任溫存」、中期「制度整備」進入戰爭時期的「宗教統制」。軍國主義抬頭時，日本對基督教國家及基督徒的態度漸漸轉為敵對。日本國內與臺灣的西方宗教均係外籍人士引入，因此日本政府制訂法令時乃同時考量外交與宗教的層面。1941年戰事擴大之際，日本政府採取「先外交後宗教」的順序處理外籍人士的去留。其中，西班牙因保持中立，所屬的天主教道明會的神職人員未遭遣返，但仍被監視、限制住居，被要求協力戰爭、配合國策。[16]在臺灣，屬於「敵國」英、美的外籍

《社會經濟史的傳承與創新：王樹槐教授八秩榮慶論文集》（臺北：稻鄉出版社，2009），頁69-102。

[13] 蔡蕙頻，〈日治時期臺灣的宗教發展與尊皇思想初探〉，《臺北市立教育大學學報人文社會類》40：1（2009.5），頁119。

[14] 蔡錦堂，〈日據時期臺灣之宗教政策〉，《臺灣風物》42:4（1992.12），頁116-117。

[15] Wan-yao Chou, *The Kominka Movement: Taiwan under Wartime Japan, 1937-1945* (Ph. D. dissertation of Yale University in New Haven, 1991), p. 32.

[16] 楊嘉欽，〈日治時期臺灣總督府對天主教之政策與態度〉，收入《第五屆臺灣總督

基督教人士絕大多數遭到驅逐出境，臺灣基督徒不得不自立自治。

1937年以降，「傳道報國」一詞因應時局登上歷史舞台，成為教會間的常用語。例如1938年2月15日第42回北部中會議事錄中，牧師以「傳道報國」為題講道，帶領與會者誦讀聖經的詩篇51篇，亦即基督徒熟知的「大衛悔罪」詩篇。[17]另外也曾多次出現在教會刊物（如1940年3月、12月以及1941年8月的《北部教會》）。傳道報「國」究竟是指「天國」或「皇國」著實耐人尋味。此一情形代表基督徒信仰實踐與政教關係觀念的改變，從靜態的禮拜儀式轉而呈現動態的傳道報國心志。

對基督徒而言，「傳道報國」實包含「基督徒」與「本地人」兩種根本的身分認同（identity），而精神面與實際面認同的平衡更不是一蹴可幾的易事。概言之，「傳道報國」的身分認同至少涵蓋四種經驗。其一為歷史經驗，根據臺灣近代史，早期欲同時身為基督徒又是臺灣人的身分係存在著矛盾，因基督教伴隨著帝國主義的船堅砲利傳入，仰賴軍事力量的媒介和保護，故被視為外來的洋教、蕃仔教。其二為文化經驗，早期宣教師眼見基督教與民間風俗相異，為調和文化差距之故，投注許多心力。其三為教會經驗，最明顯的例子即是基督教本土化的實踐。其四為政治經驗，亦即最主要影響身分認同的層面，從日治末、終戰初，甚至到今日，基督徒一再地受到政治權力帶來的影響。[18]質言之，日治末期基督徒實踐「傳道報國」的理念並不容易；身分認同的張力亦不單純，信仰上是「天國的子民」；政治上是「皇國的臣民」，再者，因殖民地的特殊時空背景，民族上又漸漸體認到自己是「臺灣的住民」。不但如此，另有外國差會與日本教會的影響，致使臺灣基督徒的身分認

府檔案學術研討會論文集》（南投：國史館臺灣文獻館，2008），頁429。
[17] 《北部中會議事錄》42回（1938.2），頁1。
[18] 鄭仰恩，〈臺灣基督徒的身份認同〉，《路標》6（1997.6），頁155-166。

同並不全然是「固著」的狀態，為「安身立命」之故，可能呈現迷失、反省或轉換的情形。

由上可知，日治末期基督徒的信仰內涵、國家意識、民族概念與政教關係均產生結構性的變化，其變遷過程中，跨越教會與社會處境的基督徒在「傳道」、「報國」之間究竟如何因應？其角色和認同有何變動？誠然為一值得探究的課題。

有鑑於此，本書旨在究明臺灣人基督徒在日治末期大環境遽變時「傳道報國」的認同問題，分析其宗教信仰與國家民族的雙重身分，關注基督徒的歷史、文化、教會與政治等經驗，並探討戰時體制下臺灣人基督徒與外籍宣教師的角色與功能。本書偏重討論基督徒與教會行政事務的關係，因此基督徒參與的中學教育、醫療院所方面的部分暫不列入專章探討範圍，僅在相關部分略述其概。此外，雖然在臺日人基督徒對教會各方面之變遷亦有相當的影響，但除了戰爭末期的宗教統合以外，日人多向自己的族群傳道，較少干涉臺人教會，因此本書暫不討論日人在臺的教會。

本書除緒論與結論之外，分為四章。首先，探討教會組織擴展之下基督徒受到奮興思潮影響下「傳道報國」理念的信仰背景。其次探討皇民化時期「傳道報國」理念的強化，分析基督徒信仰、生活與教會性質的變遷。接著論證皇民奉公時期基督徒「傳道報國」困境和掙扎之下，如何萌生民族認同。最後以基督徒的宗教教育——主日學為中心，探討「傳道報國」此一身分認同之塑造。希冀透過歷史研究，對時人的集體心態有所掌握，一方面追蹤其生命歷程，一面設法瞭解其時空處境，著眼於時人生命史與環境變遷的相互關係。[19]再者，就基督教信仰的觀點探討臺灣歷史處境的議題時，「信仰意識」和「歷史意識」關係密切，「本土」和「普世」

---

[19] 鄭麗玲，〈戰時體制下的臺灣社會（1937-1945）——治安、社會教化、軍事動員〉（新竹：國立清華大學歷史研究所碩士論文，1994），頁105-106。

的問題亦是難以分離。[20]換言之，歷史的回顧與展望是基督徒身分認同的源頭，歷史的重新詮釋其實意味著基督徒身分的再塑造，[21]藉著耙梳「傳道報國」的歷史的意義，藉期釐清日治末期的基督徒身分認同與政教關係。

二、文獻探討

日本領臺時，臺灣基督長老教會已有30年的歷史，至1945年更累積長達80年的里程碑，顯然的，其變遷與臺灣近代史密不可分。近年來，隨著臺灣史研究的發展，關於基督徒身分認同之研究，引起學界頗多關注。

基督徒認為聖經中的歷史具有時代意義，同為教義的啟示與追隨神的方針，因之注重歷史意識的傳承與歷史資料的保存。臺灣教會自日治中期以降，陸續編定多冊教會史專著，[22]其中，最具代表性者為《臺灣基督長老教會百年史》（下稱《百年史》）。[23]該書由教會界學者合力完成，包括幾位神學院教授，具有一定的學術水準，對教會發展史有適切的掌握。值得注意的是，撰寫者均為親身經歷日本統治時期的「見證者」，因此《百年史》常被視為一手史料直接徵引，其重要性自不待言。然而，該書體例不一、註釋不完整，又因「置身事內」之故，皇民化運動的因應、戰後初期的

---

[20] 鄭仰恩，《歷史與信仰：從基督教觀點看臺灣和世界》（臺南：人光出版社，1999），序言。

[21] 黃伯和，《基督徒身分的塑造：福音與文化觀點的基督教教義發展史》（臺南：教會公報社，1997），頁1-4。

[22] 例如：臺灣北部中會禧年紀念部編輯，《北部臺灣基督長老教會的歷史》（臺北：該會，1923）。
臺灣基督長老教會年鑑編輯小組，《臺灣基督長老教會設教120週年年鑑》（臺北：該會，1985）。
總會原住民宣道委員會，《臺灣基督長老教會原住民族宣教史》（臺北：該會，1998）。

[23] 臺灣基督長老教會總會歷史委員會，《臺灣基督長老教會百年史》（臺南：臺灣教會公報社，1965）。

教會財產接收等部分較具爭議性的問題，仍有待利用原始史料加以
釐清。由於時代背景使然，亦偶見「反日抗日」的史觀。但無論如
何，《百年史》瑕不掩瑜，無論深度或廣度，迄今仍為研究臺灣基
督教史的必讀著作。

　　宣教歷程與信仰認同的研究方面，廖安惠利用教會史料與口述
訪談，分析1932-1939年的北部教會革新運動，認為改革動向未受
總督府宗教政策干預，純粹是教會內部有組織、有規模的權力改組
運動，旨在爭取民主、共治且本土化的教會體制。新派教會領袖於
日治末期握有決策權，戰後亦在國民黨統治時期繼續主導，其一貫
迎合政權的作風，引起教會內的非議，掀起教會倫理的探討。[24]梁
家麟研究教會的「屬靈傳統」，認為教會深受基督徒領袖之個人思
想與事業所影響，後人延續其發展模式，為教會增添新的意義。[25]
鄭仰恩探討加爾文傳統（Calvinism）影響臺灣的過程，指出此等傳
統具有團結、聖經權威、入世、都市性格、審慎的藝術觀以及「去
偶像」等共通特徵，從臺灣教會學校參拜神社的事件中，可觀察到
基督徒如何受到加爾文傳統影響，以及其面對戰爭和軍國主義的考
驗。[26]

　　宗教政策與國族認同之研究方面，康奈娃研究日治時期殖民
地的基督教政策，對朝鮮的論述較為詳細，關於臺灣的部分則多引
用既有研究，與《百年史》架構相似。[27]李勤岸等人認為日治時期
的長老教會並無認同分歧或轉換的過程，反而較依附、妥協於統治
者，無論在形式上的政治面或實質上的社會面均未真正本土化。同

---

[24] 廖安惠，〈北部臺灣基督長老教會「新人運動」之研究〉（臺南：國立成功大學歷
　　史研究所碩士論文，1997），頁126-132。
[25] 梁家麟，《徘徊於耶儒之間》（臺北：宇宙光出版社，1997），頁313-314。
[26] Yang En Cheng,"Calvinism and Taiwan," *Theology Today* 66:2 (2009.7), pp.
　　184-202.
[27] 康奈娃，〈日據時代的基督教政策初探：以韓國與臺灣基督教為例〉（臺北：國立
　　臺灣大學歷史研究所碩士論文，1999），頁92-99。

時，留日基督徒的心境相當程度地認同日本帝國，常以日本教育的「進步性」與基督教的「文明性」視為重疊的追求目標。[28]三野和惠則從宣教師梅監務（Campbell N. Moody）的角度來看1930年代的臺灣人，其實也有漸漸發展出反殖民地主義的「呣甘願神學」之背景。[29]陳慕真的研究則指出，教會公報對戰時體制基督徒所採取的因應方式及信仰態度多所報導，一方面呼應戰時國策，一方面巧妙地結合基督教教義，至於臺日教會之間更是互動頻繁，積極與之合作。[30]

關於歐美學者的研究，理查森（W. J. Richardson）的博士論文引用英國、加拿大、菲律賓的教會檔案，比較日治時期基督教和天主教的發展，指出基督徒推動宣教、醫療、教育及文字出版，對社會福利和宗教本土化頗有貢獻，但宗教上的合一有待突破。作者聚焦宣教師的個案研究，審慎討論基督教對社會文化帶來的歷史意義，[31]惟該論文未徵引臺灣教會各級議事錄與報刊，因此日治中、後期政教互動的影響猶待進一步探究。

艾恩（Andrew Hamish Ion）的研究成果係探討加拿大與英國改革宗教會在日本帝國境內的宣教運動。作者大量引用日、韓教會檔案，探討重點以日本本土為主，殖民地為次。第一冊論及1872-1931年的加拿大教會；第二冊聚焦1865-1945年的英國教會，觀察時局變遷對教會的影響、臺灣宣教師對殖民政策的態度。第三冊則選

---

[28] 李勤岸、呂美親、劉承賢，〈陳清忠與北部臺灣基督長老教會教會公報《芥菜子》初探〉，收入〈數位典藏國家型科技計畫：臺灣教會公報白話字文獻數位典藏計劃（1885-1969）96年度成果效益事實報告表〉（2008.7），頁34-50。

[29] 三野和惠，〈日本統治下台湾におけるキリスト教と反植民地主義ナショナリズム：宣教文書《山小屋》（1938）に見る「苦しみ」と「愛国」の問題に著目して〉，《日本台湾学会報》14（2012.6），頁24-46。

[30] 陳慕真，〈日治末期的臺灣基督長老教會：以《臺灣教會公報》為中心〉，《臺灣史料研究》37（2011.6），頁32-49。

[31] William J. Richardson, *Christianity in Taiwan under Japanese Rule, 1895-1945* (New York: St. John University, 1971), pp. 198-203.

定1931-1945年的戰爭時期，增加對臺灣關注，並利用加拿大教會檔案、日本《福音新報》與英國領事報告分析臺灣教會的處境，艾恩認為日人成功遂行國家主義，「摧毀」北部兩所教會中學。惟作者在日文資料的運用尚待商榷，解釋臺灣教會面臨的難題時有欠周延。[32]

教會學校呈現的政教衝突研究成果頗豐，孫慈雅指出1923-1945年之間，總督府逐步對基督徒及教會學校施加壓力。惟其結果，不但未能實現「基督徒擔任教師」的理想，亦失去宗教教育的特色，殖民教育體制下的教會學校，只能扮演「外圍角色」。[33]查時傑以《百年史》為基，輔以政教衝突與調適的觀點，指出教會在民族主義與信仰精神的雙重因素下，對皇民化運動特別抗拒。該文詳細討論南、北教會學校在面對神社參拜的壓力，分採妥協、讓渡的解決方式，以及後續影響，其論述與《百年史》略同，強調政府的支配角色，較少探討教會的主動回應。[34]查氏認為日治末期的教會力量十分微弱，在殖民政府的刻意打壓下，外在環境非常惡劣，基督徒只能苦撐待變。[35]此外，查氏討論抗戰時期的基督教會，運

---

[32] A. Hamish Ion, *The Cross and Rising Sun: The Canadian Protestant Missionary Movement in the Japanese Empire, 1872-1931* (Waterloo: Wilfrid Laurier University Press, 1990).
A. Hamish Ion, *The Cross and Rising Sun(Vol. 2): The British Protestant Missionary Movement in the Japan, Korea, and Taiwan, 1865-1945* (Waterloo: University Press, 1993).
A. Hamish Ion, *The Cross in the Dark Valley: The Canadian Missionary Movement in the Japanese Empire,1931-1945* (Waterloo: Wilfrid Laurier University Press, 1999).

[33] 孫慈雅，〈日本統治下的臺灣教會學校〉（臺北：國立政治大學歷史研究所碩士論文，1984），頁149。

[34] 查時傑，〈皇民化運動下的臺灣長老教會：以南北教會學校神社參拜為例〉，收入《中國海洋發展史論文集第三輯》（臺北：中研院中山人文社會科學研究所，1990），頁127-156。

[35] 查時傑，〈臺灣光復前後的基督教會（1940-1948）〉，收入《中華民國史專題論文集第三屆討論會》（臺北：國史館，1996），頁1153-1169。另收入林治平主編，《基督教與臺灣》（臺北：宇宙光出版社，1996），頁135-155。

用回憶文字比較北京、南京、上海、廣州、香港等日軍佔領區的教會狀況，指出其衝擊與因應方式。[36]

查忻運用宣教師書信記錄與教會學校檔案，企圖跳脫傳統教會史的反日觀點，重新檢討宣教師在「日本國家主義」和「臺灣民族主義」下的立場。認為宣教師乃教會學校的主事者，他們代表教會，以宗教觀點面對皇民化運動，其中少見民族情結。而日本官員處理「教會學校與皇民化運動」的問題時，沒有奪取或摧毀教會學校的想法，他們反而幫助教會學校，抗衡日本民間右翼人士的言論與軍國主義政策的挑戰。[37]

吳學明以長老教中學作為探討政教關係的切入點，指出日治初期長老教會與日本統治者關係十分良好，但皇民化運動時期政治力凌駕一切，教會完全受到日本統治者支配，尤其戰爭末期，盟軍登陸的傳言紛起，政教關係非常緊張。[38]

有關戰爭末期的「日本基督教臺灣教團」部分，高井ヘラー由紀大量引用日本基督教的資料及口述訪談，深入研究日治時期在臺日人的教會。作者徵引一部分臺灣教會的原始資料，但時間集中在太平洋戰爭末期，史料縱深有待延展，結論大抵認為日人扮演「提攜」、「救濟」之角色。[39]陳智衡則認為在日本長期統治下，臺、日教會間已建立一定的關係，加上華人教會領袖亦習慣與日人相處及其統治，因此才得以提出本身的期望。反觀戰爭時期其他的日軍

---

36 查時傑，《民國基督教史論文集》（臺北：宇宙光出版社，1994），頁229-258。

37 查忻，《旭日旗下的十字架：1930年代以降日本軍國主義興起下的臺灣基督長老教會學校》（臺北：稻鄉出版社，2007），頁175-179。

38 吳學明，〈終戰前臺灣政教關係研究——以臺南長老教中學為中心〉，收入《通識教育與歷史專業：東亞研究的微觀與宏觀學術研討會論文集》（2005），頁115-129。該文為國科會計畫NSC93-2411-H-008-007〈臺灣政教關係研究：以終戰前臺灣基督長老教會為中心〉成果之一。

39 高井ヘラー由紀，〈日本統治下における日本人プロテスタント教會史研究（1895-1945年）〉（東京：國際基督教大學大學院比較文化研究科博士論文，2003），頁354-364。

佔領區就沒有這層關係。[40]

　　歷史學之外，基督教和政府的衝突亦為社會科學討論的重點之一。陳家倫注意到時南、北教會面對政權時反應不同，差異性從日治時期延續到戰後。[41]林本炫以碩士論文為基礎，從長老教會的發展和特質觀察政教衝突的歷史淵源，重點置於1970年以降。[42]陳國棟從「外來政權入侵」的時代背景，探討教會本土化的歷程，但缺乏直接史料的徵引，論點未見創新。[43]張兆林認為日治末期總督府對教會轉變態度，教會無力反抗政權壓制，政教關係是軍事強權下的「非自願服從關係」。[44]許銘閎採「教會與政府」與「一般公民政治參與」等理論探討政教衝突，並略述長老教會的政治神學思想，主要論述架構依循既有研究，文獻與口述資料猶待消化整理，對政教關係所提出的解釋有限。[45]

　　長老教會的神學院也有以政教關係為主題的學位論文，例如林晚生[46]和陶月梅[47]分別以《臺灣教會公報》及《北部大會議事錄》為素材，探討政治動盪時期教會的因應之道，雖能反映出信仰的關懷與神學的內涵，但一手史料尚待更進一步深入的解讀。

　　研究討論方面亦有成果，例如吳學明以專文論述日治時期基督

[40] 陳智衡，《太陽旗下的十架：香港日治時期基督教會史（1941-1945）》（香港：建道神學院，2009），頁39。
[41] 陳家倫，〈臺灣社會之宗教與政治關係的演變：以一個宗教團體的社會學分析〉（臺北：國立臺灣大學社會學研究所碩士論文，1984），頁38。
[42] 林本炫，《臺灣的政教衝突》（臺北：稻鄉出版社，1994），頁127-131。
[43] 陳國棟，〈日治時期臺灣長老教會之研究（1895-1945）：就本色化教會與政教關係探討〉，收入《臺灣歷史文化學術研討會會議論文》（1999），頁68-80。
[44] 張兆林，〈臺灣基督長老教會政教關係之演變〉（臺北：真理大學宗教學系碩士論文，2004），頁64。
[45] 許銘閎，〈臺灣基督長老教會政教關係之研究〉（臺北：東吳大學政治學系碩士論文，2008），頁64-67。
[46] 林晚生，〈解讀1894-1896年《臺灣教會公報》探討當時教會與社會的關係〉（臺南：臺南神學院道學碩士論文，1999）。
[47] 陶月梅，〈日據晚期政治對臺灣基督長老教會之影響（1937-1945）〉（臺北：臺灣神學院道學碩士論文，1989），頁41-42。

教史研究的回顧與展望，認為基督教史不但要超越單一教會沿革與人物史實等枝節的考證，更要置於臺灣歷史脈絡中加以觀察，尋找其特殊意義。[48]張妙娟以1981-2000年發表的學位論文為中心，指出史實重建應先於史學詮釋，在教會歷史未待釐清之前，不宜冒然對相關課題作解釋或引伸，否則恐有倒果為因之謬。基督教史應注重宗教信仰的特質與歷史脈絡的變遷，並適時加入教義旨趣的神學分析，方能期待宏觀整合性的成果。[49]林美玫的專書論文引得相當豐富，將臺灣基督長老教會作一專章討論，整理政治、社會等層面的研究概況。[50]此外，根據中央研究院臺灣史研究所2008年起舉辦多次「臺灣史研究的回顧與展望」研討會，顯示了近年來基督宗教研究仍然是受到關注的課題之一（筆者曾參與2008-2010年的撰寫工作[51]）。

根據上述回顧，多數研究在討論日治末期教會的處境時，多依循《百年史》「政府壓迫、教會屈就」的論述，將日本人視為主動的壓迫者，宣教師與臺灣人則是被動的受迫者。另一種則是將宣教師視為日本軍國主義對付臺灣民族主義的「共犯」。這兩種看法都需要重新利用一手史料、再次考量歷史現場，進行思索與檢驗。

---

[48] 吳學明，〈日治時期臺灣基督長老教會研究的回顧與展望〉，收入林治平主編《臺灣基督教史：史料與研究回顧論文集》（臺北：宇宙光出版社，1998），頁213-236。

[49] 張妙娟，〈臺灣基督長老教會史研究之回顧與展望：以近二十年來學位論文為中心〉，《史耘》6（2000.9），頁133-150。

[50] 林美玫，《禱恩述源：臺灣學者基督宗教研究專書論文引得（1950-2005）》（臺北縣永和市：世界宗教博物館基金會，2006）。

[51] 蔡錦堂等，〈宗教史研究〉，《2007年臺灣史研究的回顧與展望學術研討會論文集》（臺北：中央研究院臺灣史研究所，2008），頁14-17。
蔡錦堂等，〈宗教史與民間信仰類〉，《2008年臺灣史研究的回顧與展望學術研討會論文集》（臺北：中央研究院臺灣史研究所，2009），頁18-35。
蔡錦堂等，〈宗教史類〉，《2009年臺灣史研究的回顧與展望學術研討會會議資料》（臺北：中央研究院臺灣史研究所，2010），頁1-28。

三、研究方法與資料運用

本書以歷史研究法為主，結合文化研究有關認同、延續與斷裂等理論及概念，作為討論的參考和依據。為增益本書的推演與歷史解釋的客觀性，在討論過程中，盡可能避免以孤證或特例說明共相。同時，因基督教歷史與教理史、教義思想史關係密切，因此神學觀念的對話、宗教教育的分析，乃本書特色之一。

研究取徑參考日本基督教史家土肥昭夫的概念，聚焦教會歷史研究的三原則：其一，注意基督教傳到新的地方時，其賴以傳播的特性、人物及方法。其二，探討基督教的接受對象如何瞭解信仰、改變生活，反映於教會性質和活動。其三，思考教會向外傳播基督教的特性與策略。[52]換言之，即為「接受」、「自立」、「外傳」的歷程。本書一面側重「教會性」，一面關注「地域性」中最關鍵的政治因素，藉期突顯「傳道報國」的認同特徵。

本書所徵引文獻，主要是臺灣教會保存的議事錄與報刊雜誌，大多係以臺語羅馬字書寫，並輔以英國、加拿大與日本的教會檔案、機關報。同時，加入時人著作、書信、回憶文字及歷來相關的學術性論著。此外，訪問教會耆老，以口述資料彌補文獻史料之不足。由於基督教史料至今大多典藏於教會機構，研究者雖不難接觸，但尚未全面翻譯、出版甚至數位化，以致在近代史研究領域中，還未被廣泛利用。茲略述較具特色的史料：

（一）臺灣教會檔案

1. 《臺灣基督長老教會大會議事錄》

以下簡稱《臺灣大會議事錄》，共20回（1912-1942），前19回

---

[52] 土肥昭夫撰、楊啓壽譯，〈地方教會史的研究方法〉，《玉神之音》55（1986.4），頁6-8。

分漢文、白話字二版，20回為日文。臺南長榮中學及臺灣神學院藏有原件，前者缺1、12回；後者缺1、4回，《百年史》與《北部教會大觀》中有分類摘要。[53]

2. 《南部臺灣基督長老教會大會議事錄》

以下簡稱《南部大會議事錄》，共15回（1931-1956），常與中會層級的文書合刊為《大中會議事錄》出版，臺南神學院、國立臺灣圖書館有部分典藏。本書所用的版本為長榮中學典藏的手稿本。

3. 《南部臺灣基督長老教會常置委員會議事錄》

以下簡稱《南大常委議事錄》。「常置委員會」係教會平時的決策與執行單位。大會議長為當然主席，常置委員約10人，負責在大會召開時程之外綜理各事。此資料的26-41回與《大中會議事錄》合刊；其中26-33回甚至完全取代《南部大會議事錄》的篇幅，並收錄在1938年版之中，該書也有典藏於國立臺灣圖書館。本書所用的版本為第1-54回（1931.7-1941.9）的手稿本，原件典藏於長榮中學。

4. 《臺北長老中會議事錄》、《北部臺灣基督長老教會大會議事錄》

以下分別簡稱、《北部中會議事錄》、《北部大會議事錄》），前者始於1904年；後者始於升格大會後，自1940年至今的會議記錄。其中第一回（1940.5.21）與第二回（1942.3.19）係日治時代，且各有一次臨時會。

---

[53] 黃六點主編，《臺灣基督長老教會北部教會大觀：北部設教百週年紀念刊》（臺北：北部設教百週年籌備會，1972）。第1-5回稱《臺灣長老大會年錄》；第6-13回稱《臺灣基督長老教會大會年錄》；第14-20回稱《臺灣基督長老教會大會議事錄》，本書概以《臺灣大會議事錄》稱之。時人於會議結束後，通常於年底正式出版該回的議事錄，但本書依開會的月份加以註記。

（二）外國宣教檔案

1. The Presbyterian Church of England Foreign Mission Archives, 1847-1950.（中文稱《英國長老教會海外宣教檔》，以下簡稱PCEFMA）：

藏於英國倫敦大學亞非學院，後由荷蘭IDC公司拍成微片（microfiche），有關臺灣的部分為共計215片，分為會議記錄、宣教師個人信件、專書與小冊等類。目前中原大學宗教研究所藏有全套檔案；國立臺灣大學圖書館、臺灣神學院藏有關於臺灣的部分。[54]

2. Minutes of the Foreign Mission Committee, the Presbyterian Church in Canada.（加拿大長老教會海外宣教會議事錄，以下簡稱Minutes of FMCPCC）以及Report of the Foreign Mission Committee, the Presbyterian Church in Canada.（《加拿大長老教會海外宣教會報告書》以下簡稱Report of FMCPCC）：

長榮中學藏有二者的臺灣部分影本，前者1883-1925年，後者1872-1977年。

（三）日文教會檔案

1. 《臺北神學校校務文書檔》

該校係臺灣神學院前身，保存與總督府往來的公文書之原件與微捲，但1940、1943.3-1944.5、1944.8以後的資料，除部分校內事務及入學申請書外，大部分佚失。至於1942.4-1943.3的公文書未納入微捲，仍在整理之中。學界已有研究報告與資料索引供參閱。[55]

2. 《日本基督教會在臺活動檔案》與《教團時代資料》

前者藏於濟南長老教會，包含公文、書信、教勢記錄、傳教

---

[54] 導讀與目錄參閱Rev. Dr. George Hood, "Introduction," PCEFMA, Mf. No.1.

[55] 劉靜貞，《日本政府對臺灣宗教學校的管理：以臺北神學校為中心，1895-1945》（國科會研究計畫成果報告，1995）史料介紹，頁80-107。

師異動情形、牧師私人文件，並有少部分關於日本基督教臺灣教團修繕、電話費、存款的領收證及牧師謝禮證明。[56]後者藏於長榮中學，尚未編目整理。

3.《日本基督教團史資料集》

共有五卷，與日治時代臺灣較相關的是第一卷「日本基督教團的成立過程（1930-1941）」，[57]和第二卷「戰時下的日本基督教團（1941-1945）」，[58]包含會議記錄、法案解題等。

（四）教會報章雜誌與年鑑

1.《臺灣教會公報》（以下簡稱《教會公報》）

此係巴克禮牧師（Thomas Barclay）創刊於1885年的教會機關報，也是臺灣第一份報紙。《臺灣教會公報全覽》（1885-2002）已於2004年出版。學界亦有「臺灣白話字文獻館」的史料數位化計畫。該刊早期類似月報，標記卷號且明示多數撰稿者姓名，本書註腳仿期刊格式，書末附有1935~1945年之標題目錄表。

2. 北部教會機關報

該刊最初以4頁「北部事務」版面與第340卷（1913.7）起的《臺灣教會報》合印。1925年後，改以《芥菜子》為名，加上副標「北部事務」單獨發行，由陳清忠主筆，高雄醒事社印刷，每月發行12頁。1928年起與《臺灣教會報》合印、1932-1942年間與《臺灣教會公報》合印。[59]該刊自139號（1937.8）起稱《北部中會》，159號（1939.4）起稱《北部教會》到1942年3月止。1942年12月該刊以

---

[56] 陳志忠，〈日治時期臺灣教會經驗初探：以日本基督教會及無教會主義為例〉（臺北：臺灣神學院神學碩士論文，2005），頁10-12。

[57] 日本基督教團宣教研究所教團資料編纂室，《日本基督教団史資料集（第一卷）》（東京：日本基督教団宣教研究所，1997）。

[58] 日本基督教團宣教研究所教團資料編纂室，《日本基督教団史資料集（第二卷）》（東京：日本基督教団宣教研究所，1998）。

[59] 張妙娟，《開啓心眼：《臺灣府城教會報》與長老教會的基督徒教育》，頁94-95。

《臺灣基督教會報》之名單獨發行，[60]至少出版18號，後被日本基督教臺灣教團接收。[61]該報以北部人士為主，事務所獨立，期數重編，且幾無報導南部教會的消息，連1943年3月第七回南部大會都未著墨，因此不應視為《臺灣教會公報》的「延續版」、「日文版」或「戰時版」。

3. *The Presbyterian Messenger*

該刊為英國長老教會的機關報，不定期刊載臺灣等海外宣教區的情況，亦包括臺灣教會在內。長榮中學與臺灣神學院皆收藏部分原件。2006年時教會公報出版全套75冊的《使信全覽》與光碟資料庫。

4. *The Presbyterian Record*

該刊為加拿大長老教會的機關報，不定期刊載臺灣等海外宣教區的情況。長榮中學、中研院民族所、臺灣神學院藏有影本。

5. 《臺灣基督教報》、《臺灣青年》

前者為臺北日本基督教會的機關報，由牧師上與二郎編輯，濟南教會、[62]國立臺灣大學藏有原件。後者係日人為主的「臺灣基督教青年會（The YMCA of Taiwan）」之月刊，[63]時間自1920年11月至1945年6月止。[64]該機構從1934年起由近森一貫擔任幹事直到終戰，可藉此瞭解日本基督教會對於國策和時局的看法，以及推行學生事務的實際情形。

6. 《北部傳道師會會誌》、《福音と教會》

此二雜誌為臺灣基督教神職人員之間的同仁刊物，內容包含神學論文、教會消息及日文基督教專著的書評等。前者藏於淡江中

60　臺南神學院典藏1-14（1942.12-1944.1）號，其中11號因故停刊，參閱不著撰人，〈編輯室〉，《臺灣基督教會報》12（1943.11），頁6。

61　《北部大會議事錄》3回14條11款（1946.3），頁9。

62　濟南教會所藏為411號，刊頭為「臺灣最終中會」，係有關「日本基督教團舊第一部臺灣中會區最終中會記錄」及其解散後的處理事項。

63　鍾啟安，《臺北市中華基督教青年會四十年史》（臺北：該會，1985），頁92-94。

64　賴永祥，〈基督教臺灣宣教史文獻〉，《百年史》，頁27。

學，後者藏於國立臺灣圖書館和臺灣神學院。

名詞界定方面，本書所稱「基督徒」（Christian），係集中討論新教（Protestant）的長老教會（Presbyterian）信徒。嚴格而言，正式會友須接受洗禮或堅信禮，但本書將未受洗的慕道友也納入討論，且不區分神職人員與一般信徒。天主教（Catholic，或稱舊教、羅馬公教）暫不在討論範圍內。神職人員的稱謂原則上省略，出現時概以1913年臺灣大會議定者為基準，並以「傳教師」為其總稱。[65]須特別說明的是，宣教師（Missionary）一詞係具特殊歷史淵源，其原為日治時期引入的日文詞彙，沿用至今，專門指涉「由外國教會派駐在本地宣揚福音者」。[66]南部教會設立議事機關之初，對這些外國人並無固定稱謂，多逕呼「牧師」、「教師」、「教士」，或冠上一「西」字，[67]現習稱「傳教士」。本書考量研究的時間範圍為日治時期，加以該名詞為長老教會通用的現行語彙，因此仍以「宣教師」稱之。至於宣教師組成的團隊，一般習稱「教士會」，本書沿用之，其扮演教會決策與執行的重要角色，綜理在臺的教會事務，並向母會報告，也是國外補助款的中介、管理者，南、北皆設有此一組織。此外，就長老教會而言，動詞的「宣教」、「傳教」、「傳道」、「宣道」意義近似，本書乃視情況選用之。

---

[65] 《臺灣大會議事錄》2回39條（1913.5），頁11。
　　 神學校畢業生稱傳道師；傳道師經受中會考試及格者稱教師；教師若受堂會聘任者稱牧師；牧師受派於無獨立之堂會稱為宣教師（按：如外籍宣教師）；上述所有職稱再加上醫師與姑娘（外籍女宣教師）總稱為傳教師。
[66] 〈臺灣基督長老教會行政法〉10章104-105條（1999）。
　　 該法另規定，經總會選派往國外宣揚福音者，稱為「國外宣教師」。
[67] 參閱《南部中會議事錄》1-28回（1896.2-1909.10），可知並無固定稱謂。

第二章
奮興運動與「傳道報國」認同之信仰背景

　　19世紀以降，隨著商業與殖民活動的勃興，歐洲掀起海外宣教運動的浪潮。對外宣教的熱忱雖與帝國主義有關，但無庸置疑地使基督教獲得廣大的傳播。1865年，馬雅各（James L. Maxwell）受英國長老教會（Presbyterian Church of England）差派，在南臺灣展開基督教傳播的新紀元，臺灣繼廈門（1849）、汕頭（1858）之後成為新的傳教中心。[1]

　　1872年，偕叡理（George Leslie Mackay，習稱馬偕）受加拿大長老教會（Presbyterian Church of Canada）差派，在淡水展開宣教工作。偕叡理奉獻29年，成績頗為可觀，第一個10年，建立20間教會，為300名信徒洗禮。第二個10年，創立牛津學堂（Oxford College，又名理學堂大書院），訓練傳道幹部，將基督教推展至宜蘭地區，終其一生建立多達60間教會。[2]

　　1895年，日本根據馬關條約，不顧臺人反抗，強行以武力接收臺灣，建立殖民政府，開始其長達50年的統治，這一年正好也是基督教在臺傳教30週年。日治初期，紛亂頻仍，後來秩序逐漸穩定下

---

[1]　張妙娟，〈從廈門到臺灣：英國長老教會在華傳教事業之拓展〉，《高雄應用科技大學學報》31（2001.12），頁479。
[2]　臺灣基督長老教會總會，《認識臺灣基督長老教會》（臺南：人光出版社，1981），頁7。

來，教會也受到日本法律保護。由於日人對基督教懷有好感，而一般百姓對教會亦漸理解，教勢日漸增長。1895-1905年的10年間，南部教會急遽發展，基督徒倍增，北部之成果亦頗為可觀。[3]

1930年代前期，臺灣總督府延續內地延長主義政策，標榜日、臺教育平等，強調奉守一視同仁和同化主義之方針，並改革地方制度。[4]社會方面，當局於1932年前後展開「部落振興運動」，召開「臺灣社會教化協議會」，以產業振興的教化運動為目標，較不強調宗教信仰層面。[5]

由於政教關係長期緩和，未有激烈衝突，基督教乃持續發展。1931年南部教會從中會升格大會；1932年北部教會舉辦「設教60週年」慶典。《臺灣教會公報》順利整合各種基督教刊物，成為長老教會聯合的機關報。宣教事務獲得突破，基督徒乃進一步發展出積極回應信仰使命感的奮興運動。所謂奮興運動（rivivals）係指信徒經驗到宗教興奮狀態（religious excitement）或相當數量的人集體經驗信仰「悔改」的過程。對基督徒而言，此一經驗「屬於靈性」，且得以擁抱耶穌基督所賞賜的赦免，[6]進而提升信仰認同，使其對內自省、向外宣教。

本章將探討1935年前後開始推展的奮興運動，究明臺灣基督徒的響應與投入，藉以明瞭南部教會於創設70週年時的發展概況，並藉著影響全臺的宋尚節博士之佈道會說明基督徒對信仰的期待。接著討論北部教會在青壯神職人員的發起下，如何進行教會自立的「三年運動」（簡稱三運）。透過分析臺灣基督徒在歷史分水嶺的回顧與努力，藉期適切掌握日治末期臺灣基督徒的宗教熱忱及其

---

[3] 臺灣基督長老教會總會，《認識臺灣基督長老教會》，頁14-15。

[4] 吳文星，〈太陽旗下的臺灣：教育篇〉，《日本文摘》第100期紀念特刊（1994.5），頁83。

[5] 蔡錦堂，〈日據時期臺灣之宗教政策〉，頁116-117。

[6] 鄭仰恩，〈愛德華滋與北美洲第一次大醒悟運動〉，《臺灣神學論刊》33（2011），頁30。

「傳道報國」的信仰背景。

第一節　南部教會之發展與奮興佈道

一、南部教會的建立與擴展

　　1864年，英國長老教會駐廈門宣教師杜嘉德（Carstairs Douglas）為瞭解臺灣的風土民情，評估傳播基督教的可能性，乃會同醫師馬雅各（James Laidlaw Maxwell）及其三位助手陳子路、黃嘉智、吳文水至臺灣勘查，選定南部為宣教區。1865年5月，馬雅各開始著手醫療傳道，翌（1866）年，即有陳齊、陳和、陳圍、高長等第一批信徒洗禮歸入教會。其後，基督教傳播的事務被官方所阻，宣教師改至高雄木柵、臺南岡林等山區佈道，得到不小的成果。1867年，英國長老教會派遣首位牧師李庥（Hugh Ritchie）到臺灣主持教務，翌（1868）年因「樟腦事件」帶來涉外關係的改變，官員告示基督教得於臺灣內陸自由傳道，宣教師乃將傳道中心設於臺南府城。1871年，臺灣南部的信徒已有1,635名，宣教範圍東至木柵，南至東港、北至埔里社，教區頗為遼闊。同年，英國宣教師甘為霖（William Campbell）來臺，傳道熱心且著作等身，編有《甘字典》、*Formosa under the Dutch*、*Sketches from Formosa*等重要文獻，前後在臺服務長達47年。1875年巴克禮（Thomas Barclay）來臺接替李庥，主導成立「大學」（臺南神學院前身），重譯整本臺語聖經、推動白話字、創設教會機關報、成立印刷社，並增補《廈英大辭典》，貢獻良多。[7]在專業能力頂尖的宣教師通力合作下，南部教會的事務迅速發展。

　　1895年臺灣進入日治時期，該年適逢長老教會傳入30週年。日治初期教會逐漸和統治者建立良好關係，並獲得官方的承諾與保

---

[7]　董芳苑，《宗教與文化》（臺南：人光出版社，1995），頁117-118。

證，提供教會最大的協助。[8]教會體制方面，1896年召開首屆「南部中會」（當時稱臺南長老大會），公選巴克禮為議長，1898年封立臺灣人最早的兩位牧師潘明珠、劉俊臣。1895-1905這十年之間，南部有巴克禮、宋忠堅（Duncan Ferguson）、廉得烈（Andrew B. Nielson）三位牧師協力工作，信徒人數倍增。中部有牧師梅監務（Campbell N. Moody）與醫師蘭大衛（David Landsborough）協力工作，開拓18間教會。大甲、苑裡一帶經由牧師劉忠堅（Duncan MacLeod）的耕耘，也相當有進展，不少漢人家族領袖改信基督教，對教勢的擴張幫助甚大。

　　教育事務方面，南部於1885年設立臺灣第一所中學「長老教會中學」，後屢經改名換制，為臺南長榮中學的前身。初期主要教師有余饒理（George Ede）、林燕臣及主張「全人教育」的萬榮華（Edward Band）等人。此外，1889年宣教師成立「長老教女學校」，提倡女子教育，為臺南長榮女中的前身。醫療衛生方面，1888年，醫師盧嘉敏（Garvin Russell）來臺，1890年創設大社醫館，於彰化總爺街設巡迴醫療站，因醫術精良、待人親切而頗受好評，可惜積勞成疾，1892年因傷寒病逝嘉義，年僅26歲。1899年蘭大衛醫師創設彰化醫館，一面苦心主持院務，一面培植本地優秀青年，教授醫學。1900年臺南新樓醫館成立，歷任院長有德馬太（Matthew Dickson）、安彼得（Peter Anderson）、馬雅各二世、戴仁壽（George. Gushue-Tylor）、周惠憐（Percival Cheal）等。[9]南部教會無論教育與醫療的宣教事務，均獲得長足的進步及臺人的肯定。

　　南部教會的本土化過程方面，1915年南部設教50週年時，本地牧師大力提倡自治、自養、自傳的三自運動，不久成立高雄州

8　鄭仰恩，〈日治初期臺灣教會政治立場之審視〉，《臺灣教會公報》2387（1997.11），頁10-11。
9　鄭仰恩，《定根本土的臺灣基督教：臺灣基督教史研究論集》（臺南：人光出版社，2005），頁12-16。

圖2-1▌ 1935年旗後教會定基式紀念照片
資料來源：*The Presbyterian Messenger* 1142 (1941. 1-3), p. 14.

教務局，致力南部教會的拓展，促成1930年南部從單一中會擴增
成4個中會（臺中、嘉義、臺南、高雄）。[10]1930年代，南部的臺
籍牧師人數已是英國宣教師的5倍，所屬各個堂會（Session）紛紛
組成「中會」（Presbytery），提供本地信徒討論、決策及執行的
空間，對教會的質、量成長頗有幫助。行政方面，南部教會為加
強管理，設立佈教慈善會、建築部、傳道部等附屬單位，按部就
班確立制度。要之，1930年代是南部教會走向自立與組織化的重
要時期。[11]根據1934年的一份詳細的教勢統計，當時南部信徒已有
33,444人，約佔南部總人口1.1%。[12]圖2-1為旗後教會的動土奠基儀

10　鄭仰恩，《定根本土的臺灣基督教：臺灣基督教史研究論集》，頁19。
11　黃德銘，〈臺灣南部基督教長老教會組織發展之研究：以南部大會為中心（1896-
　　1930）〉，《南大學報》39:1人文與社會類（2005.4），頁135。
12　鄭溪泮，〈全臺人口信徒數比較表〉，《教會公報》593（1934.8），頁11-13。

式，中央持鋤頭者為86歲的老宣教師巴克禮、左二為本地牧師許水露，興建的地點座落首位宣教師馬雅各設置第一間診療所之處。[13]此一場景不但饒富「世代交替」意義，也代表基督徒「定根本土」的努力與歷史見證。

二、南部教會七十週年

1931年，英國韋斯敏斯德書院（Westministera）得知臺灣宣教的需要，透過熱心的師生募集一萬圓，提供臺南神學校聘任教師之用。不久又聽聞臺灣仍需各界挹注經費，因而再募款360英鎊（約一萬圓），依照計畫分五年寄到臺灣，作為擴大宣教之途。英國基督徒期待南部教會妥善運用經費，使城市或農漁村之居民都有機會接觸福音，指定須為教會禮拜之外的集會方可動支。南部教會在捐款的援助下，開始擬定「五年大舉傳教計畫」（five-year movement），期盼更多人洗禮皈依。在此計畫鼓勵之下，各地教會紛紛展開所謂的「大舉傳教」的工作。[14]同年，南部教會召集轄內四中會聯合常設部，籌備70週年（1935）慶祝會事宜。對南部基督徒而言，1935年非常具有歷史意義，該年適逢長老教會傳入南臺70週年、宣教師巴克禮來臺60週年、長老教中學創設50週年，同時也是日本領臺40週年，這幾個整數年，象徵基督教本土化的努力，也代表教育事業及政教關係的新里程碑。

1932年，英國母會為瞭解臺灣宣教概況，派董事布蘭德（Rev. Brander）等人巡訪請安。南部教會向母會代表提出三點建議：其一，邀請參加祝賀會。其二，辦理70週年紀念活動，敦請教士會將書房、學校、醫館的經營權交給臺人試辦一段時間。其三，希望神

---

[13] Edward Band, *Barclay of Formosa* (Tokyo: Christian Literature Society, 1936), pp. 185-186.
旗後教會任職者，〈公告X.工事中〉，《教會公報》601（1935.4），頁4。
[14] 吳學明，《從依賴到自立》，頁71。

圖2-2 ▌ 南部大會歡迎母會董事
圖2-3 ▌ 母會董事訪萬丹李仲義長老
圖2-4 ▌ 臺中中會歡迎母會董事
圖2-5 ▌ 豐原、大社、內埔教會歡迎母會董事

以上四圖資料來源：長榮中學提供

2-2	2-3
2-4	2-5

學校的校務有所改善並培養學生赴英深造。[15]三項提案獲得母會一致肯定，認為足堪肇造南部教會「自立、自養、自傳」的基礎，因此予以全力支持。

　　經過縝密的籌畫，1935年10月15日起一連三天，南部大會在臺南堂會（太平境教會前身）隆重召開紀念祝賀會，是時英國母會代表、中國的閩南大會代表、嶺東大會代表等外賓紛紛出席參加「祝賀歡迎會」、「紀念演講會」、「感謝禮拜」等許多活動。70年之間，英國長老教會派遣19位牧師、14位醫師、18位女宣教師及7位

---

15 楊士養，《南臺教會史》，頁60。

圖2-6 南部教會七十週年紀念祝賀會
資料來源：長榮中學提供

護士，共計62人，其中，8人甚至長眠於臺灣。在他們的獻身傳道下，共培育傳教師289人、教會120間及信徒33,444人，佔當時南部教區總人口的1.1%。[16]

　　根據1935年10月的《臺灣教會公報》可知，基督徒充分表達南部教會慶祝七十週年的熱烈與關心，論者分別從歷史、政治與聖經的角度，檢討策勵臺灣教會的成長。基督徒表示信仰認同立基於教會歷史的回顧，也是整體基督教史脈絡的一環，與現有政治環境不相衝突。同時，因政府引進現代事物、維護社會治安，使「基督徒」的身分因國家法規得到保障。不僅如此，基督徒從聖經中擷取教義或近東民族史來比喻、引伸，使信仰認同呈現進一步的確

---

[16] 黃茂卿，《臺灣基督長老教會太平境馬雅各紀念教會九十年史》（臺南：該會，1988），頁429-430。

立。[17]頭版頭條是巴克禮的遺稿〈南部設教70年的回顧〉一文，指出府城基督教自1875年以後之顯著進步，當地基督徒原本以平埔族居多，經過數十年的努力，漢人信徒增加，陸續設立學校、醫院及教會代議機關，成效有目共睹。巴克禮認為教會的前途無人知曉，但盼上帝保佑，使基督徒盡忠服事上帝、關心教會增長。顯然的，基督徒十分肯定教會的成長和社會的進步。

主筆潘道榮以〈教會發展史〉介紹世界與臺灣基督教的歷史，說明荷、西時代以降的教派變化。臺南神學校教授武田公平發表〈迎接傳教70週年〉，述及基督教傳入於清代、確立於日本統治，強調政府保障基督徒信教自由，展望下一個70年應重質不重量。武田自認為沒有排外心理、所言出於正統的信仰動機，希望教會與宣教師的互動能改善，南、北教會分工的效果能提高，追求「有機的合一」，以逐漸從母會補助中自立，脫離「奶媽」的照顧。由此可知，基督徒對自治和合作帶有相當的期待。

牧師許崑撰〈祝賀70周年〉一文，感謝上帝與英國母會宣教師的幫助，認為南部教會擺脫初期的艱難困苦，不但達到「70高壽」，更能返老回春。另有撰者以〈七十週年〉一文，肯定臺灣歸入日本版圖所接受的好處，指出日治40年設立70間教會，遠多於清領30年設立44間教會，而「70」的數字符合聖經中的吉數，象徵信徒的傳承進入新的世代，宛若以色列早期民族史，具有歷史意義。

〈南部教會歷史〉一文則指出「自治」的問題在於教會不願意聘請牧師，反造成神學校培育的牧師供過於求，信徒往往幾經催促才有行動，顯見信心和財政都有待加強。作者認為信徒過於看重人數增長，不重視牧師特質，致使溝通協調受到影響，期待新時代有「新人物」的出現。同樣的，牧師陳金然從「人物」的角度，論述

---

[17] 《教會公報》607（1935.10），頁1-22、24-25。

〈七十週年與舊約〉的關係，認為巴克禮翻譯新版聖經極富紀念意義，不但修正前謬，呈現原文的散、韻之別，又有註腳提示不同的譯法，對教會很有幫助。由此可見，基督徒頗期待出現登高一呼的領導人物，以因應新時代的挑戰。

時人對教會的看法，一方面對遠渡重洋傳福音的宣教師致意，亦指出臺灣島民平安經過40週年的幸福，所以「今上天皇」的福蔭更值得感謝。[18]教會公報主筆潘道榮則認為教會70禧年之後，應隨即以展望百週年的心境進入「30年的新時代」，期勉基督徒組織「戰鬥的教會」。潘氏鼓吹基督徒接續耶穌的流血而奮鬥，如同以色列人進入迦南地戰勝仇敵戰一般，基督徒應與世間罪惡奮鬥苦戰，得勝榮歸天國，基督徒必要時應為真理、正義而犧牲，不可處處妥協、態度曖昧，過度看重人數增加，忽視錯誤罪惡的影響。[19]

潘道榮對「新時代」頗有獨到的看法，認為「人才」重於組織、財力，教會應在苦難的時代救濟信徒脫離「生病的狀態」，新時代的指導者要充分具備社會見地，且不斷學習、關懷年輕人，一方面學習基督教教育的經營管理方法，一方面培養精神上的勇敢，學習在道德和靈性上的氣魄，務要「完全獻身」，效法耶穌基督對上帝的忠誠。[20]

上述種種呼籲，反應出基督徒關心教會的問題，時人不滿「教會昏睡，宗派雜處，禮拜混亂」，他們對照潮汕地區傳教100年就有37萬名信徒的成績，臺灣顯然大幅落後。論者認為教會有「世俗化」的危機，小教會不易維持，新教會難以建設，信徒躊躇於經濟因素，不願聘請牧師，導致信徒重視物質勝於精神、不尊重聖禮

---

[18] 李水拖〔旗山教會主日學副校長〕，〈70禧年3大恩典〉，《教會公報》611（1936.2），頁13。

[19] 主筆〔潘道榮〕，〈新時代的教會〉，《教會公報》611（1936.2），頁1-5。
另8種特質指教會應是福音的、獨立的、進步的、家庭的、宗教活化的、講道中心的、祈禱的、理想的。

[20] 主筆〔潘道榮〕，〈新時代的指導者〉，《教會公報》612（1936.3），頁1-2。

圖2-7 1935年10月《臺灣教會公報》刊頭
資料來源：《臺灣教會公報》607（1935.10），頁1

典。此外，未入教的家庭成員冷嘲熱諷，導致信仰退步。不過，各個教會似乎自掃門前雪，有時只重視人數增長，相對忽略公平正義。論者認為教會需要「屬靈」的能力，才可體會耶穌基督的受難，以神為中心。基督徒認為應秉持光明正大的態度，充實信仰內涵，眾人同心一致，努力祈禱，才能真正體現「求主更新教會，率先更新我」的精神。[21]不可否認的，基督徒對教會提出尖銳的批評，但也抱著自我勉勵的態度。

南部教會為慶祝七十禧年，特地由歷史部和庶務部聯手收集資料，編印寫真帖（紀念刊），整理所屬教會之創設沿革、教勢概況、附屬事業及內外景觀照片各一張，並遠送日本新潟市精印。據巴克禮的序言表示，南部共有教會114間、領聖餐的正式會友9,308人；傳教師107人，設有男、女中學、神學校、聖經宣道婦學、兩間醫院以及一間書房，南、北教會逐漸聯合為一，為此他「感恩過

---

[21] 不著撰人，〈現代教會的情勢與更新的希望〉，《教會公報》612（1936.3），頁6-9。

去,展望未來」。[22]基督徒知識分子、臺灣第一位哲學博士林茂生指出,寫真帖的照片「以有形而寫無形,故不能盡窺全豹」,但主編者旁搜博採各教會留存宣教師相片、教堂相片,盡可能登載以資紀念,使後人感念先人創業維艱,乃知上帝拯救的啟示,使基督徒從歷史中撫今追昔、有所繼紹,教會之無窮生命宛如玉山、淡水而長存。林茂生說:

> 經云千年猶昨日,昨日似千年,何謂也?我南臺設教於茲七十載,以悠久無窮之教會史而觀之,七十載不過是其始焉耳、初焉耳,千年猶一瞬也。然緬想創設當年,西教士以基督之心為心,不避梯航、不畏艱險,以遭窘迫為榮;以蒙笑罵為樂,而繼起者又善述其事,努力傳道、銳意建設,故有今日之盛。是七十年之光陰含有無限之血淚、無限之熱禱、無限之精神,生命在焉一瞬亦似千年。[23]

基督徒藉由慶祝教會七十週年的系列活動,將具有歷史意義的事件或人物當作分別「世代」的里程碑,體認時空變遷與身分認同的重要關連。基督徒列舉宣教師名單和本地牧師封立的時間,將1865-1897視為依賴宣教師的「開墾時代」,1898年首位臺人傳教師潘明珠開啟「播種時代」,1903年設立「大學」延聘林學恭培育神學生則是「成長時代」,1915年吳希榮倡導自立則象徵「準備自治時代」,1927年首位留日神學生潘道榮封牧且教區分立自制代表「自治成立時代」。[24]無庸置疑的,基督徒具有敏銳的歷史意識,藉著回顧過去、策勵未來,運用歷史經驗成為面對挑戰時的參考。

---

[22] 臺南長老大會,《南部臺灣基督長老教會設教七十週年紀念寫真帖》(臺南:教會公報,1935),卷頭言。
[23] 臺南長老大會,《南部臺灣基督長老教會設教七十週年紀念寫真帖》,序。
[24] 不著撰人,〈南部教會歷史〉,《教會公報》607(1935.10),頁19-22。

要之，此時期的南部教會進入組織建設的階段，教會事務也逐漸轉向培育信徒的「牧養」層面。日治前期和統治者的良好關係帶來了宣教上的便利與穩定成長，也提供教會機構與事業大幅發展的空間，教會獲得的組織化之良好契機。更重要的是，南部從中會到大會的成立，確立其穩固的基礎，發展出「自立和本土化」的模式。[25]

　　南部教會70禧年對基督徒而言是一重要里程碑，時人分別從歷史、政治及聖經的角度，對臺灣教會的成長投注回顧與展望，基督徒認為信仰認同是建立在教會歷史的回顧，也是整體基督教史脈絡中的一部分。他們表示，信仰認同與現有政治環境並不衝突，反而因現代事物的引進、法規治安的良好，而使「基督徒」身分得到保障。而教會領袖與政府之間關係良好，認為基督徒比一般臺人更早接受新式教育，應該有好的表現，應成為好國民。不僅如此，從聖經中汲取教義的精神，藉此來比喻、引伸，更使信仰認同呈現進一步的確立。因此，基督徒抱著進步的觀念，對教會與社會懷著期待，而有相當數量的人們集體性地經驗到信仰內涵的轉變，並有向外「大舉傳道」的期待。[26]

三、奮興家的影響

　　所謂「奮興家」或「佈道家」，係指以主講大型「復興聚會」作為主要職志的人。他們是自由傳道者，未受雇於任何宗派或堂會，而是接受各地教會的邀請主領奮興會；在聚會中，奮興家使用大量感性的言語、誇張的動作以激勵與會者，促使其產生信仰感情的共鳴，並立刻採取回應；其工作目標希望藉奮興聚會鼓舞信徒的

---

[25] 鄭仰恩，《定根本土的臺灣基督教：臺灣基督教史研究論集》，頁208。

[26] 《南部大會議事錄》4回32條（1937.3），手稿本，頁127。

信仰熱誠，積極傳揚福音，促進教會增長。[27]

　　當時華人奮興家中，以宋尚節[28]最為著名，臺灣基督徒早在1933年就聽說他放棄頂尖文憑轉而傳道的事蹟。[29]1934年秋冬之際，宋尚節一連在惠安、泉州、漳州、廈門、鼓浪嶼舉行奮興會，會眾多達5,000餘人。參加廈門場次的臺人將其心得投稿於《臺灣教會公報》，稱讚宋氏的講道「不使用科學、心理學的材料，使人聽不厭倦，有大的感動力，講的是悔罪、重生、聖潔、聖靈充滿、耶穌再臨。」所言皆是「根本福音的道理，不是平常的演說。」使與會者感到「明顯有聖靈的權能顯出，有的求醫病、要看神蹟，或是他所擅長的演說，感動很大。」[30]

　　1935年2月底，宋尚節在廈門一帶又召開為期二週的「閩南基督徒培靈大會」，臺灣有20多人參加，菲律賓、南洋一帶也有人前往赴會。該聚會盛況非凡，但遭當地報紙攻擊，甚至被黨部驅逐，最後轉往鼓浪嶼英華書院運動場舉行，追隨者增至4,000人以上。報載宋氏於週間每天講道三次，早上六時半至八時半、下午五時半至六時半，晚間七時半至九時半，週日時間稍微調整，報名者7,000人，實際到場達萬人，共組織近500個佈道隊，尤其是3

[27] 梁家麟，《華人傳道與奮興佈道家》（香港：建道神學院，1999），頁12、16。
[28] 宋尚節（1901-1944），福建省興化人，牧師之子，美國俄亥俄州立大學化學博士。1926年，宋氏入紐約協和神學院，卻對神學喪燃熱情，信仰亦無進步，認為學校缺乏「屬靈空氣」，慣而潛心研究佛道諸宗教，尋覓人生方向。偶然受一年輕女性講道者提醒，開始追尋「講道有生命，祈禱有能力」的目標，並積極閱讀基督教偉人傳記。1927年2月自稱獲得上帝靈感「我要廢棄智慧人的智慧」，乃重拾聖經祈禱悔罪。之後，宋氏熱心見證，卻被校方誤為精神病軟禁於療養院半年，期間宋氏自行修養讀經，將之當成真正的「神學院」。同年10月返回中國，宋氏將文憑證書、獎章榮譽悉數拋棄，決志傳教。1928年開始在福建濱海一帶的鄉村工作，於天馬山訓練佈道隊員，追隨者大增，「宋博士（Dr. John Sung）」之名益發為人所知。1944年，因積勞成疾病逝於北平，得年43歲。
宋尚節，《我的見證》（上海：華文印刷局，1935），頁1-100。
宋尚節，《工作的回顧》（北京：恩典院，1967（1938）），62-65。
[29] 偕叡廉譯，〈大學證書扔落海〉，《教會公報》576（1933.3），頁25-26。
[30] 周燕福，〈雜錄III.閩南大奮興會見聞與感想〉，《教會公報》602（1935.5），頁12-13。

月7日下午在鼓浪嶼禮拜堂的聚
會讓人印象深刻，與會者1,600人
中，多人得到超自然的「醫治神
蹟」。[31]

　　由於該聚會之盛況，加以參
加者回臺之宣傳，1935年8月臺
灣教會致函宋氏，希望他能於同
年10月的始政記念博覽會期間，
配合南部教會的70禧年系列活動
舉行「奮興大會」。後來聚會因
故延至翌（1936）年4月16日至5
月8日，[32]等待的期間，臺灣基督
徒無不引頸企盼他的到來。

圖2-8 ▌宋尚節
資料來源：Leslie T. Lyall, John Sung
(London: The China Inland
Mission, 1956), titlepage.

　　南部教會為籌備奮興會事宜，指派黃俟命等8人小組策劃，以
1,500圓的經費在北、中、南各安排一週的奮興會。籌備者鼓舞信
徒在精神上、信仰上預作準備，宣導「靈性的醫治比肉體更重要」
的觀念，並告知信徒以平常心看待宋氏的教派背景，強調他的講
道內容符合長老教會的信仰義理，唯獨排斥「假信徒」。[33]另一方
面，北部教會配合南部教會，指派徐春生、偉彼得、張金波、葉金
木、林彼得組成籌備小組，在知名餐廳江山樓前搭建臨時集會所，
不久又改設於在大稻埕禮拜堂，想方設法讓新竹、宜蘭、東部教會
都能參加，中部則補貼旅費參加南部場次。籌備小組積極規劃時
程，向官方申請許可，並從各教會募集經費約700圓，逐一統計參

---

[31] K. Y. C.〔陳瓊瑤〕，〈雜錄II.我的見證〉，《教會公報》603（1935.6），頁8-9。
[32] 不著撰人，〈宋博士來臺延期〉，《教會公報》611（1936.2），頁6。
[33] 不著撰人，〈公告III.宋尚節博士〉，《教會公報》608（1935.11），頁3。
　　黃俟命，〈公告IX.宋博士要來啦！〉，《教會公報》608（1935.11），頁6-7。

加人數，籌備宿泊之處，[34]鼓勵信徒善用奮興會裨益教會進展，彰顯其意義與價值。[35]

　　1936年4月15日，宋尚節依約抵臺，陪同者有廈門王宗仁、宗誠兄弟協助翻譯。他一到臺北即晉見總督，接受若干警察隨行「保護」，未及休息即行講道。日本警方監視嚴格，聚會時均紀錄內容、檢查信件。宋氏在臺北為841人祈禱，訪問個別家庭，但祈禱內容限於官方要求，只能針對「靈性」不得觸及「疾病」，且不准在戶外公開演講，只有一次向淡水中學師生80餘人講道，[36]總計在臺北有1,200餘人參加，組織149個佈道團。臺中場次較未引起官方側目，首晚在布棚聚會至一半，突遇傾盆大雨，2,000餘人擠入禮拜堂內，座無虛席。翌日天氣涼爽，宋尚節為1,484人祈禱，但仍然不能公開為病人祈禱，他囑咐會眾將病況寫在紙上，由他「與靈性同時按手」，會場中竟有人病症得醫治，聞者皆稱奇。[37]

　　據基督徒的紀錄，臺南會場從5月1-8日每日三次奮興，時人表示「聽者、講者都不厭倦，每日要開聲讚美主上帝的榮光更顯明，4,000多人決心要作誠實的基督徒，269個佈道隊，334人志願當自由傳道者。」[38]臺南太平境教會因交通方便，幾乎全教會信徒都參加奮興會，且組織7個佈道隊至各地吟詩祈禱、講道宣傳，據稱「得到靈性的幫助極大，許多信徒心受感動」[39]高雄的市區和內門的溝坪一帶也組織佈道隊，且氣勢十足地表示：「願主堅固我們的佈道隊，使我們成為決死隊，有進無退！」[40]

　　宋尚節講道迫切、神情激動，採用深入淺出的譬喻式講道法，

---

[34] 葉金木，〈宋尚節博士來臺的聲〉，《芥菜子》121（1936.2），頁22-23。

[35] 柯設偕，〈宋尚節博士〉，《芥菜子》121（1936.2），頁23-24。

[36] 宋尚節，《工作的回顧》，頁73-75。

[37] 劉翼凌，《宋尚節傳》（香港：證道出版社，1962），頁183-186。

[38] 不著撰人，〈公告II.宋博士奮興的效果〉，《教會公報》615（1936.6），頁2-3。

[39] 黃茂卿，《臺灣基督長老教會太平境馬雅各紀念教會九十年史》，頁434-439。

[40] 高十三等，〈高中通信〉，《教會公報》618（1936.9），頁11-12。

2-9

2-10

圖2-9 ▌ 宋尚節奮興會之臺中場次搭建臨時布棚

圖2-10▌ 宋尚節（前排中坐手抱膝者）與臺中139位自願傳教者合影

二圖資料來源：宋尚節著、利未摘錄整理，《失而復得的日記：主僕宋尚節日記摘抄》，頁267、269。

圖2-11 ▌ 宋尚節於臺南神學校開奮興會之團體照
資料來源：臺灣基督長老教會臺南中會，《七十週年紀念冊》（臺南：該會，2003），扉頁。

圖2-12 ▌ 宋尚節與臺南的自由傳道奉獻隊合影
資料來源：宋尚節著、利未摘錄整理，《失而復得的日記：主僕宋尚節日記摘抄》，頁273。

讓聽眾感受到聖經的話語和自己的生活有關，注重勸勉人悔罪改過，強調信仰的更新力量，避免講題過於艱深而曲高和寡。例如，他以「五餅二魚」的故事講述約翰福音第六章〈奉獻〉的意義。聖經大意是說耶穌在曠野用男孩所獻的五餅二魚向天祝謝擘開，行神蹟使五千人吃飽。宋氏將時下處境喻為「許多人沒有靈魂糧食可吃」的曠野，教導信徒勿求一己飽足，或只獻剩餘，乃要樂意完全奉獻。緊接著又將基督徒比喻為餅，全然奉獻，接受耶穌祝福、擘開，象徵揚棄舊有觀念。他教訓基督徒，若受耶穌改變後就能供養別人；耶穌將人擘開後，人就得到力量分享見證，「耶穌分給你，你也要分給別人。」[41]

宋尚節也用馬可福音第三章來講〈成聖〉的步驟，其一是「歸順」，耶穌在安息日入會堂醫病，象徵進到人心掌權，使之重生，而阻擋耶穌的法利賽人代表假冒為善的陳腐觀念，當人順服神時，就能得到醫治與力量。其二是「分別」，耶穌登船向岸邊的人講道，避免群眾混亂，象徵基督徒要和世界有所區別，不隨波流，出淤泥而不染。其三是「自潔」，耶穌設立十二門徒並訓練之，意謂基督徒是神的肢體，要接受鍛鍊、洗心革面、自我省察，方有除惡的權柄。其四是「背負十架」，耶穌為傳道而無暇進食，又受到許多誤解、批評，因此基督徒要任勞任怨、虛己自省，不怕反對與攻擊。其五是「合一」，耶穌以救世為念，在信仰內都是家人，基督徒要彼此相愛、合而為一。[42]

基督教的教義中，有所謂的「三位一體」，即聖父、聖子、聖靈。宋氏的講道尤其強調「聖靈」的重要，他說：「聖靈就是我們要穿的全副軍裝」（弗6：10-20），基督徒沒有受聖靈的洗禮就

---

41 宋尚節，〈奉獻〉，《教會公報》602（1935.5），頁7-8。
42 宋尚節，〈成聖的5步〉，《教會公報》606（1935.9），頁7-9。

會敗在世界的引誘。[43]宋氏並未直接論述聖經，因為救恩、公義、信德這些宗教語彙，一般基督徒大都耳熟能詳。他沒有講基督徒「要」具備這些特質，而是用比喻互證，告訴聽眾一個可行的方法。同時，他也用「查經式」的講道，將一大段的經文作為講道的材料，先逐一分析，再將義理歸納成生活中可依循的準則。舉例而言，他把〈提摩太後書〉比喻成「基督徒戰術兵書」，第一章有9種的保護，如仁愛、憐憫；第二章有12種的訓練，如剛強、忍耐；第三章是交戰，包括認識敵人20項、戰術秘訣7項，第四章是最後的勝利，強調傳道就是交戰，要忍受百般的艱難。[44]如此一來，基督徒便能轉化、吸收聖經中的教義，成為簡明扼要的日常教導。

　　基督徒相信，聖經的字面意義並不具備規範性的指導作用，因為經文背後藏有「屬靈隱喻」，而這才是上帝的啟示所在，才是教會需要的領受的信息。故此，解經者必須在聖靈的引導下，發覺經文的意義。

　　宋尚節的講道內容並不複雜，一般不出以下幾個主題：世人犯罪、天父大愛、十架寶血、悔改重生、聖靈充滿、為主作證、奔走靈程、等候主來。他的講題看似不同，但結構與信息都十分接近。他並未接受完整學院派的神學訓練，甚至有強烈的反神學、反知識的傾向，拒絕按照文法或歷史的脈絡來解經，純粹相信「聖靈」會有延續性的啟示。

　　宋尚節相信聖靈給人「亮光」，可以讓人看見隱藏在經文背後的脈絡、中心主題與概括全卷的結構。他認為這是聖經的「奧秘」，要藉著聖靈的開悟才能讓人明白。這個信念使他建立一套新穎的解經方法，稱為「故事解經」，[45]他採用「查經式」講道法，

---

[43] 宋尚節，〈聖神的洗禮〉，《教會公報》607（1935.10），頁22-24。
[44] 宋尚節，〈保護能力〉，《教會公報》616（1936.7），頁7-11。
[45] 梁家麟，《徘徊於耶儒之間》，頁316-317。

新舊約交替使用，內容紮實。論者指出，宋氏的查經不談神學上的研究，對基督徒的信仰生活，有直接的幫助。[46]知名的召會領袖李常受說：

> 我聽過宋尚節講道，他完全不是靠口才，而是重在靈的表現。他沒有智慧動聽的話，但他有靈的表現，有那靈的明證。他說話時，靈出去了；他說話時，摸著人的靈，人就感覺自己的心是污穢的，需要寶血洗他的心。若是一個人得救多年，沒有甚麼長進，一直把生命，把『血』漏出去，等聽了這篇道後，非常受感動，也回轉歸向主，要寶血洗他的心，這就達到目的了。[47]

就宣教理念而言，有所謂「佈道」（evangelism）優先的福音模式，以及醫療傳道、教育、社會服務等「現世化語言」（secularized language）的主流神學。[48]宋尚節顯然是採用直接的佈道，他的講道撼動人心，使論者認為「用講道法來評之，或許上不了檯面；用組織神學來看是沒有秩序；但他熱心與聖靈一起做工，實不容許我們這樣批評。奮興也有一時性的，也有持續性的，總之都比不冷不熱的假信徒好。」[49]臺灣基督徒認為「講道是簡單明瞭的福音，一點沒有揚才炫學的氣派。」對他疾惡如仇的態度印象深刻。

四、奮興佈道的影響

奮興會期間，基督徒多人重燃信仰熱忱，為自己的過去悔改認罪，進而組織佈道隊，臺灣教會一時大受鼓舞。宋氏在廈門繼續

---

[46] 不著撰人，〈公告II.鼓浪嶼的查經會〉，《教會公報》618（1936.9），頁3。

[47] 李常受，《聖經中的四個人》（臺北：財團法人臺灣福音書房，2010），頁86-88。

[48] 鄭仰恩，〈導讀〉，《梅監務作品集》（臺南：臺灣教會公報社，2006），頁15。

[49] 黃俟命，〈公告IX.宋博士要來啦〉，《教會公報》608（1935.11），頁8。

舉辦查經會，吸引臺人數百名參加，延續佈道隊的熱潮。[50]北部教會受到影響，組織150餘個佈道隊，被選為副總隊長的青年表示，科學昌盛反使人心動搖，宋氏身為科學家，放棄世間名利，正是最好的表率，人們往往還沒聽講，就已先被其經歷感動，聽完後更加昂揚勇氣和使命，認為「不起來為這麼腐敗的臺灣教會與我們的同胞的得救來設想不行，與上帝立約而不履行就是欺瞞，會有災禍」。[51]

宋尚節打破傳統的解經與講道法，與70年來宣教師所傳授佈道方式大相逕庭，深深吸引年輕的臺灣神學生。[52]他們覺得宋博士演講內容平易，但句句感人，表情動作十分豐富，連日人教會都邀請他去講道，官方雖然暗中監視，卻不敢正面干涉。[53]胡文池和徐謙信則說：

〔胡〕我由遙遠的中部鄉下專程前往參加，親眼看到他偉大的工作，有力的證道，會眾聽後流淚悔改，跪地認罪不知凡幾。宋博士的講道內容，好似「滿漢全席」大餐，而我的講題猶如粗米飯配鹹菜。[54]

〔徐〕他的工作震動全體臺灣教會，許多人上臺認罪痛悔，決心重新歸主。當時不但英加兩母會的報紙，連日本的《福音新報》都刊出這次大會消息，對宋博士的工作備加讚揚。尤其是中日兩國處於緊張狀態，日本不

50　楊士養，《南臺教會史》（臺南：臺灣教會公報社，1953），頁63。
51　沈上成，〈無傳有災禍〉，《芥菜子》128（1936.9），頁22-24。
52　黃茂卿，《臺灣基督長老教會太平境馬雅各紀念教會九十年史》，頁436-437。
53　黃武東，《黃武東回憶錄》，頁135-136。
54　胡文池，《憶往事看神能：布農族宣教先鋒胡文池牧師回憶錄》（臺南：人光出版社，1997），頁224。

歡迎中國人來臺，此次大會更屬意義深長，會中並沒有遭受到任何意外事件。[55]

宋尚節的著作頗豐、版本眾多，[56]使臺灣基督徒為之風靡，訂購他的三本著作[57]或照片者為數不少，[58]甚至有人趁機推廣風格相仿的《基督徒軍歌》。[59]外籍宣教師參加後頗受感動，對宋尚節的佈道印象深刻，英國、加拿大長老教會的機關報紛紛以大版面刊登宋氏的消息，報導他喚起基督徒信仰熱誠，培養讀聖經的興趣，並藉著激動的聲調透過詩歌、板書等方式傳講簡明實用的道理。[60]宣教師稱讚宋氏講道猶如活水，使人心沸騰，三週的奮興會使數以千計的基督徒從冷淡、退步的景況再次更新，回復信仰的忠誠，熱切為人際關係祈禱。據載，佈道隊的年輕人大批湧入淡水女學院的禱告室，使之「客滿」，須輪流使用；淡水中學的體育館也常傳來男學生祈禱的聲音。[61]南部的滿馬利亞描述臺南場次的情形，有悔改的婦人、賭徒等各個志願者，用十分鐘上臺見證，分享「心中嶄新的喜悅」。[62]北部的偕叡廉則稱宋氏為「卓著的中國佈道家（distinguished Chinese evangelist）、大有能力的傳教師（powerful preacher）」，幫助臺灣基督徒「重新悔改把生命獻給主」，到

---

[55] 《百年史》，頁248。

[56] 今已有較完整的全集問世，包括《我的見證》、《講道集》、《講經集》及《喻經故事》共十冊，由大光傳播於1988年出版。

[57] 奮興準備部會，〈公告IV.宋博士所著的冊〉，《教會公報》616（1936.7），頁3。

[58] 張金波，〈宋博士的寫真〉，《芥菜子》126（1936.7），頁25。

[59] 不著撰人，〈公告V.基督徒軍歌〉，《教會公報》616（1936.7），頁3。
雪峯逸嵐〔張春榮〕，《基督徒軍歌》（高雄：ハレルヤ堂書店，1934）。

[60] Rev. D. F. Marshell, "Dr. Song in Formosa," *The Presbyterian Messenger* 1109 (1936.10), pp. 303-304, 306.

[61] Jean Ross Mackay, "Missionary Notes: Echoes From Dr. John Sung's Visit," *The Presbyterian Record* 61:11 (1936.11), pp. 341-342.

[62] Mrs. W. E. Montgomery, "The Aftermath," *The Presbyterian Messenger* 1109 (1936.10), pp. 305-306.

1939年時，北部已有佈道隊170個（preaching band）。[63]

　　基督徒多人受到感動，立志獻身傳道。例如王興武去廈門鼓浪嶼參加為期一個月的查經會，心受感動前往東京就讀聖經學院，[64]其故鄉澎湖花宅，也藉著宋尚節佈道會募得的500圓，改建教堂。[65]李美玉幼年失學，只參加主日學聖經班，16歲時參加奮興會受到激勵，決心投身傳教事工、加入佈道隊，受北部女宣道會派到臺南神學校女子部進修，1939年畢業。[66]蔡裕則決志獻身受選為臺灣佈道團長。[67]黃俟命指出，無論教會或家庭，藉著這次奮興會，大家都哭泣流淚，互相悔罪赦免，多人被恨束縛、不敢佈道、不愛讀經，甚至有性的犯罪，均痛心悔改，意志堅定地「往前進，進到完全地步！」[68]宋尚節對金錢的處理也使人津津樂道，奮興會收入四千餘圓，結清後尚有千餘圓，他將之分送各中會的佈道隊，時人認為不但精神獲得幸福，連物質上也都充足，似有五餅二魚見證。[69]賴永祥之母是教會的慕道友，參加佈道會後決志信主。賴氏時年15歲，在教會主日學裡幫忙，母子同年接受牧師施洗，傳為佳話。[70]

　　要之，宋尚節的奮興佈道在南部教會七十週年系列活動中扮演重要角色，他帶給臺灣基督徒首次較明顯的靈恩經驗（charismatic

---

[63] G. W. Mackay, "Formosa," *The Presbyterian Record* 64:3 (1939.3), p. 90.
[64] 陳冰瑩主編，《佳美腳蹤專輯》，頁4、9。
　　東京聖經學院隸屬「聖教會」，參閱廖安惠，〈北部臺灣基督長老教會「新人運動」〉，頁79。
[65] 戴忠德，《臺灣基督長老教會花宅教會簡史》（澎湖：該會，1992），頁14。
[66] 不著撰人，〈公告VI.宋尚節博士〉，《教會公報》606（1935.9），頁2-3。
[67] 蔡裕（1896-1972），生於臺中梧棲，曾任清水郡役所會計役、霧峰林獻堂事務所、南京私立中南醫院總務長、楊肇嘉事務所、臺灣自治聯盟等職。教會方面曾任清水教會執事、柳原教會長老。1935年受聘彰化基督教醫院總務主任，1939年全家遷往東京，於興亞神學院修業時兼任中國語講師，並自設臺灣新生基督教會，1941年由日本基督教團按立為牧師，歷任滿洲的大連長生街、臺灣的樂山園、後龍、中華婦女祈禱會、基督教芥菜種會等機構。其子蔡英士、蔡逸士也是臺灣基督長老教會牧師。陳冰瑩主編，《佳美腳蹤專輯》，頁100。
[68] 黃俟命，〈奮興準備部會啟〉，《教會公報》616（1936.7），頁22-23。
[69] 不著撰人，〈公告VII.奮興中的帳項〉，《教會公報》616（1936.7），頁3。
[70] 賴永祥，〈宋尚節博士的臺灣佈道（1936年）〉，《壹葉通訊》75（1986.4）。

experence），其「重生教導」使基督徒回到基本且重要的教義，促進基督徒思考如何在固定的教會體制中，尋求靈性生活的突破。基督徒在悔罪改過時，堅定身為「天國子民」的認同，並激發出向周遭宣教的動力。大型集會一向是昂揚群眾情感、凝聚集體意識的最佳場所，基督徒透過紀念禮拜喚起歷史意識，又藉著奮興佈道家的帶動，頗能激起基督徒的傳道心志。在宋尚節的推波助瀾下，「報效天國」的召命，形成基督徒責無旁貸的任務。

第二節　北部教會之發展與三年運動

一、組織牧養與三年運動

　　1872年，加拿大長老教會駐臺首任宣教師偕叡理（George Leslie Mackay）抵達淡水，他與英國宣教師李庥協議之後，決定以大甲溪為界，展開北臺灣的宣教事務。偕叡理即一般習稱的「馬偕」，他除了傳播基督教之外，也善於為人拔牙，治療口腔疾病，因而贏得民間的聲譽。經過一番努力，1873年馬偕得到第一批信徒嚴清華、吳益裕、林孽、林杯及王長水等人的追隨，陸續開設五股坑（五股）、和尚洲（蘆洲）、八里坌（八里）、新店及錫口（松山）等教會，1876年以後又開設艋舺、三角湧（三峽）、崙仔頂（三角埔）、竹塹（新竹）等教會，其工作進展頗為順利。1880年，馬偕在淡水開設北部最早的西式醫院「偕醫館」（Mackay Hospital），其醫療宣教事務的基礎更形穩固。1882年，馬偕於淡水砲台埔創設北部最早的神學校「牛津學堂」（Oxford College），1884年「女學堂」也開始運作。當時，因清法戰爭之故，北部多處教堂遭到破壞，後來獲得清政府的賠償，方陸續重建。1885年，馬偕自行封立嚴清華和陳榮輝為北部最早的本地人牧師，成為宣教之得力助手，不久，陸續有數名宣教師至臺灣服務，歷經眾人的耕耘，北部教會

逐漸走向自立、團隊的宣教模式。[71]

　　日治時期，北部教會從草創開拓期漸漸進入組織牧養期。體制方面，吳威廉（Willam Gauld）於1892年來臺工作，他是教會組織者、建築家，也是富有民主素養的領導者。後續則有負責神學教育工作的約美旦（Milton Jack）、積極推動醫療工作的宋雅各（James Young Ferguson）以及從事婦女教育的金仁理（Janie Kinny）、高哈拿（Hannah Connell）等女宣教師前來服務。神職人員數量增加，北部的教士會（Mission Council）於焉成立。當時，在漢人社會中建立地方教會的長老制度較為容易，但要建立合議的中會制度，並非易事，直到1904年首屆「北部中會」方於牛津學堂召開（當時稱臺北長老中會），公選吳威廉為會正（議長），將北部分成12個堂會。教育方面，北部教會於1907年成立六年制的淡水女學堂、二年制的婦學堂，1914年開辦淡水中學校，由馬偕之子偕叡廉任校長。醫療事務方面，1912年馬偕醫院創立，宋雅各為首任院長。1925年，戴仁壽醫師（George Gushue-Taylor）接辦馬偕醫院，1934年又於八里坌設立樂山園（漢生病院）。這二處醫療院所和南部教會的彰化、新樓醫院一樣，扮演醫療傳道的重要角色。[72]

　　關於北部教會的本土化過程，馬偕很早就注重本地人幹部的培養，設定「教區的本地人親自負責本地的宣教工作（native ministry）」為主要目標。事實上，這種需求最明顯的例子，就是他於1885年不按體制且未呈請母會核示即自行封立本土信徒為牧師之事。馬偕過世一段時間後，1925年北部教會面臨母會分裂事件，宣教師大批離開，回到教士會和傳道局（馬偕家族）的獨裁局面。於是，1930年代展開所謂「新人運動」的教會革新運動，1932年多位牧師、長老共同發起「臺灣北部基督長老教會長執聯誼會」，主

---

[71] 董芳苑，《宗教與文化》，頁118-119。
[72] 鄭仰恩，《定根本土的臺灣基督教：臺灣基督教史研究論集》，頁12-16。

張自治自立，獲得熱烈迴響。其後，1938年北部三中會（臺北、新竹、東部）相繼成立。此一時期，教會青年逐漸嶄露頭角，1916-1932年間有第一波以「教會青年會」為主的基督徒青年運動，以臺北為根據地，宣教師羅虔益（Kenneth W. Dowie）為核心人物。1932-1945年又有第二波的運動，以受高等教育的基督徒學生為中心人物，例如廖繼春、顏春和、鄭蒼國、劉子祥、高天成、林朝棨等人。基督徒有識之士於1932年在臺南堂會創立「臺灣基督教青年聯盟」，議決每兩年舉行一次夏令會，被宣教師稱為"young people's society"，即所謂青年會或青年社，對當時的教會注入不少活潑前瞻的動力。[73]

此一時期，從日本學成歸國的年輕傳道師日漸增多，他們學習中國基督徒自1929年推動「五年運動」的經驗，吸收「奮興佈道」的理念。[74]同時，年輕傳道師受日本基督教社會主義者賀川豐彥[75]的「神國運動」（Kingdom of God movement）影響深遠。臺灣基督徒觀摩日本基督教會[76]的經驗，從中學習嚴謹的議事制度，藉以研討教勢振興的課題。臺人指出，日人由資深領袖帶領小組討論，將過程與決議等書面記錄印刷出版，藉著詳細說明而取得共識，並指派詮衡委員選任幹部付諸實行。其次，日人注重全國聯合婦人會、青年會等組織與教會的聯繫，計畫向學生、農人等特定對象傳教，

---

[73] 鄭仰恩，《定根本土的臺灣基督教：臺灣基督教史研究論集》，頁19-20。
[74] 中國教會研究中心、橄欖文化基金會編，《中華基督教會年鑑》12（臺北：橄欖文化基金會，1983），頁15-23
[75] 賀川豐彥（1888-1960），生於日本神戶，長於德島，16歲時受宣教師梅雅斯博士洗禮。賀川修完明治學院預科後，轉讀神戶神學院至畢業，曾留學美國普林斯頓神學院，生涯共傳道72年之久，對日本貧民區的改善有所貢獻。其作品有《越過死亡線》等200餘冊，後來被基督新聞週報社編成24大卷《賀川豐彥全集》。由於賀川留下遺言：「願教會得復興，願日本蒙拯救，願和平臨到世界」頗為人所稱道，因此也被喚為「日本的先知」。
黑田四郎著，邱信典譯，《賀川豐彥傳》（臺南：人光出版社，1990），頁xi。
[76] 日本基督教會設一個大會，九個中會：東京、浪速、東北、鎮西、山陽、北海道、臺灣、滿洲、潮汕，時有442間教會。會員54,006人，陪餐者（正式會員）22,572人。

甚至遙遠的滿洲也是宣教目標之一。再者，日人注重研究發展，討論「聖靈恩賜」的特質，構思如何因應各地傳教的需要，組織後援會，至於講道則必須配合信徒實際需要，切莫過分艱深或空談仁義道德。[77]臺人吸收日人的經驗，在教會制度與宣教理念甚有突破。

臺灣基督徒從日人按部就班、策劃周密的宣教運動獲得許多啟發，信仰本質與發展革新的風氣為之一振。1934年，第11回北部傳教師總會[78]在淡水召開之時，與會者本乎信仰精進與教會發展之要旨，提出「三年運動」的構想。教會領袖著眼於宣教的責任，決定整頓教會的信仰、確立基督教的本質。同時，考量加拿大母會已經協助臺人60餘年，基督徒紛紛期待自立自治。1935年，加拿大母會順利通過此一計畫，[79]北部中會正式核准轄內傳教師總會稟請之三年運動議案。[80]

三年運動籌備之時，適逢1935年10至11月總督府在臺北舉行的「始政四十週年記念博覽會」，此一博覽會號稱是殖民當局前所未有的大型活動。北部教會希望參與該博覽會的策劃，先行暖身預備、凝聚力量，藉著博覽會盛況，達到宣教之目的。臺灣基督徒不論南北人士，均對博覽會採取正面積極的態度，不但稱讚博覽會設備周到、開闊參觀者的眼界，並大大推崇文化的進步。經北部中會和臺灣大會的決議，基督徒在會期中踴躍參與佈道服務。北部傳道局在博覽會第一會場——公會堂（今中山堂）設置「基督教無料休

---

[77] 黃俟命，〈雜錄II.見聞與感想〉，《教會公報》598（1935.1），頁14-16。
黃俟命，〈雜錄IV.見聞與感想〉，《教會公報》599（1935.2），頁7-8。
[78] 長老教會體制的「傳教師」係神職人員（含宣教師、醫師、姑娘）的總稱，詳見第一章之名詞界定。南、北各有「傳教師總會」，每年聚集一次，討論傳教師相關事項，並彙整意見、相互交誼，性質類似現行的「牧師傳道師委員會（簡稱牧傳會）」。
[79] 明有德，〈北部臺灣基督教三年運動趣旨〉，《芥菜子》120（1936.1），頁25。
[80] 《北部中會議事錄》39回121條4款（1935.2），頁35。條文如下：
4、三年運動之件
葉金木舉議宜准其所請陳瓊琚助舉中會准
陳阿本舉議派偉彼得 偕叡廉 蕭安居 卓開日為部會陳瓊琚助舉中會准

憩所」，指派傳教師、神學生、宣道婦及一般信徒到場傳教，邀請參觀者前來免費休息、喝茶、聽福音，成為信徒佈道與祈禱的重心。[81]活動當中，南部教會也派24位神職人員前來協助，[82]南、北教會一起工作，服務參觀民眾，宣傳基督教義理。

同（1935）年11月，臺灣基督教青年會倡議舉辦「全臺灣基督教信徒大會」，日、臺各個教派團體聯合在公會堂盛大舉行，與會者2,000餘人。會中由臺北帝大地質學教授、臺北日本基督教會長老早坂一郎擔任主席，日本延聘來臺的講師長尾半平演說，以日文、漢文共同發表宣言：「吾等基督教信徒當益其信仰，許身為大日本帝國忠良臣民，而須貢獻增進國運之隆，成人類之福祉。期協心戮力宣傳基督之福音，而為社會風氣之改善邁進。」[83]同時，會中舉行分團協議會，獎勵基督教界「功勞者」，討論「吾等應如何盡基督徒的使命」、「關於臺灣的基督教教會今後的聯絡方法」等議題。[84]英國與加拿大的宣教師均受邀參加活動，並肯定此一信徒大會為臺灣基督徒的盛事，透過眾人的聚集，促使各地教會重拾自信，明瞭本身是「基督肢體」之一員。[85]

博覽會展期安排靜態展示和動態節目，活動包括各種政府、民間與學術團體所舉辦的大會、運動會，指定「特別日」彰顯特殊意義，例如10月14-15日的「大日本米穀大會」、25日的「全國茶葉者大會」、30-31日的「全國水產大會」、「全國初等教育者大會」等。這些屬於全日本範圍之社會、工商團體在臺北召開年會，具有宣傳、提升參觀人氣等效果，象徵臺灣在日本產業界中佔有重要地位。集會活動能夠招聚人潮，亦具有群體認同、參與「文化建

81　張金波，〈博覽佈道〉，《芥菜子》118（1935.11），頁28。
82　不著撰人，〈公告 V.基督教無料的休憩所〉，《教會公報》609（1935.12），頁5。
83　《百年史》，頁248。
84　《全臺灣基督教信徒大會要項》（1935.11.9-10，臺北市公會堂），頁1-28。
85　"Missionary Notes: Formosa," *The Presbyterian Record* 61:2 (1936.2), pp. 54-55.

圖2-13 ▌ 全臺灣基督教信徒大會式場

圖2-14 ▌ 基督教無料（免費）休憩所

2-13 | 2-14

資料來源：左圖長榮中學提供；右圖蘇文魁提供。

構」意義。[86]不可諱言的，基督教、佛教相繼召開大會，[87]透露出官方藉博覽會和宗教團體「大會師」，藉此壯大聲勢之意圖。相對的，教會舉辦大型集會，也象徵組織動員的能力有所提升，對於後續的各種活動已經蓄勢待發。

二、三年運動的推行

（一）三年運動第一期（1936-1937）

北部教會協辦博覽會之後，即開始推行三年運動，1935年底正式組織「北部基督教三年運動部」，由宣教師明有德（Hugh MacMillan, 1892-1970）出任部長，蔡受恩、陳溪圳任書記，三人聯名發表文告，揭示活動要旨：

看今日社會的混沌與思想界的變遷、個人生活的廢頹，使吾

---

[86] 呂紹理，《展示臺灣：權力、空間與殖民統治的形象表述》（臺北：麥田出版社，2005），頁268-269。

[87] 鹿又光雄編，《始政四十週年記念臺灣博覽會誌》（臺北：始政四十週年記念臺灣博覽會，1939），頁673-677。

等在主〔內〕的同志不只掛慮，〔也〕導致教會的權威受踐踏，信徒同志冷心，教會青年失志四散，使我們對上帝的託付非常慚愧。所以此刻是我教會要為主奮起之時，吾等奮起是上帝的旨意，是上帝要興起祂的作為，在這些年要顯現祂的榮光。[88]

由上可知，北部教會將三年運動定位為「教會總動員」，亦即「奮興信仰、作興基督精神、引導人們歸主、建立擁有上帝生命的教會」，清楚地標示努力的方向。

三年運動開始前一週，教會鼓吹各家庭共同舉行「準備祈禱會」，但因宣傳書籍發送延遲，活動略顯匆促不周。[89]1936年1月5日，三年運動的第一期在禮拜儀式中堂堂啟動。北部基督徒揭櫫總標題「求主奮興祢的教會，率先奮興我」（Lord revive Thy Church, beginning with me.）旋即展開「大舉佈道」。[90]三年運動漸入佳境，基督徒逐一響應，其教會活動紛紛配合三運部會的指示進行，大甲、新竹、基隆、宜蘭、東部等區的委員會相繼成立。按照計畫，4-6月為「奮興期」，7-9月是「主日學與青少年期」，三年運動透過各種節期、活動而蓬勃開展。眾所皆知，推展教會運動若與宣傳刊物密切配合，更能有效將各種論述、活動與消息公布週知。因此，北部教會機關報《芥菜子》即擔任此一角色，[91]自1936年5月至1939年3月，連續刊載〈三年運動特記〉專欄近3年。該專欄以總幹事蕭樂善[92]和部長明有德為主要作者；格式通常有二，其一為

---

88 明有德等，〈北部基督教3年運動〉，《芥菜子》119（1935.12），頁27。
89 《北部中會議事錄》40回89條（1936.2），頁37-38。
90 不著撰人，〈三年運動開始禮拜式〉，《芥菜子》120（1936.1），頁25。
91 《北部中會議事錄》40回71條（1936.2），頁24。
92 蕭樂善（1900-1992），係蕭安居牧師之長男，生於新竹長於新店，1920年淡水中學校畢，入臺北神學校，後受派北投、和尚洲（蘆洲）、板橋、汐止等地。經5年牧會經驗後赴日本神學校深造。1914年返臺，派往羅東、雙連等教會。1936年任三

Saⁿ nî ūn-tōng tėk-kì

(Chú-sū： Siau Lók-siān)

圖2-15 ▌ 三年運動特記
資料來源：《芥菜子》124（1936.5），頁29。

「主張」，說明三運的基本精神與理念；其二為「工作」，報告事務性或活動的消息，篇幅1-3頁，期使基督徒明瞭三年運動的執行概況。

三年運動分為三部，一為奮興部，目標在於使會友熱心進步，著重教會內部的更新；二為救靈部，希望會友致力邀人信教，強調教會外部的拓展；三為青少年部，鼓舞主日學、青年會臻於活躍進步，乃是針對特定的年齡層，培育最具可塑性的年輕人，以期成為教會的地基棟樑。

奮興方面，基督徒揭示三年運動旨在「祈禱」，安定教會內外的波動，實行「上帝國」的生活，透過默想靈修或幫助他人予以實踐。[93]蕭安居則以標語「求主奮興祢的教會，率先奮興我」配合舊約聖經的偉人事蹟鼓舞信徒。[94]吳清鎰以〈奮興時代〉為題接連投書，鼓舞信徒重燃熱情，發揮教會機能，執行傳福音的使命。他指出教會尚存「異教」風氣，被物質支配，誤植私慾為真理，導致教會不合、衝突和結黨，他呼籲培養自治、自養、自傳的精神，使福

年運動主事，1940年於新店教會封牧（任期6年），後兼《臺灣基督教會報》主筆（1942.12-1944.1）。曾任北部教會總幹事、臺灣神學院舊約學教授。戰後，蕭氏先至中學任英文教師，後回到教會界工作，1952年任北部大會總幹事7年，此間兼任臺灣神學院、聖經學院教席，亦兼美軍第七艦隊牧師1年。美軍於韓戰中喪失300多位牧師，致使整個艦隊只有1名牧師，每逢週日各艦官兵只能齊集船尾國旗下默禱，在蕭氏影響下，曾有官兵受其感召，立志往韓國傳教。1959年蕭氏辭總幹事，但退而不休，持續宣教工作，為人感念。
蕭永真、陳哲宗、孫芝君，《蕭安居牧師生平及其家譜》（自行出版，2008），頁41。

[93] 蔡受恩，〈三運與祈禱〉，《芥菜子》120（1936.1），頁26-27。

[94] 蕭安居，〈三年運動的標語〉，《芥菜子》120（1936.1），頁27。

音更加拓展，避免教會內部的紛爭。[95]奮興部的郭和烈則慨嘆信徒熱忱有待昂揚，有人結黨營私、悖離信仰，認為應著手研擬計畫，讓大家都和「屬乎上帝」的事有關係。[96]

救靈方面，傳教師勉勵會友全體動員，發揮「拯救靈魂」的精神，藉各種傳福音的方式，成就上帝的心意，與主同工，使人得救。[97]基督徒藉身體的運動比喻「靈魂」的運動，前者是生命之源和帝國強盛的指標，後者即為祈禱傳教，教會若不運動則「消化不良、發育遲緩」。因此，有論者認為南部教會發展良好，北部卻不懂栽培人才、不會拓展教勢，甚至平凡的人到南部反而一躍而成領袖，實有待反省。[98]而省思的重點在於引用聖經，基督徒彼此勸勉，奉靠上帝之名傳道救靈，讓自己和別人都得救，用同心協力的全體精神向前邁進。[99]基督徒認為認為三年運動攸關教會前途，也逐漸看到效果，陸續有新進傳教師獻身投入，教會積極聘任牧師，長執聯誼會甚為活躍，欣欣向榮的景象值得歡喜。[100]總而言之，基督徒引用聖經，闡述「救靈運動」是三年運動的基礎，呼籲信徒自己先認罪悔改，進而幫助他人，行出上帝的旨意。[101]

青少年方面，基督徒關心主日學、青年會、青少年傳道等基本問題，既然普通義務教育都能讓全臺在40年內學會日語，則青少年宗教教育同樣具有潛力，若徹底實施，就能讓半數以上的人口聽到福音。此外，論者指出文部省有鑑於社會風氣欠佳、思想惡化，特准在日本國內學校開授宗教課程，顯示宗教教育的重要性不容忽

---

[95] 吳清鎰，〈奮興時代〉，《芥菜子》120（1936.1），頁28-29。
吳清鎰，〈奮興時代（2）〉，《芥菜子》122（1936.3），頁30-31。
吳清鎰，〈奮興時代（3）〉，《芥菜子》123（1936.4），頁30-31。
[96] 郭和烈，〈你我都有關係〉，《芥菜子》121（1936.2），頁29。
[97] 郭和烈，〈總動員的救靈〉，《芥菜子》120（1936.1），頁30。
[98] 卓恆利，〈運動的必要〉，《芥菜子》120（1936.1），頁30-31。
[99] 陳添旺，〈救靈運動〉，《芥菜子》120（1936.1），頁31-32。
[100] 陳添旺，〈未曾有〉，《芥菜子》122（1936.2），頁31。
[101] 卓開日，〈救靈運動〉，《芥菜子》121（1936.2），頁31。

視。[102]同樣的，青少年部長蕭樂善舉歐洲國家的強盛為例，強調青少年是教會革新進步的關鍵，勉勵年輕人把握青春，及時貢獻心力，免除國家和教會的危機。[103]基督徒重視青少年運動的成效，由此可見一斑。

三年運動曾與臺灣基督教青年會合作，於1936年8月舉行「夏期學校」，吸引207人參加，年齡層橫跨13-68歲，由宣教師明有德和日籍牧師上與二郎共同帶領，舉辦早禱會、演講會、分團協議會、海水浴、運動會、夕陽會、音樂會、燭光晚會及營火會等活動，且登上大屯山舉行禮拜、發表宣言，使與會者深刻感受年輕的志氣，[104]激發青年奉獻服務的志向。

北部基督徒特別關心教會學校，他們感謝母會設立神學校、男女中學和婦學堂，惟時勢改變，教會學校的辦學方針屢遭社會抨擊，使基督徒警覺到學校應成為「新時代的指導機關」，使其感化力影響社會、領導時代。部分基督徒強調認為應由「東洋人」辦理校務，才能正確認識東亞的思想，認為經濟上靠母會幫助，但所有事務要本國人自己設法，不能將學校視為營利機構或「出資者主義」，應該秉持誠意，妥善處理母會的補助款，有效率地運用這些「血汗錢」。[105]基督徒十分關心神學校的改革，論者認為校長人選最好是熟稔聖經、瞭解時勢的「東洋人」，方能真正知悉本地需要，貢獻長久心力，比宣教師更為恰當。聘請教授應注意信仰和學歷，須有膽量反抗不義，不能任用缺乏善惡判斷力者、順應權勢「顧飯碗」的溫馴者、信仰不堅者。論者強調神學校的改革在於充實師資陣容、教授言行一致，[106]在學制上設置預科，授與倫理、哲

---

102 蔡長義，〈青少年運動檄文〉，《芥菜子》120（1936.1），頁32-33。
103 蕭樂善，〈讓青少年活在上帝的國〉，《芥菜子》121（1936.2），頁28。
104 吳清鎰，〈第3回夏期學校〉，《芥菜子》128（1936.9），頁26-27。
105 吳清鎰，〈檢討教士會經營的學校〉，《芥菜子》124（1936.5），頁22。
106 吳清鎰，〈神學校著改革〉，《芥菜子》124（1936.5），頁24-25。

學、社會學等科目。[107]

基督徒指出教會被物質文明與思想潮流的影響，欠缺「基督的生命」，會友需要培養奉獻、進取、交流同情的態度，加強認識聖經，效法耶穌基督的祈禱精神，以免教會財政與個人心靈過於軟弱，信仰的道理未得到應有的尊崇。[108]

蕭樂善提醒讀者，「權力」是三年運動的重點之一，分屬於長老、執事和全體會友。權力善用，有助教會井然有序、發展興盛，濫用則造成紛亂。長執只是會友代表，不是權力任命，雙方要彼此尊重、糾正，使教會權力和教義福音緊密結合，透過福音洗禮，妥善運用職權，進而使權力助長開放的風氣，避免壓制的弊病。[109]

三年運動與宋尚節的佈道會曾有一段時間同步進行，藉由奮興佈道的熱潮，論者期待在教會、人心與查經方面能儆醒反悔、自我檢討，一面延續三年運動的活力、開拓宣傳福音的機會；一面坦承己過，繼續在上帝面前立定志願。[110]基督徒呼籲眾人齊來參與，累積大河般深厚的潛力，取代小溪般短淺的沖刷。[111]北部基督徒參與佈道會，多人被宋尚節的熱誠感動，開始省思罪惡之弊與拯救之愛，他們目睹多人反悔與認罪，以及宋氏如何針砭人心「假冒為善」、「馬虎隨便」等罪惡，致使多人懺悔流淚。有人或覺得重生得福，或徒增罪惡感，甚至也有袖手旁觀、嗤之以鼻者，以為認罪與否並非重點。[112]基督徒對「認罪」的觀感互異，反映在其信仰反省的層面之不同。

教士會對三運大抵抱持著樂觀其成的態度，不僅親身參與，

<hr>

[107] 胡文池，〈神學校的問題〉，《芥菜子》130（1936.11），頁25。

[108] 陳能通、蔡長義、郭和育、郭莊、石安慎，〈今仔日教會的欠缺〉，《芥菜子》124（1936.5），頁26-28。

[109] 蕭樂善，〈我的權〉，《芥菜子》125（1936.6），頁26。

[110] 潘春貴，〈聽宋尚節的好感〉，《芥菜子》126（1936.7），頁28。

[111] 劉世香，〈三運的精神〉，《芥菜子》127（1936.8），頁31。

[112] G.生，〈宋博士佇臺北的奮興〉，《芥菜子》125（1936.6），頁27-28。

更寫信回加拿大分享訊息。他們「欣見臺灣教會三年運動之計畫，願衷心一致跟隨目標，期使基督徒一領一，人數倍增；已經自立的教會幫助別人成長，達致動態的祈禱和聖經研讀」。[113]宣教師蘭姑娘將三年運動對比耶穌三年的傳道生涯，祈禱「在這段長期的努力中，求主賜下信心，不是靠我們的手，乃是靠上帝，使我們往前進，使更多未信者能認識耶穌、榮耀祂的聖名。」她記述北部分成8區的活動，認為三運部會的工作頗能配合季節與順序，春天象徵新生命，舉辦奮興運動；夏季適合戶外活動與青年運動；秋季則針對未信者舉辦福音運動；冬天則是室內團體活動，並配合宋尚節的奮興會，使周邊商品銷售頗佳。[114]

（二）三年運動第二期（1937-1938）

　　1937年進入第二階段，前半年延續「奮興」、「救靈」的主軸繼續進行。經過第一期的努力，北部基督徒感受到教會呈現復興的跡象，期待不斷反省前進，避免嫉妒分爭或輕視聖經。[115]基督徒認為祈禱並非單憑己意，乃需要上帝的能力，集結人才資源和祈禱讀經獲得動力，方可越過教會的難關，一方面照聖經的啟示和聖靈的能力，放棄貪愛名聲物質的想法；一方面以奮興佈道家為典範，見其「領受神的能力，無非是向聖靈的祈禱，讓神來運行，才有成效，在臺灣結實纍纍。」期勉自己「讓上帝使用，保守神聖的教會，站在信仰來祈禱，接受聖靈的能力，絕對是站在上帝的能力來見證」。[116]顯然的，基督徒頗有革新奮發的意志，他們認為教會應

---

[113] Rev. Hugh A. MacMillan, "The North Formosa Christian Three-Year Movement (San Nen Undo)," *The Presbyterian Record* 61:5 (1936.5), p. 146.

[114] Miss Margaret M. Ramsay, "San Nen Undo: Three Year Movement Bible Study," *The Presbyterian Record* 61:11 (1936.11), pp. 343-344.
Miss Margaret M. Ramsay（蘭馬烈，1928-1940在臺工作）

[115] 蔡受恩，〈教會的反省〉，《芥菜子》135（1937.4），頁21。

[116] 蔡受恩，〈上帝的能力〉，《芥菜子》136（1937.5），頁22-23。

奠基於聖經，高舉耶穌為中心，成為不斷改革的宗教信仰。[117]尤其彼此之間應該「用愛心說誠實話」，以貫徹公義和仁愛，不至於虧欠上帝的恩典。[118]

為協助臺人基督徒改革，宣教師明有德持續與加拿大母會聯絡，說明臺灣基督徒如何效法日本基督教會的模式，致力於自養（self-support）、自治（self-governing）、自傳（self-propagating）的目標，指出教會漸邁向獨立自主時，需要更多宣教師從旁諮詢協助。[119]

為報導各地推行概況，〈三年運動特記〉持續連載。1-3月的主題指出，基督徒要鍛鍊自己為上帝竭盡忠實，使三年運動成為「聖經運動」，將正確的信仰遍傳臺島。內容呼籲基督徒領受傳福音的使命，彼此指導協助，傳教師與一般信徒尋找自己能貢獻心力的定位。實際的「工作」方面，則發行《三年運動時報》，並在臺中、新竹、桃園、宜蘭等地召開特別聚會。[120]

5-7月的主題強調讀經與祈禱，透過喻道故事說明基督徒若內心與上帝有良好關係，則不用過分擔心宗教禮儀問題，甚至能成為完全之人。此外，基督教與婦女運動、家庭教育的關連性亦有觸及，象徵基督教在文化的異域也有生機。「工作」方面，則分東部、西部，舉行「春季特別傳道」，召開培靈佈道會。[121]

8-12月的主題鼓勵基督徒檢視本身信仰，把握聖經的要領，主張「靜靜研經查考」就是「最符合時代的勞碌方式」，使「新出發

---

[117] 蔡受恩，〈改革主義的信仰〉，《芥菜子》141（1937.10），頁24-25。

[118] 蕭樂善，〈甚乜款的疼〉，《芥菜子》141（1937.10），頁28-29。

[119] Hugh MacMillan, "North Formosan Minutes Conference, Tansui, Formosa," *The Presbyterian Record* 62:3 (1937.3), pp. 83-85.

[120] 蕭樂善，〈三年運動特記〉，《芥菜子》132（1937.1），頁24-25；133（1937.2），頁25-26；134（1937.3），頁23-24；135（19374），頁25-27。

[121] 明有德，〈三年運動特記〉，《芥菜子》136（1935.5），頁24-26；137（1935.6），頁26-27；138（1935.7），頁28-30。

的教會」有足夠的能力面對時局、革新組織、勇於任事，促進教會經濟獨立。工作方面，則是透過書刊進行「通信聖經學校」[122]

1937年7月起，三年運動開始發行相關叢書，原本預計出版10卷，最後則發行3卷，分別是《教會振興運動的要旨與實際》（1938）、《聖經的要領》（1937）、《更多》（1938）。由於編輯上的因素，第二卷反而最先問世，其刊頭指出：

> 關係信仰生活所必要聖經的教導聚集於要緊的題目。使人較明白福音的內容，來〔安〕置確信。難瞭解的聖經之教導，從別處的聖經句，或是故事來說明。欠缺之時，較快能得到〔效果〕；要傳道理給別人之時，能得到所必要的題目與材料，使上帝的話感化人。[123]

編輯者表示，發刊之目的希望使基督徒的信仰有進步的空間，使聖經智慧的「溝渠」使個人心門得到「活水」，幫助基督徒認識信仰的全貌，使日常生活獲得幫助。第一、二卷結構相似，標題目錄表列如下。

---

[122] 明有德、蕭樂善，〈三年運動特記〉，《北部中會》139（1937.8），頁28-29；140（1937.9），頁25-27；141（1937.10），頁27；142（1937.11），頁26-28；143（1937.12），頁30-31。

[123] 蕭樂善，《教會振興運動的要旨與實際：三年運動叢書1》（臺北：北部臺灣基督長老教會三年運動，1938），序。

表2-1　三年運動叢書前二冊目錄頁次表

卷章	一、《教會振興運動的要旨與實際》		頁次	二、《聖經的要領》	頁次
1		標語的題解	5-6	聖經的權威	1-2
2		新的出發	6-7	上帝的聖格與祂的所做	2-4
3		活動的信仰	7-8	人受上帝造，也受罪惡引誘	5-6
4		我們對教會的責任	8-9	拯救獨獨是對上帝	6-7
5		合同的力量	10-11	基督做什麼來救人	8-10
6	要旨	天國的空氣	11-12	信仰的聖職與目的	10-11
7		注重的真實	12-13	信徒的精神、聖職與特權	11-12
8		好的標本	14	信徒對上帝應盡的本分	13-21
9		聖經的勇者	15-16	信徒對人應盡的本分	21-24
10		祈禱的祈禱	16-17	站在基督與教會	24-27
11		傳福音的責任	18-19	痛苦的問題	27-30
12		獻身與獻金	19-21	現世的誘惑與快跌倒的罪	30-33
13		團體生活的訓練	25-26	信徒對未信者，或是作基督的敵人之本分	33-34
14		傳教師與教會	25-27	人要怎樣能到永生	35-36
15		長執與教會	27	上帝怎樣做工於信者的心內與精神	36-38
16		大規模的工程	28	要提防拜偶像	38-39
17		教會的聯絡	28-29	人要反悔歸主	39-40
18		信仰的練習	29-30	為著靈魂的得救要善用時間，善抓機會	40
19		對禮拜的訓練	30-32	要遵守聖日	40
20		聖經要怎樣讀	32-34	要提防撒旦陷害、惡人計謀與假教師迷惑	41
21	實際	祈禱的訓練	34-26	要不時三思上帝的話語祂的所行	42
22		研究聖經的方法	37	要圖謀神的事無厭倦	42-43
23		設研究聖經的機關	37	要善顧守有力，有榮光的基督教於地上	43
24		教會肅正的問題	38	死人要復活	43-44
25		教會於社會中	38-39	最後的審判	44
26		獻金	39	聖徒的勝利與榮光	45
27		要計畫教會獨立	40		
28		議事的要項	40-41		
29		信徒各個要有一項工	41-42		
30		傳福音的要項	42-43		

第三卷《更多》的內容引用聖經中耶穌讚許寡婦奉獻兩個小錢的事蹟，闡述獻金的精神，藉期激發信徒的「more spirit」。該書引用新、舊約聖經編寫各項教導，配合聖經金句設計問題，提供讀者自我反省。前六章（1-14頁）旨在說明精神之增加；後九章（15-26頁）討論精神之益處。接著，敘述舊約聖經人物奉獻所得十分之一的故事，以及三個教會實例、歐美研究簡介，補充說明基督徒處理金錢的要項，提供教會獻金實際方法作參考，共計44頁。論者認為該書「各項都是生動新穎的言論，書皮有印十字架的塔與禮拜堂。體裁印製都很好，請還未讀的人快買來讀。」[124]要之，該書教導基督徒奉獻的意義在於「活生生的道理」與「現代的問題」，希望信徒從頭到尾研究聖經豐富的材料，認識耶穌和十字架的道理，進一步明白長老與執事的使命及其對教會事務的重要性。[125]

（三）三年運動的第三期

1938年進入三年運動的最後一期，基督徒仍較注重「教會」內部的事務發展。例如〈教會新的出發〉一文鼓舞基督徒擺脫經濟與精神的不振，迎接新年新氣象，在教會以「靈性的建設」服事上帝的聖殿、「自養的建設」確立經濟基礎、「傳道的建設」開拓福音的出口。〈教會與祈禱〉一文指出，教會復興的活力須藉由祈禱維持，特別在教會內外「烏雲密佈」充滿困難時，基督徒藉祈禱來培養靈性，教會內部的生命才能進展到外部。〈教會與聖靈〉一文指出，時下基督徒的景況與羅馬時代相似，人們沒有能力勝過黑暗的社會，不少人排斥基督教。信徒應專心祈禱，求聖靈降臨，接受神的感化。〈教會與傳道〉認為教會受上帝揀選，擔當傳道的使命，

---

[124] 蔡長義，〈讀《更多之精神》〉，《北部中會》151（1938.8），頁29-30。

[125] 明有德，《更多：三年運動叢書3》（臺北：北部臺灣基督長老教會三年運動，1938），頁3。

是福音的根本、上帝國的黎明。〈教會的振興〉指出教會要有協力一致的精神，在實際面與精神面都要勤勉做工，多方禱告。另有人指出三年運動是非常時〔hui-siông-sî〕的重要事務，地方教會「信徒與家庭要日日運動，用家庭禮拜做出發。」[126]特別在加拿大母會財政困難之時，北部基督徒已有70多間教會，表面看似強盛實則缺乏傳道精神，尤需留心注意。[127]

總幹事蕭樂善持續連載〈三年運動特記〉鼓舞基督徒，他主張教會承擔「開路先鋒」的角色，身體力行才有可能進步發展，期待基督徒更加愛主、和諧，行走正道不怕攔阻，使三年運動成為後人的模範。[128]

三年運動最後一波活動為1938年12月的「聖經研究會」，以一般信徒為對象，講授聖經與神學的課題，由劉忠堅、吳天命、郭和烈等人擔任講師。出席者超過200名，內容包括神學大要、基督教史、講道法、傳道經驗與信仰生活、音樂會等。演講中心鼓舞這200多位參加者效法先知和殉教者的受苦犧牲精神。[129]

（四）三年運動的成效分析

綜觀三年運動的實施效果，第一年的活動較多，如發會式、講演會、特別集會等，分成奮興、青少年、救靈三大目標，執行事務較有系統，參加者頗為投入。第二年則轉以「文書傳道」為主，除了延續第一年的〈三年運動特記〉、針對有識者的《基督教大眾新

---

[126] 《北部中會》144（1938.1），頁21-30。

[127] 蕭樂善，〈精神喪鄉〉，《北部中會》147（1938.4），頁22-23。

[128] 蕭樂善，〈三年運動特記〉，《北部中會》145（1938.2），頁29-30；147（1938.4），頁29；149（1938.6），頁29；150（1938.7），頁29-30；153（1938.10），頁27-28。

[129] 吳天命，〈消息_3.臺北區三運聖經研究會〉，《北部中會》158（1939.3），頁26。
明有德、莊丁昌、溫榮春，〈三年運動特記〉，《北部中會》158（1939.3），頁27-28。

聞》、指導讀經的《聖書研究プリント》之外,增加發行《三年運動時報》、《朝鮮教會之進步及所用之方法》及三年運動叢書《聖經的要領》、《教會振興運動的要旨與實際》,並舉辦「聖書通信學校」。第三年則有《較多之精神》、《謄寫版技術》、《レーマン神學研究會概要》。[130]三年之間所發行的文字出版品不少,且漸漸從動態的聚會轉為靜態的形式。

三年運動的主要經費來源為會友奉獻,前兩年都接近400圓,第三年則不到百圓。就全期觀之,會友奉獻的比重始終佔五成以上。北部中會只有在第一年挹注275圓的經費,後續未再支應。三年運動的周邊商品僅第一年稍有建樹,後兩年銷售情形不盡理想。支出方面,最多的是人事費,亦即總幹事的薪津,全期都佔支出比例五成以上,第一年的人事費多達550圓,後逐年遞減。值得玩味的是,第三年人事費甚少,卻編制三位幹事,且費用未相應增加,其薪津如何分配,史料亦未明載,有可能是地方教會補助或是出任「志工」。支出次多之項目為印刷文具費,顯見發行報刊雜誌花費不少。至於第一年的通信費特別高之因素,應是為了宣傳、廣告的聯繫之用,以致耗費超過百圓。

就三年運動的財務狀況而言,經費著實有限,資金年年銳減,結餘均為負數,三年下來共背負百餘圓的債務。收入捉襟見肘之下,支出亦隨之減少,整體效益遞減。尤其是第三年,已呈現強弩之末的頹勢,歷年財務狀況如表2-2所示。

---

[130] 《北部中會議事錄》41回65條〈三年運動報告書〉(1937.2),頁19-24。
《北部中會議事錄》42回87條〈三年運動報告書〉(1938.2),頁55-60。
《北部中會議事錄》43回49條〈三年運動報告書〉(1939.2),頁51-54。

表2-2　三年運動歷年會計報告

單位：圓

項別	年別	1936	1937	1938
收入	會友奉獻	396.81	393.24	93.61
	三運商品	65.00	2.00	10.00
	雜收入	52.50	25.93	-
	中會補助	275.00	-	-
	收入補記	3.73	-	18.75
	總計	792.50	421.17	122.36
支出	通信費	137.25	15.73	9.20
	部會旅費	23.56	55.77	24.58
	印刷文具費	94.61	99.78	61.73
	主事費	550.00	300.00	120.00
	雜費	18.67	3.00	4.10
	總計	816.12	474.28	219.61
結餘[131]		-32.07	-53.11	-97.25
三年總結餘				-150.36

資料來源：《北部中會議事錄》（1937-1939）。

　　三年運動頓挫的原因，顯然係政治環境的變動所致。受到戰時體制的影響，基督徒無法專心投入於信仰的奮興運動，也難以召開公眾聚會。1938年總幹事蕭樂善無奈地慨嘆，許多信徒被徵調「勤勞奉公」構築防衛工事，因而無暇維持教會生活，報告書指出：

> 因時局之關係，由〔1937年〕八月以後無有大眾的講演之計畫，但有獎勵個人傳道及編輯叢書聖書研究等。
> 有多數對此運動甚有認識，然尚有多眾對此工程未有認識。

---

[131] 筆者計算1936年的收入總計793.04圓、結餘-23.62圓，惟此處仍緣引史料上的帳目。

有實行協力者漸增加，然尚有多數缺〔乏〕協力之精神及實行之力。

照去年献金之成績而觀，有教會盡力鼓舞，較多教會失鼓舞。

開始之時有熱心，半途冷淡難得榮光上帝之名，三年運動宜活於臺灣教會歷史上。[132]

上述資料顯示，「時局因素」使大型集會受到限制，舉辦的活動大多屬於靜態的聚會，諸如演講會、聖經研究會等，性質與平常的主日禮拜相仿。基督徒被動地聽講、研究，缺乏「走出去」的對外宣教佈道，欠缺與非基督徒直接往來的經驗，引人入教的機會自然減少。主其事者固然期待會友在聖經上有更多的基礎，但因戰時體制之故，集會受限，教育宣導、人才訓練都受到影響，無法培養更多的信徒領袖。此外，三年運動的目標沒有清楚地傳達到每一位基督徒，儘管有振奮人心的標語，但是缺乏具體策略，難以評估檢討，甚至經費也常左支右絀。三年運動透過報章刊物的宣傳加強聖經研究，理念雖佳，但文字傳道有頗多侷限，時效性與普及率低，效果不如預期，例如三運叢書第三卷《更多》共發行500本，普及率僅佔全臺信徒5萬多人的1%；一本售價1角，也不敷成本。

北部基督徒回顧三年運動時，並沒有用太多的篇幅加以討論，某些曾任幹部者僅簡短自評「雖有發行幾種小刊物，但因進入戰爭緊張時期，故不能得到如期效果。」[133]事實上，發行的出版品種類不在少數，惟每種刊物到信徒的手中，實際使用量未超過500份，與原先設定的目標有所差距。然而，不可否認的，三年運動對基督徒信仰認同的質和量確有幫助，透過報刊雜誌深入討論信仰的理

---

[132] 《北部中會議事錄》42回87條〈三年運動報告書〉（1938.2），頁57-58。
[133] 黃六點主編，《北部教會大觀》，頁72。

念與實踐，裨益基督徒自我反省、督勵。1938年，臺北神學校、淡水婦女義塾正式成立理事會，教育機構更形穩固。[134]如下表所示，1938年較1931年增加信徒6,700餘人，促成北部中會分設成臺北、新竹、東部三個中會，奠定「大會」的升格基礎。三年運動在臺灣教會歷史上的意義，不容忽視。

表2-3　日治末期北部各中會教勢統計

年度別＼項別	中會	教會數	傳教者	長老	執事	信徒	主日學教員	主日學學生
1931	合計	73	72	-	-	3,167	-	-
1938	臺北	31	33	57	66	4,019	154	1,499
	新竹	25	20	47	47	2,559	85	666
	臺東	23	17	46	48	3,089	105	890
	合計	79	70	150	161	9,667	344	3,055
1939	臺北	28	30	57	61	4,790	153	1,524
	新竹	18	25	40	44	2,467	72	738
	臺東	20	22	48	49	3,013	100	894
	合計	66	77	145	154	10,270	325	3,156
1940	臺北	30	27	73	76	4,776	151	1,456
	新竹	24	19	38	41	2,509	68	713
	臺東	20	17	41	47	3,124	92	844
	合計	74	63	152	164	10,409	311	3,013
1941	臺北	30	27	73	76	4,807	133	1,456
	新竹	24	19	38	41	2,566	71	713
	臺東	20	17	41	47	3,229	91	765
	合計	74	63	152	164	10,602	295	2,933

資料來源：鄭連德、吳清鎰、徐謙信、鄭連明編著，《臺灣基督長老教會北部教會九十週年簡史》，頁71。
黃六點主編，《北部教會大觀》，頁922。
《北部中會議事錄》，昭和十三年度全北部教勢報告書（1939.2）。
《北部大會議事錄》，昭和十四年度全北部教勢報告書（1940.5）。

---

[134] 《北部中會議事錄》42回78-80條（1938.2），頁41-47。

第三節　神學思想與教會觀論爭

一、近代臺灣的神學教育

　　所謂「神學」，最古典的定義之一是中世紀神學家安瑟倫（Anselm）所提出的「信仰尋求了解」，亦即指信仰不斷試圖探究、勇敢提出問題的過程。[135]近代神學家田立克（Paul Tillich）則認為神學是教會的一種功能，並服務教會的需要。此外，也有學者認為神學是「有關上帝的學問」[136]、「信仰的反省而來的一些敘述和實踐」[137]或「信仰的投入性反省」等。總括而言，神學與信仰一體兩面，而教會又是信仰的重要實踐場所之一，故言神學思想與教會運作必然密切相關。

　　無庸置疑的，神學教育是教會的使命之一，基督徒宣傳福音之時，須注意教育、訓練與培養，以免教會失去熱忱而無法發揮影響力。傳道與教育相輔相成，例如禮拜講道和教會學校兼具雙重功能，箇中分寸全賴神職人員善用智慧加以決定並推行。[138]換言之，近代神學教育著重多元與一體的整合關係，看重人才的養成與神職人員的專業，因此有牧者培育、宣教導向、國際視野及學術訓練等許多要求。[139]因此，神學的研究與教育背後所反映的，是一個基督徒的信仰人格，及教會與社會生活的整體（integrity），傳教師必須對聖經和教會處境有所瞭解、能夠講道、在與信徒討論教義時能夠「說出道理」（make sense）、能從事個人協談，並在多元化的

---

[135] 鄭仰恩主編，《上帝與神學：信仰尋求了解》（臺南：人光出版社，1997），序v。
[136] 林瑞隆，〈神學是甚麼？〉，收入鄭仰恩主編，《上帝與神學：信仰尋求了解》，頁34。
[137] 陳南州，《認同的神學》，頁25。
[138] 陳光輝，《基督教教育實際指導》（臺南：教會公報出版社，1965）
[139] 蔡鈴真，〈基督教神學教育在臺灣〉，《人生雜誌》284（2007.4），頁56。

處境中能夠「解讀現實」。[140]

臺灣第一代基督徒大多出身社會基層，有人信教動機出於現實考量；也有人接受教會培訓，接觸到深刻的信仰經驗，開始在醫療、教育與社會服務上貢獻心力，後代克紹箕裘者不在少數。[141]透過宣教師的指導，學識低落的平信徒成為具備神學訓練的傳教師，為其帶來個人生命的轉變與社會地位的提升。神學教育培養本地傳教人才，牧養廣大的教區和信徒，配合各種教會學校的推展，為臺灣傳統的儒學教育注入新的氣象。不僅如此，也引進男女平等、開闊學習領域及重視全人教育等現代教育概念。[142]

清末，南部教會神學教育始於高雄旗後的「傳道養成班」，確切設立時間不詳，最初並無專任師資與固定課程。1876年宣教師在府城舊樓醫館成立「臺南大學」，讓9名養成班的學員繼續就讀，由巴克禮任校長，甘為霖、施大闢（D. Smith）為教師，該年因而被視為創校的起點。同年6月，宣教師關閉旗後的養成班，將4名學生送到府城，使宣教工作和人才培養能合併進行。[143]1880年2月新校舍落成，包含一間教室和15間寢室，聘請當地秀才開授漢文課，共計招收15名學生。宣教師當中，以巴克禮投入心力最多，他主導南部教會神學教育的發展，致力使學生釐清科學與信仰間的正確關係。後來巴克禮從事廈門音聖經的翻譯工作時，學校的工作分別由廉得烈（A. B. Neilson）、宋忠堅（Duncan Ferguson）、梅監務（Campbell. N. Moody）、劉忠堅（Duncan MacLeod）與滿雄才（W. E. Montgomery）等宣教師先後掌理校務。由於學生不斷增加，巴克

---

[140] 鄭仰恩，〈我們的神學該怎麼教？神學教育的多元發展與整合〉，《臺灣神學教育年刊》1（2000.10），頁58、75。

[141] 邱麗娟，〈清末臺灣南北基督長老教會傳教事業的比較研究（1865-1895）〉，《臺南師院學報》29（1996），頁36。

[142] 張妙娟，〈出凡入聖：清季臺灣南部長老教會的傳道師養成教育〉，《臺灣文獻》55:2（2004.6），頁172-174。

[143] 吳學明，《從依賴到自立：終戰前臺灣南部基督長老教會研究》，頁289-292。

禮例假返國時，向英國母會傳達其需要，經有志者奉獻1,000英鎊後，第二代校舍於1903年2月完工，可容納學生40名。是時，巴克禮再度榮膺校長。1910年校名先改稱「臺南福音書院」，最後定名為「臺南神學校」。[144]

北部教會的初期神學教育可謂偕叡理獨立奮鬥的歷史，不同於南部宣教師彼此分擔工作，他獨自負責宣教、牧養、培訓甚至醫療等工作，堪稱北部的「主教」（Bishop）。1872年左右，他帶領學生，「在大榕樹下，以上地的穹蒼為屋頂」的「逍遙學院」（Peripatetic College）或稱「巡迴學院」（Itinerant College）為追隨者講學，維持約10年，共有學生20名。偕叡理為更有效地養成本地宣教人才，乃運用故鄉牛津郡親友奉獻的6,000餘美元興建新校舍。1882年建築在淡水砲台埔落成，命名為「Oxford College」以資紀念，中文名「理學堂大書院」，共有18名學生入學，開授神學、科學、漢學及簡易的醫學。在偕叡理之後，校長一職先後由吳威廉（William Gauld）、約美但（Milton Jack）接任。吳威廉向加拿大母會提出創設預科或中學的構想獲得首肯，1914年臺北神學校便從淡水移至牛埔庄（今臺北雙連），中學則成立於砲台埔。[145]此一時期，神學校移至市區，又增設中學為預備教育，對學生的修業進學頗有幫助。

二、神學思想的萌芽

1930年代以前，北部教會為培養駐任教會的一般傳教師，大多施以基本程度的神學教育，較忽略造就知識水準更高的傳教人才，神學校的師資也倚重外籍宣教師，因此中會、傳道局或教士會皆未推薦人選至國外進修。1932年前後，多位北部教會的青年傳教師

---

[144] 楊士養，〈臺南神學院略史〉，《神學與教會》1（1957.3），頁15-16。
[145] 徐謙信，〈北部教會之過去及現在〉，《北部教會九十週年簡史》，頁1-9。

有志深造，陸續自費赴日留學，他們接觸日本基督教會自立與自治的精神，並從書籍上接觸到歐美神學家如加爾文（J. Calvin）、巴特（K. Barth）、卜仁納（E. Brunner）、奧圖（R. Otto）、齊克果（S. Kierkegaard）、奧倫（G. Aulén）、弗塞斯（P. Forsyth）等人的思想。其結果，神學思想受到各種不同的文化衝擊而逐漸萌芽、深化。[146]

當時日本神學校的訓練十分完整，校長村田四郎大量使用德文書籍為教材，開授羅馬書講解、新約神學、講道學等科目。系統神學教授桑田秀延[147]採用《教會教義學》（*Church Dogmatics*）德文原版為學生上課。山田講師教導「何謂宗教改革」；熊野義孝[148]講解宗教哲學、歷史哲學與終末論。聖經神學教授淺也順一[149]負責舊約神學及《以賽亞書》註釋，強調舊約旨在說明上帝及其選民建立「約」的關係。[150]日本神學校師資堅強、課程豐富、外語紮實，對臺灣留學生影響深遠。

傳教師學成返臺後，常在靈修會或青年會中進行神學問題演講或討論，他們檢討講道內容、分享傳教方法，認為神學是「關於教會、置身教會、服事教會」的學問。所以教會也隨著神學的深究而發展。影響所及，教會重視自立、自治，使北部中會發展為三中會，進而組織大會，謂之「神學思想萌芽」的時代。[151]

臺北神學校受到帶動，研究神學的風氣逐漸興盛，在不同背景的教授影響下，揉合三種學風，其一是「基要神學」，以孫

---

146 郭和烈，《臺灣基督長老教會北部教會歷史》（臺北：自行出版，1962），頁49。

147 桑田秀延（1895-1975），系統神學家。參閱Yasuo Furuya, *A History of Japanese Theology* (Grand Rapids: Wm. B. Eerdmans, 1997), pp. 67-69.

148 熊野義孝（1899-1982），系統神學家，被譽為「日本基督教教義學之正式創立者」。參閱Yasuo Furuya, *A History of Japanese Theology*, pp. 71-73.

149 淺也順一（1899-1982），聖經神學家，專攻舊約神學思想，畢業於東京神學社，曾留學英國愛丁堡。參閱Yasuo Furuya, *A History of Japanese Theology*, pp. 60-61.

150 《黃加盛牧師回憶錄》，頁5-15。

151 郭和烈，《臺灣基督長老教會北部教會歷史》（臺北：自行出版，1962），頁49-50。

雅各為代表，他畢業於普林斯頓神學院，深受美國基要派多馬欽（Domacin）影響，重視保羅神學，相信「聖經無誤論」，認為要加強、充實傳福音的使命，此學風一般視為延續馬偕的「正統」派。其二是「社會自由福音神學」，以明有德為首，認為聖經研究有自由系統的基礎，傾向社會福音，注重青年運動，鼓勵參與YMCA（基督教青年會）的活動。其三是「辯證神學」，由日籍教授大川正[152]介紹，他專精於巴特[153]的羅馬書註釋和教會教義學（*Church Dogma*），對一次大戰前後的哲學思潮甚有研究。[154]

此一時期，南部傳教師前往日本留學的風潮亦盛，自費赴日考察進修者亦大有人在。[155]另有多人獲得留學機會，但因故未成行，例如1915年封牧的吳希榮，他是倡導教會自立、自養、自傳的先驅，因受到甘為霖賞識，擬以教士會公費補助赴日留學。但吳氏認為人生短暫，應趕快鼓舞臺灣教會自治更重要，因而不願前往。[156]女性傳教師李美玉獲美以美會（Methodist）神學校提供全額學費及

---

[152] 大川正，日本基督教會牧師，神學碩士（Th. M.），1940-1942年為臺北神學校長。對基督教神學甚有研究，文章散見教會報刊，如〈基督教危險的時機〉《芥菜子》78（1932.7），頁21-22。〈長老主義的使命〉，《芥菜子》79（1932.8），頁21-22。〈長老政治豈是寡頭政治？〉《芥菜子》80（1932.9），頁21-22。〈教會的本質〉，《臺灣基督教會報》3/4（1943.2/3），頁2。

[153] 卡爾‧巴特（Karl Barth, 1886-1968），生於瑞士的牧師世家，1904-1909年在德國求學，1909-1911在日內瓦的教會傳道，1911年起展開10年的牧師生涯，1921-1935年在德國，其中1934年發表著名的反納粹〈巴門宣言〉，著有*Der Roemerbrief*（羅馬書註釋，1919）、*Dogmatik in Grundriss*（教義學大綱，1946）。

[154] 黃加盛，《黃加盛牧師回憶錄》，頁5-6。

[155] 廖得（1889-1975），西螺人，出身非基督教家庭，13歲由宣教師梅監務施洗，畢業於臺南長老教中學、臺南神學校，曾赴日考察進修，友人讚其智慧聰明。廖氏傳道未久就因健康因素而改賣福音書籍，與同伴陳朝明到處「文書傳道」。廖氏力倡教會自治、自養、自傳，歷任鳳山、水尾、新樓醫館、東港、山豹、佳里、楠梓、彰化、海埔等教會，並與彭清約醫師創設苓雅寮教會（今高雄新興教會前身），曾任兩屆南部大會議長。廖氏退休後自由傳道，在高雄覆鼎金設置「基督徒靈工院」培育平信徒傳教者，兼靈修場所，惟利用者少。長子廖恩加亦為牧師。
參閱新興基督長老教會，《廖得牧師紀念文集》（高雄：該會，1977）。
王倚，《我的神學校》（手稿本，原件藏臺南神學院圖書館，1968），頁12。

[156] 楊士養編著，林信堅修訂，《信仰偉人列傳》，頁226。

表2-4　日治時期臺灣南、北長老教會留學攻讀神學者

北部		南部	
郭馬西	1911入明治學院神學部	潘道榮	1909入明治學院神學部
陳溪圳	1917同志社大學神學部研究 1920東京神學社畢	楊士養	1921入明治學院神學部
吳天命	1924入明治學院神學部 1928返臺執教	張明道	明治學院神學部畢（年不詳）
鄭蒼國	1930日本神學校畢	王興武	東京聖經學院修業一年
高端莊	1930日本神學校畢	李承鰲	明治學院神學部畢（年不詳）
袁新枝	1932日本神學校畢	曾秀鳳	1940橫濱共立女子神學院畢
吳清鎰	1934日本神學校畢	許水露	1930入日本神學校
蕭樂善	1934日本神學校畢	劉振芳	1923明治學院高等學部畢 1927明治學院神學部畢 1935美國歐漫神學院畢
郭和烈	1935日本神學校畢	潘啟祥	赴日讀7年神學，因終戰未獲文憑
駱先春	1933中央神學校畢	王守勇	同志社專門學校神學部畢（4年制） 同志社大學文學部畢（3年制）
蔡受恩	1934中央神學校畢	許有才	1933日本神學校肄
吳永華	1936中央神學校畢	黃主義	1936日本神學校畢
卓輝隆	1937中央神學校畢	阮德輝	1940東京神學校畢（最優）
黃加盛	1936-1937中央神學校肄 1937-1939日本神學校畢	吳義方	1940日本神學校畢
胡摩西	1939日本神學校畢	黃彰輝	1937東京帝國大學哲學科畢 1941劍橋韋斯敏斯德神學院畢
李雅各	日本神學校畢（年不詳）		
陳泗治	1934入日本神學校	李嘉嵩	1942日本神學校畢
鄭君芳	1937日本神學校畢	廖天送	1943東亞神學院畢 1944日本東部神學校肄
陳能通	1940日本神學校畢		
鍾啟安	1942日本神學校畢	蔡　裕	1939入興亞神學院
江天順	1942日本神學校畢		
徐謙信	1942日本神學校畢		
陳瓊琚	日本神學校畢（年不詳）		
許鴻謨	日本神學校進修一年		

資料來源：郭和烈，《臺灣基督長老教會北部教會歷史》，頁50。
　　　　　廖安惠，〈北部臺灣基督長老教會「新人運動」之研究〉，頁90。
　　　　　黃加盛，《黃加盛牧師回憶錄》，頁7-18
　　　　　許有才，《奇妙恩寵──許有才牧師回憶錄》，頁31-32。
　　　　　陳冰榮主編，《佳美腳踪專輯》，頁4、100。
　　　　　羅平和主編，《澄山教會設教110週年紀念特刊》，頁125。
　　　　　李嘉嵩，《100年來》，頁91。
　　　　　《臺灣基督長老教會總會年鑑》，頁335-379。
　　　　　《北部教會大觀》，頁713。

生活費，但因同時被派至淡水教會作巡迴傳道，故放棄留學。[157]劉華義則是因故未能成行，另有人如潘啟祥一樣，因為戰爭的關係未取得文憑。[158]由下表可知，南、北教會分別有20餘人赴海外進修神學，北部略多。留學者多數進入日本神學校深造，鑽研世界各國著名神學家的思想主張，神學研究逐漸蔚為風氣。

三、教會觀論爭與「傳道報國」的神學

無論南部或北部教會，負笈留學者無不潛心研究神學，畢業返臺後，仍繼續聚集討論、相互切磋，1934年北部青壯神職人員本乎鼓勵彼此奮發的理念，發行不定期的《北部傳道師會會誌》（以下簡稱《會誌》），其中吳清鎰、陳清忠[159]、郭和烈、陳能通等人協力介紹「危機神學」（Theology of Crisis），呼籲同仁關心德國神學的動向，尤其是神學家巴特的主張。

值得注意的是，1930年以降，巴特的學說便對日本教會產生很強的影響力。臺灣基督徒對巴特神學擁有高度的理解，甚至能夠直接閱讀德文原著。1919年巴特出版《羅馬書註釋》，1925年由期刊、報紙等媒體引進日本，1930年前後陸續有翻譯和研究的著作問世，如1931年岡田五作翻譯的《危機神學》，1932年熊野義孝的《辯證神學概論》、1933年桑田秀延的《辯證神學》等書。[160]1932年巴特《教會教義學》德文版第一卷第一分冊刊印，1934年與另外

---

[157] 陳冰瑩主編，《佳美腳踪專輯》，頁9。
[158] 羅平和主編，《澄山教會設教110週年紀念特刊》（臺南：澄山教會，2009），頁125。
[159] 陳清忠（1895-1960，日本姓名新島忠）生於觀音山五股坑，父陳榮輝、兄陳清義均為牧師，各為馬偕門生、女婿，影響陳清忠篤信基督教。陳清忠畢業於艋舺公學校、淡水牛津學堂，1912年受宣教師遴選赴日深造，入同志社大學的普通學校（中學部），1920年由該大學英文科畢業，回臺後於淡水中學教英文。陳清忠按立長老時，年僅29歲，終其一生對教會音樂、臺語文學及橄欖球運動頗有貢獻。
李勤岸，〈陳清忠與北部臺灣基督長老教會教會公報《芥菜子》初探〉，頁36-38。
[160] Toshio Sato, "The Second Generation," Yasuo Furuya, *A History of Japanese Theology*, pp. 53-56.

一位神學家卜仁納展開神學論戰，日本神學家普遍認為巴特技高一籌而為之風靡，對其學說更加關注。[161]臺灣基督徒指出，儘管英國的贖罪論神學精神健全、學術基礎穩固，但日本神學校深受巴特神學及其辯證研究法影響。[162]

北部傳道師推崇德國神學，尤其以巴特馬首是瞻，並接受其教會觀，認為「教會是一種被區別的象徵。一般有許多自然性的或歷史性的社團，但只有基督徒的集會是『聖的集會』，其使命、起源、目標與其他一切社團不同。教會也是『聖徒的團契』，其聚會是傳講上帝話語，實施聖禮、奉獻與祈禱」。[163]換言之，巴特認為教會是神的話語所召集、奠基並指揮支持的共同體，也是「聖徒的靈交」。[164]其主張獲得北部傳道師普遍同意。

年輕傳教師對巴特神學頗有理解，以陳能通[165]為例，他是第一位臺北神學校的臺灣人校長（1942-1944），對教育事務和神學思維多所掌握。陳能通指出：巴特抨擊進化論、觀念論、自由神學，反對「用人的智慧能力找上帝」，人無法參透上帝，只有上帝能啟示人，使人認識祂。巴特承繼加爾文（John Calvin）宗教改革的思想「除了藉上帝的話來尋求，別無他法」，反對在自然或人性中尋找上帝，強調上帝是超越且神聖的「全然的他者」。相反地，人類「未能脫出人性，是受制、有限、被造又愛背叛上帝」，有罪的人似站在崖邊，面臨「離開上帝到極點」的危機，但若能回頭一步尋

---

[161] Seiichi Yagi, "The Third Generation, 1945-1970," Yasuo Furuya, *A History of Japanese Theology*, p. 85.

[162] 李嘉嵩著，李弘祺編，《一百年來：事奉與服務的人生》，頁71。

[163] 巴特著，胡簪雲譯，《教義學綱要》（香港：基督教文藝出版社，1963），頁218-219。

[164] Karl, Barth; translated by Grover Foley, *Evangelical Theology: An Introduction* (London: Weidenfeld and Nicolson, 1963), p. 37.

[165] 陳能通（1899-1947），陳旺牧師長子，畢業於南崁公學校、淡水中學、京都帝大物理科、日本神學校。曾服務於臺南東門教會，任教於母校淡江中學（時已改名）、長榮中學、臺北神學校。戰後於淡江中學校長任內，因二二八事件而遇難。鄭金川，〈淡江中學校長陳能通〉，《新使者雜誌》26（1995.2），頁37-40。

找上帝，就能獲得轉機，而危機神學也因此得名。陳能通又進一步闡釋辯證神學（dialectical theology）的特質，表示人遇危機方有信仰，上帝的話發出「星星之火」而燎起人的信仰。上帝在別的世界或許用別的語言，但在人世間，耶穌就是祂的語言。在基督的十字架中，全然分離的上帝與人相遇，產生拯救與重生，全然相異的二者藉著基督而合一。[166]由上可知，臺灣傳教師能夠研讀艱深的神學著作，加以消化吸收，用自己的話予以詮釋。基督徒認為神學是讀經的指引，聖經是神學的根本，藉由青壯傳教師的譯介，越來越多外文神學詞彙出現在教會報刊中，從而影響解釋聖經、講解道理的內容。[167]

然而，此一時期北部教會50多位傳教師中，只有7名正式牧師，其餘的人都無權參與決策，傳道局握有任免調動權力，形成少數寡頭決定多數利益的局面，縱使留學歸國者亦無處施展。[168]學養深厚的青壯神職人員有志難伸，不滿教會體制裹足停滯，缺乏進取精神，認為自己是「要給上帝用不是給人用」。[169]

神職人員供需失衡，教會制度設計不良，極容易引發人事紛爭。1935年淡水教會招聘新牧師，偕叡廉代表傳道局介紹南部的潘道榮[170]為候補，此舉遭到北部傳道師批評，抨擊偕氏等人放任教會

---

[166] 陳能通，〈神學思想：危機神學與牛津團運動〉，《會誌》2（1934.11），頁6-9。

[167] 一讀者，〈我也講感想〉，《教會公報》612（1936.3），頁4-5。

[168] 廖安惠，〈北部臺灣基督長老教會「新人運動」之研究〉（臺南：國立成功大學歷史研究所碩士論文，1997），頁122。

[169] 蕭樂善，〈咱也會錯誤〉，《芥菜子》122（1936.3），頁28-29。

[170] 潘道榮（1889-1952）臺南市人，南部首位設立的本地牧師潘明珠之長男。潘道榮乳名恩賞，自幼聰明，1903年就讀中學時已在太平境教會小學授課，1905年被派到木柵教會。1906年初入臺南福音書院（臺南神學校前身），1906年10月受臺北日人牧師賞識，提議由日本基督教會安排，資助他到東京明治學院研讀神學；臺南宣教師會遂於同年11月決議由英國母會資助他留學，所以潘道榮是首位公費派去日本念神學的留學生。1927年3月於臺灣任教師，翌年即在岡仔林教會封牧，同年兼任全臺主日學主事。1930-1934年間協助黃俟命牧師牧養臺南東門教會，是一教會聘有兩牧之嚆矢。潘氏又於1936年5月至1940年間，任東門教會主任牧師，後改任南部大會幹事，也任《臺灣教會公報》主筆兼發行人。1940年潘道榮轉籍北部，晚年服務於麻

半年無人駐任，又企圖向母會宣道部長關說，呼籲大家「儆醒勿受迷惑，勿屢次讓人利用顯得愚笨。」[171]傳道師們不滿淡水教會聘牧程序未經中會核准，又意圖聘「界限外」的人，乃憤而指責傳道局粉飾太平，未能適才適用，縱使北部人才濟濟，留學歸臺者眾多，卻毫無用武之地。[172]此一人事問題未料引發神學議題的爭執，多人投書《會誌》反對潘氏就任，指斥他的言論「教會是歷史上的產物」為誤謬，呼籲讀者奮起擁護純正之教會觀。其結果，引起部分南、北傳教師離齬，北部教會陷入一陣紛擾。

此一論爭始於潘道榮所撰〈我的教會觀〉及其系列論述。潘氏有感於「喚起信徒深知教會的重要」，預計連載十餘篇，但恐讀者厭倦，最後只有刊登4篇。首先，他認為「教會」是「基督的補助機關」，也是「奉仕團」與教育機關。其次，國家是歷史上的產物，依時代要求而進化，因此「教會更加是歷史上的產物」，因應各時代的進化改革，每個世代的教會都比前一代更加徹底發揮真理，故基督徒要與耶穌同化，負擔建設與改造教會的義務。其三，教會是耶穌的代表，基督徒應站在第一戰線，抵抗「基督的敵人」，例如信仰不堅、真理不明、言行不一、靈性不進、對主不忠等。其四，潘氏指出教會在培養信德、尊重聖禮等12個問題，說明他的教會觀，略謂：

（1）教會是復活的基督的身　　（2）教會是基督的新婦
　　體

豆教會。
賴永祥，〈潘明珠牧師的家屬〉，收入《教會史話》第五輯（臺南：人光出版社，2000），頁13-14。吳天命，〈消息_3.潘道榮牧師轉籍北部中會〉，《北部教會》178（1940.11），頁25。
[171] 會長，〈願大家醒悟〉《會誌》4（1935.10），頁42。
[172] 蔡長義，〈報告（執行委員會會錄）〉，《會誌》4（1935.10），頁61。

（3）教會的中心即上帝的話	（4）地上教會即天上教會的模型
（5）地上教會即戰鬥的教會	（6）教會是國家與社會的良心
（7）教會的活動是準備那要來的上帝國	（8）教會的基礎是主基督（上帝的啟示）
（9）教會是基督的王國、上帝的家族	（10）教會是超自然的團體
（11）教會是文明的創造者、批判者	（12）「無教會主義」乃反對上帝的旨意

　　要之，潘氏認為教會是「上帝生命的無限榮光的歷史活動的聖之機關」也是「歷史上的產物」。[173]他的言論一出，隨即招致北部傳道師會「匿名者」反駁，潘氏回應「不過用事實來講幾句而已，不是什麼深沉的神學問題，所謂歷史，乃指聖經與基督教的歷史而已，因為基督教是歷史的宗教。」潘氏不願被歸為宗教史學派，駁斥對方「不過是撿些巴特的新學說，以及日本神學校教授所講述的做武器而已，提筆寫頗長的論文，不過是因少許的感情罷了。」顯然，潘道榮自認對巴特危機神學的研究也有相當的掌握，因而如此反擊。[174]

　　很快地，北部傳道師隨即以大量篇幅展開論戰。「匿名者」抨擊潘道榮將基督恩典看做人的事業，把耶穌看成道德感化的殉教者，教會變成歷史上進化的產物，根本是以人為中心，有損教會的

---

[173] 主筆〔潘道榮〕，〈我的教會觀〉，《教會公報》599（1935.2），頁1-2；601（1935.4），頁1-2；602（1935.5），頁1-3；607（1935.10），頁5-6。
　　主筆〔潘道榮〕，〈教會發展史〉，《教會公報》607（1935.10），頁2-5。
　　其餘10個問題為：主日學教育、青年指導、教會指導者的聯絡、教堂、教堂內外的整頓、祈禱會、教會自治、講道與音樂、展望百週年的新時代、南北教會合一。
[174] 潘道榮，〈答トクメイ生〉，《教會公報》605（1935.8），頁9-10。

本質。[175]論者批評潘氏雖想明辨真理，卻罵人講氣話；想辯稱教會是「聖經與基督教歷史」上的產物，卻越說越錯；想強調「進步發展」，卻未注意進化論的誤謬。[176]

蓋北部傳道師對潘道榮反彈聲浪之大，實有其時代背景。第一次世界大戰後，歐洲面臨通貨膨脹、經濟紊亂的壓力，1929年更發生世界經濟恐慌，許多基督教國家都籠罩在陰霾之中。人們對資本主義質疑，對現實產生幻滅與絕望。因此，發展於啟蒙運動後的自由神學（Liberal Theology）受到嚴重懷疑。其所謂「人類中心說」及「上帝內在論」的樂觀主義開始面臨挑戰，人類歷史「無限進步之可能性」受到許多批判，其結果，逐漸被立場相對的新正統神學（Neo-Orthodoxy）取而代之。[177]當時，北部傳道師不滿人事安排，又剛好攫獲潘道榮言論的漏洞，遂指斥潘氏傾向自由神學中的宗教歷史學派。而潘道榮言「教會是歷史上的產物」和自由神學家來馬魯斯（Reimarus）[178]主張「宗教是歷史文化的產物」接近，更加深北部傳道師的反感，以為對教會有害而大加撻伐。

神學論爭之中，雙方無不根據「教會觀」極力論述，例如郭和烈批評潘道榮「不端正且反動」，認為基督教以歷史與文化為舞臺，在歷史上必成團體，此乃教會的起源。基督為首領，信徒所聚集的教會是身體，教會有信仰與愛的互動，包括神、人的整體互動，所以信仰的結果必然成立教會，兩者有生命的關係。[179]郭氏認為教會的責任是訓練信徒，使其能得到「天國的鑰匙」，教會

---

[175] トクメイ生，〈對潘牧師獲得教示〉，《會誌》4（1935.10），頁41-42。

[176] ONS生，〈讀"答トクメイ生"〉，《會誌》4（1935.10），頁32-34。

[177] 林鴻信，《教理史（下）》（臺北：禮記出版社，2005），頁311-312。

[178] 18世紀德國漢堡大學教授，曾留學英國，懷疑耶穌的歷史性。參閱蔡麗貞，《我信聖而公之教會：教會歷史專題》（臺北縣新店市：校園書房出版社，2004），頁302。

[179] 郭和烈，〈教會的本質與使命〉，《芥菜子》115（1935.8），頁24-25。
郭和烈，〈教會之本質與其使命〉，《會誌》4（1935.10），頁9-10。

的問題往往肇因信徒和牧師不負責任、爭權奪利、不傳福音。[180]吳清鎰則表示教會是受揀選的團體（coetus electorum）、神聖的互動（communio sanctorum）或稱聖者的交通；教會不是普通的社交互動、人際往來。教會有神的同在，是用上帝的話、基督的福音為根底，是神與人的互動，並以禮拜、聖禮典為中心。[181]北部傳教師緊握新正統神學的一部分，進行強力的辯難。新、舊神學思維上的差異略如下表所示：

表2-5　自由神學與新正統神學之比較

	自由神學	新正統神學
上帝觀	上帝臨在於人之中	上帝超越於人之上
人觀	人性本善	人性本惡
拯救觀	天國包含人類的努力、倫理道德	天國唯獨上帝的恩典、因信稱義
信仰重點	強調人類的宗教經驗	高舉上帝的永恆啟示

資料來源：整理自林鴻信，《教理史》（下），頁313-314。

　　值得注意的是，新正統神學雖然宣示上帝的主權，卻有很強的社會關懷傾向，認為信仰必須應用於俗世，而不僅僅是關心靈性而已。[182]因此，北部傳教師批評自由神學時，其主張除了傳道報「天」國之外，也漸漸融入關心地面上國度的內涵。舉例而言，郭和烈認為教會處於非常時期，傳道不振、維持艱辛、獨立困難，教會必須深切瞭解時代，對過去的歷史進行神學反省，重整組織結構，正確主張信仰的本質問題。他認為神學體現於教會中，務求宣教的純正，以成為福音之用途，基督徒要投入宣教事務，重視「奉仕教會」的神學。[183]

---

[180] 郭和烈，〈說教_教會的責任〉，《芥菜子》122（1936.3），頁25-27。
[181] 吳清鎰，〈教會之本質（2）〉，《會誌》4（1935.10），頁11-12。
[182] 林鴻信，《教理史》（下），頁312-313。
[183] 郭和烈，〈時代、教會、神學〉，《北部教會》166（1939.11），頁24-26。

另一位筆鋒健盛的吳清鎰則表示基督徒應感謝總督府40年的努力建設，使百姓得以站在文化發達的新時代，教會的使命要讓臺灣成為和平的樂土、上帝所喜悅的地方。[184]他呼籲基督徒根據純正的信仰產生勇氣、放膽向前，教會總動員振興上帝國，[185]勿流於血氣鬥爭，乃要為閃避血氣而與之鬥爭，教會起而與偏差信仰戰鬥。[186]

　　卓恆利[187]則說和平之前必有爭戰，是逆理中的真理，例如日軍領臺時掃蕩「土匪生蕃」使鄉里恢復安寧即為明證，[188]強調基督徒是日本國民，應吸收勇敢、拼命的日本精神，以彰顯於上帝的國度，待人處世揚棄機械化、形式化，追求出充滿生命的宗教信仰。[189]更有論者將教會比喻為軍旅、上帝的駐地，告訴基督徒應懷抱希望、忍耐與戰鬥力，有份於永遠的天國，勉勵基督徒反悔認罪、抱持希望，從上帝的恩典等候差遣、參與宣教、接受主愛、感激精進及應答主命，傳福音領人與上帝復和，確信自己是上帝在臺灣的駐軍，如新兵學習爭戰，成為上帝勇敢的軍隊。略謂：

> 要保衛屬上帝的臺灣教會！
> 要勇敢！因有常勝將軍在後；
> 要認罪！因有種種失敗；
> 要爭戰！因上帝以恩典徵召世上所輕視的來做祂的兵丁。
> 臺灣教會要邊學邊戰、邊戰邊學，方為對社會的活動方針。[190]

---

[184] 吳清鎰，〈新臺灣〉，《芥菜子》122（1936.3），頁24-25。
[185] 吳清鎰，〈教會總動員〉，《芥菜子》130（1936.11），頁30-31。
[186] 吳清鎰，〈信仰的鬥爭〉，《芥菜子》133（1937.2），頁21-22。
[187] 卓恆利（1900-1991，日本姓名宗岡恆利），桃園南崁人，畢業於花蓮港公學校、淡水中學，1923年就讀臺北神學校，2年後因南北神學校共學之故，自臺南神學校畢業。歷任八里坌、瑞芳、玉里、門諾會醫院、慶豐、頭汴坑等牧職。《北部教會大觀》，頁696。
[188] 卓恆利，〈逆理中的真理〉，《芥菜子》115（1935.8），頁26-27。
　　卓恆利，〈戰爭與和平〉，《會誌》4（1935.10），頁11-12。
[189] 卓恆利，〈精神宜換新〉，《會誌》4（1935.10），頁6-7。
[190] 吳天命，〈教會的一考察〉，《芥菜子》138（1937.7），頁25-26。

由上可知，傳教師討論神學議題，由於關懷生活之故，認為信仰要落實在國家社會中，慢慢呈現出「傳道報國」的趨勢，而這所謂「國」的意義，從原本涉及信仰內涵的「天國」，漸漸因教會實踐的因素而擴展到社會的處境，隱約之中可以嗅到政治意涵的「皇國」或「帝國」。

　　綜上所述，1930年代中期由於政治、經濟及文教等大環境相對穩定，臺灣基督徒的宣教事務大幅拓展。長老教會從「草創開拓」進入「組織建設」的階段，教會工作逐漸轉為「牧育培養」。教會與政府的良好關係有助於宣教事務，教勢穩定成長，提供醫療院所、教育機構的發展機會。南、北二個中會與臺灣大會相繼成立，提供教會體制化的基本結構和完善組織，確立「信仰與教制」（Faith and Order）健全發展的基礎，教會獲得組織化的空間，自不待言。[191]

　　透過奮興運動的洗禮，基督徒自勉要有豐富的生命，生活要誠實、聖潔、仁愛、無私。[192]基督徒也體認到「非常時」的迫切之聲代表國際情勢詭譎，面對不同時代的危機須用切合時宜的因應方式，方能表現人類思想經驗的事實。基督徒認為要以耶穌為榜樣，效法祂經歷受難的重大危機，與世間的罪惡交戰，表現出順服、抗爭與犧牲的決心，因此必須認清「非常時」的局勢，冷靜處理教會內的紛爭，與信仰的耶穌同一步調，避免遭到輿論的批評，否則教會將自失價值與權威。[193]基督徒「傳道報國」的理念，如何將信仰認同帶入國民認同，將是下一章析論的重點。

---

[191] 鄭仰恩，《定根本土的臺灣基督教：臺灣基督教史研究論集》，頁17。

[192] 主筆〔潘道榮〕，〈活命〉，《教會公報》624（1937.3），頁1-2。

[193] 康嘉音，〈非常時的決心〉，《教會公報》601（1935.4），頁4-5。

第三章
皇民化運動與「傳道報國」認同之強化

　　日治時期，總督府的殖民統治一貫採取差別、歧視的手段，但不可否認的，臺灣在其治理下，漸次從俗民社會脫胎換骨，政治、經濟、文化及教育環境相對穩定。自1930年代中期，臺灣基督徒由於教勢的拓展，南、北都經歷一連串的奮興運動，累積許多成果與前瞻的動力，信仰認同獲得一定程度的提高。受此影響，基督徒普遍秉持積極進取的思想，認為自身對教會與社會的發展負有責任，應同時謀求教會與社會的「進步」，並開始吸取日人治理教會的經驗。其結果，教會所提倡的自養、自傳、自治三大目標，因時局的轉變而提前實現。「傳道報國」實踐天國理想的腳步，向前大步跨越。

　　此一時期，臺灣總督府隨著國際關係改變，局勢漸趨緊張、進而實施一連串社會教化運動，以提高農村聚落經濟體的生產力、改進衛生，加強普及日語、敬神尊皇、生活改善為項目。官方推動的社會教化措施係配合日本總體國策，對人民進行編組、利用與支配，除提倡產業經濟振興之外，更呈現出濃厚的精神運動與生活改善的性質。[1]

---

[1]　蔡錦堂，〈皇民化運動前臺灣社會教化運動的展開：1931-1937〉，收入《臺灣史國際學術研討會：社會、經濟與墾拓論文集》（1995），頁383-384。

1937年中日戰爭爆發，為配合日本本土「國民精神總動員運動」，臺灣展開「皇民化運動」，承接社會教化運動的內涵，可謂日本在殖民地臺灣所推行一連串「皇國臣民化」的措施。皇民化運動延續社會教化的要項，加強日語常用、強制參拜神社、家庭奉祀「神宮大麻」、推行日本生活樣式，1940年起更鼓勵「改姓名」，強化日本精神涵養。文教方面，禁止學校漢文課程、廢止報紙漢文欄、禁止傳統戲曲、實施寺廟整理、臺人家庭正廳改善等，企圖去除漢民族色彩。小林躋造總督亦明白揭櫫「皇民化、工業化、南進基地化」為其治臺三原則。[2]皇民化運動幾乎影響社會各個階層，涵蓋面之大，觸及殖民地生活的大小細節，[3]而中日戰爭使殖民地臺灣隨著母國進入戰時體制，為扼守臺島重要戰略位置，總督府試圖同化臺人成為真正的「皇國臣民」，使臺人具有日本國民之愛國心和犧牲精神。[4]顯然的，皇民化對臺人的日常生活影響甚大，基督徒亦不例外。

　　職是之故，本章將探討1937-1940年皇民化運動對教會的影響，討論基督徒對同化政策如國民精神、國語政策、宗教風俗的反應。繼之探討1940年外籍宣教師撤離前後所衍生教會的自立與改組，再從1940年的奉祝慶典切入，觀察基督徒如何將信仰認同帶入國家社會場域，分析臺灣基督徒「傳道報國」理念中有關日本皇國的國民認同。

---

[2] 許介鱗，〈日據時期的政治措施〉文收《臺灣近代史：政治篇》（南投：臺灣省文獻委員會，1995），頁229-232。

[3] Chou, *The Kominka Movement: Taiwan under Wartime Japan, 1937-1945*, pp. i-ii.

[4] 近藤正己著，林詩庭譯，《總力戰與臺灣：日本殖民地的崩潰（上）》（臺北：臺大出版中心，2014），頁162。

第一節　同化政策與基督徒之反應

　　就統治政策觀之，臺灣總督府實施民族差別的殖民政治，並且以逐步強化的同化政策為其統治方針，目的在使臺灣人成為「忠誠順良的日本人」，甚至是「利害與共的日本國民」。[5]日治末期的「皇民化運動」尤可視為同化主義的極端形式與日本帝國戰爭動員之一環。[6]皇民化運動的內容可概分為：社會教化、普及國語、宗教變革、改姓名等部分，也有學者認為「志願兵制度」也在其列。以下即分別針對社會教化所強調的「振作國民精神」、「普及國語政策」，以及「宗教風俗改革」三個層面，分析同化政策對基督徒帶來的影響。

一、振作國民精神

　　1930年代初期，日本由於世界性經濟衰退，導致國內產業蕭條，社會問題叢生，軍國主義的右翼勢力因之抬頭。[7]1935年日本國內展開「國體明徵」運動，不久朝鮮同步推動「心田開發運動」，翌（1936）年臺灣亦以提振國民精神為由，展開「民風作興運動」。該年7月，總督府廣邀中央與地方官員、直轄官衙學校長、軍部與臺、日民間知名人士百餘名，召開「民風作興協議會」，以「國民精神之振作與同化之徹底」作為會議諮詢的主題。其討論內容十分廣泛，實施策略亦具體，涵蓋「敬神思想的普及」、「皇室尊崇」、「國語的普及」以及臺灣傳統宗教、戲劇、

5　吳文星，〈日據時期臺灣社會領導階層與「國語普及運動」（上）〉，《近代中國》55（1987.10），頁265。

6　周婉窈，《海行兮的年代：日本殖民統治末期臺灣史論集》，頁35。

7　吳文星，《日據時期臺灣師範教育之研究》（臺北：國立臺灣師範大學歷史研究所專刊（8），1983），頁59。

講古、迷信陋習、婚姻、祭祀、葬儀等「弊風」的改善項目實施。總督中川健藏致詞表示，臺灣地處日本帝國南方重鎮，肩負國防和經濟的重大使命，臺灣民眾對時局雖有認識和自覺，但不諳日語者尚有七成，使得國民精神的涵養、內臺融合的狀況未達到國民一元化的地步，許多陋習亦待打破。協議會討論的內容集中強調國民精神之振作，使之成為帝國臣民明確的信念、實踐躬行的目標，並要求社會先覺之士以身示範，務求內臺融合之實。在總督的訓示之下，各州、廳、郡紛紛依照協議會的共識，逐級舉行各地之民風作興協議會、組織民風作興委員會，按地方實情訂定執行事項。民風作興運動包括五大項目：教化、同化、弊風打破、農事改良及衛生，並以「教化」為首要事項，涵蓋敬神思想之普及、皇室尊崇、國語普及與常用、國防思想涵養、國民訓練、宗教及戲劇講古之改善、鄰保扶助及協力一致等項目。[8]

此一時期，臺灣基督徒正值奮興運動的熱潮，其漸漸擴展「傳道報國」的理念，透過社會參與，落實在教會和生活之中。基督徒自勉將信仰認同帶入國民認同，振作精神，活出信仰與國民的雙重身分，其認為信仰之目的就是改造人心，自己先獲新生，才能改變別人，讓全國民心向善，沒有私心、罪惡，變成新人，充滿耶穌犧牲奉仕、愛人愛國的精神。[9]基督徒認為「教會」包括單一教會和全體教會，是基督的身體也是「靈」的團體，由同心同德的信徒所結合，順服耶穌的命令，發展人類最高的理想，建設地面的上帝國。基督徒認為教會對外不但要傳播福音，還要建設慈善事業，為個人、社會及國家謀求利益，減輕百姓痛苦，增加人生福祉，破除社會陋習，促進彼此諒解。教會遵照耶穌「周遊四方行善事」的原

---

[8] 蔡錦堂，〈皇民化運動前臺灣社會教化運動的展開：1931-1937〉，頁378-381。
[9] 主筆〔潘道榮〕，〈現代基督徒的使命〉，《教會公報》625（1937.4），頁1-4。

則來表現基督奉仕的精神，才是「真理的柱石和根基」。[10]

　　不但如此，基督徒特別以效法耶穌為依歸，相信耶穌是獨一救主、十字架是唯一拯救，奉行聖經所載：「若是不流血，罪就不能得到赦免」，相信上帝啟示有「血脈」貫串，所以不流血，就不得赦免、無法得救，如同聖經希伯來書第9章指出「耶穌一次獻上自己成了永遠贖罪的祭」藉此洗淨人心、除去刑罰，使人事奉永生上帝，獲得所應許永遠的產業。[11]此一觀念清楚說明了基督徒重視犧牲受苦的態度。

　　1937年七七事變爆發後，日本第一次近衛文麿內閣隨即推展「國民精神總動員運動」，以「舉國一致、盡忠報國、堅忍持久」為三大目標，推動國民配合協助戰爭的教化運動。臺灣總督府亦同步在殖民地正式推行，設置精神總動員運動本部，並在各地方州廳、市郡、街庄等設立支部或支會，動員對象包括日、臺人民。隨著「國民精神總動員運動」的推展，以及報章雜誌等於論的傳播，「皇民化運動」之名迅速傳開。此時，由官方主導、以社會教化為主軸的「民風作興運動」的實施項目，大部分被沒有明確實施項目的「皇民化運動」吸收。然而，總督府對興論鼓吹「皇民化運動」之立場並不明確，難以看出官方的支持程度為何。

　　「皇民化運動」初期性質模糊，各地實施狀況也不同，社會風俗的改革涉及層面看似廣泛但又零散瑣碎。因此，七七事變爆發伊始，臺灣基督徒並沒有立刻受到影響，大抵還是延續「日華親善」的態度，[12]也沒有隨即出現呼應時局的言詞。教會一般聚會如昔，許多暑期特別活動也照常舉辦，基督徒關心的重點仍在於本

---

[10] 不著撰人〔主筆潘道榮〕，〈基督的教會〉，《教會公報》626（1937.5），頁1-3。

[11] 吳義勇，〈著傳基督與祂的十字架〉，《教會公報》626（1937.5），頁11-14。

[12] 林獻堂著，許雪姬、呂紹理主編，《灌園先生日記（九）一九三七年》（臺北：中央研究院臺灣史研究所、近代史研究所，2004），頁196。

身內部的事務，例如信徒「批評神職人員」、「分群結黨抨擊禮拜」等紛爭。[13]暑期活動方面，1937年7月，高雄的第4回主日學教員修養會、[14]旗後、楠梓等地方教會的夏季學校都照常舉行且受到歡迎；[15]臺南則召開奮興會與佈道會，[16]在中洲與大潭一帶收效頗佳。[17]隔月，嘉義舉辦近兩週的聖經研究會，[18]臺中則開始為每年傳教師的聚會募集基金。[19]到9月底，為慶祝南北教會聯合議事的臺灣大會創立25週年，辦理「紀念的大舉傳道」，將半年前就已策劃好的活動付諸實行，全臺灣的教會一起於九月第三週鼓舞會友進行佈道，[20]各地教會紛紛響應「大舉傳道」，上至牧師、長老、執事，下至一般信徒，踴躍訪問親友、宣傳福音。[21]由此可見，基督徒對「母國」與「祖國」的全面交戰未有立即的反應，初期尚未明顯感受國族認同的矛盾。教會具有信徒與國民的雙重身分，不但沒有呈現衝突，反而積極傳道，說明基督徒「信仰生活化」、「生活信仰化」的態度。

隨著國民精神總動員運動的展開，強調「舉國一致、盡忠報國、堅忍持久」，推動國民配合協助戰爭的教化運動，全臺各地逐漸被影響。例如臺北州國民精神總動員支會召開參與會，就皇民化方面的生活實踐、服裝改善、曆法改正等進行協議。桃園水利組合為體現「堅忍持久身心鍛鍊的皇國精神」乃集合職員勤勞奉仕，高雄州則推行服裝改善運動，以和服或洋服代替臺灣傳統服飾。[22]七

---

[13] 不著撰人，〈看主耶穌〉，《教會公報》629（1937.8），頁1-2。
[14] 不著撰人，〈高中通信〉，《教會公報》629（1937.8），頁14-16。
[15] 不著撰人，〈高中通信〉，《教會公報》630（1937.9），頁15。
[16] 不著撰人，〈南中通信〉，《教會公報》629（1937.8），頁16。
[17] 不著撰人，〈南中通信〉，《教會公報》630（1937.9），頁16。
[18] 不著撰人，〈嘉中通信〉，《教會公報》630（1937.9），頁17。
[19] 不著撰人，〈中中通信〉，《教會公報》629（1937.8），頁629。
[20] 不著撰人，〈公告I.紀念的大舉傳道〉，《教會公報》630（1937.9），頁2。
[21] 不著撰人，〈高中通信〉，《教會公報》631（1937.10），頁13。
[22] 鄭麗玲，〈戰時體制下的臺灣社會（1937-1945）：治安、社會教化、軍事動員〉，頁58-59。

七事變以後，新聞媒體大量使用特有的語言，讓兵役與戰爭塗上一層浪漫、榮耀，甚至是超越的色彩。[23]民間言論的推波助瀾下，皇民化運動甚囂塵上，呈現逐漸擴展之勢。

1937年10月起，教會輿論開始對紛亂的時局表達看法。對基督徒而言，世界和平有「人的和平」與「神的和平」兩種，前者僅維持現狀，是妥協的、一時的、猜疑的，並非徹底永久的和平，不是真正的安全，沒有正義做基礎，只是表面的假象，鬥爭隨時可能爆發。後者以神為中心，打破不義的現狀、消滅不義的分子，正、邪全無妥協餘地，唯有內心和平才是真實。神的和平就是「人神復和」，神對人踐踏正義、恣意犯罪不能妥協、讓步，除非人消除罪惡、態度更新。基督徒認為，消除罪惡並非濫情的赦免，視之無關緊要，應以正義嚴審、責罰罪惡；以十字架來贖罪，徹底清算，態度從心底更新，悖逆變成順服，如此才能與上帝修好。許多人主張和平卻不識真義，主張維持現狀、有名無實的和平，為滿足私慾而墨守表面的和平。基督教的和平用上帝的正義做基礎，必要時亦不惜犧牲。[24]

基督徒認為和平常與苦難相伴、困境使人生更為整全，因此強調神所愛的子民應受苦難的訓練，彷彿與神敵對一般，人生所難以理解者莫過於此。苦難助人脫離罪惡、代替別人受苦，使生命得以完全。基督徒表示苦難能助人脫離罪惡、瞭解神的旨意、帶來恩惠，使同情心更寬廣有力，從中能得到榮耀。透過受苦，證明神愛世人，在艱難中也有恩典。屬神的人不受動搖，環境變遷反而更證明人與神的結合。人在困境中益發明瞭屬乎上帝的身分，基督徒期待戰勝苦難，使上帝的神聖獲得榮光。臺灣基督徒引用《福音新

---

[23] 周婉窈，《海行兮的年代：日本殖民統治末期臺灣史論集》（臺北：允晨出版社，2003），頁188。

[24] 吳清鎰，〈平和〉，《北部教會》631（1937.10），頁22。

報》強調教會在戰爭中更加發展，證明從苦難獲得完全的真理。基督徒戰勝苦難，促使教會進步，是苦難最好的指示。[25]

1937年11月的《臺灣教會公報》頭版社論為〈非常時教會的奉仕〉，可視為基督徒首度對七七事變的表態。作者指出，在國家非常時期，全體國民一致奉公，教會標榜至誠、正義、犧牲及愛心。無論是為國捨命、慰問皇軍、扶助遺族、捐獻金錢，基督徒皆不可靜默、落於人後。在作者筆下，教會有兩種「獨特奉仕」，其一是祈禱報國，心存「國家命運落在吾等肩上」的信念，神會祝福正義之師、增加國運光榮，儘速打敗惡勢力，神的和平就會到來。其二是傳道報國，福音的奉仕即是用靈的能力、血淚與奉獻生命來報國。戰時若遇到嚴肅的人生課題，基督徒要有信仰的目標，確信永生及上帝的同在，神的能力勝過非常時期。[26]

上述所謂「非常時」一詞，係日本首相齋藤實於1932年的施政方針演說中首先提到的名詞，其後被社會廣為傳述，成為一個隨處可見的常用語，官方亦巧妙地利用此語，使民眾預作心理準備，因應時局的變化。[27]由於聖經中有關於「末世」亂象的描述，因此基督徒的觀念中，認為「非常時」就是紛亂的時局，是世界宗教墮落到極點、人類遠離上帝旨意的時代，基督教的本質是罪得赦免、因信稱義，信徒要儆醒節制，因為「前面有險惡的魔鬼，末日將至」。[28]

另有〈非常時與信仰〉一文係澎湖宣道會的賴仁聲所撰，他受澎湖廳警務課、馬公支廳警察課與憲兵隊的官員鼓舞，投稿「皇軍武運長久禱願禮拜」的講章。內容引用佛教思想、和歌與「拜引

[25] 吳天命，〈苦難的意義〉，《北部教會》631（1937.10），頁22-24。
[26] 不著撰人〔主筆潘道榮〕，〈非常時教會的奉仕〉，《教會公報》632（1937.11），頁1-2。
[27] 蔡錦堂，〈皇民化運動前臺灣社會教化運動的展開：1931-1937〉，頁385。
[28] M. C. H.，〈時局與信徒〉，《教會公報》632（1937.11），頁4-5。

大帝之御製」、「恩賜之御勅語」說明非常時的信仰意義，既堅固人與神的關係，且要報國。「信」是誠心倚靠，「仰」是仰望戀慕，信徒「決死」表示信仰即「棄私滅我而入於神人合一圓妙境」，如同楠木正成的詩「為己思君生二心，為君捨己是真心。」賴仁聲指出，天皇以一絲不亂的精神來盡忠報國，符合武士道忍耐犧牲，放棄一切的私慾與本身的利害的表現。日本是忠孝一體，異於中國「忠孝不能兩全」的觀念，日本國體宛如一個大家族，人民是赤子，要敬仰至尊為父、為家長，此等關係無法切斷。別國由霸道的人統治，但日本是萬世一系，天皇陛下是「聖天子」、「天之子」，奉上帝的神旨來治理日本，百姓從心底歡喜降服。[29]在賴氏筆下，極力鼓舞基督徒「恐懼感泣、憤然一致，以舉國一致的努力，從各國方面來闡明吾帝國正義的立場。」[30]傳道報國的心跡表露無遺。

基督徒把「非常時」視為「末世」，勸人注意「世界結局」的問題，[31]表示愛國心與愛教會心同為現代基督徒「急務中的急務」，認為教會雖面臨困難，卻是預備受上帝的賜福與教會「醇化」的良機，符合耶穌「死裡復活」的意義，鼓舞「傳道報國」首重奉獻時間給神，在「聖戰」中以祈禱出擊、支援並得勝。[32]另有論者疾呼精神、道德、宗教的儆醒，認為精神振興就有財富，教會致力傳道，呼應「國民精神總動員」。其指出傳道報國並非增加會友、擴展勢力，而是助人認識天國福音，接受耶穌救離沉淪，切莫安靜怠惰、精神委靡，務要儆醒傳道，配合北部中會新設「佈道部」組織佈道隊。[33]

---

[29] 賴仁聲，〈非常時與信仰〉，《教會公報》633（1937.12），頁4-7；634（1938.1），頁8-10。

[30] 賴仁聲，〈宣道會通信I.教勢與希望〉，《教會公報》634（1938.1），頁19-20。

[31] 穆成勳，〈非常時的基督徒〉，《教會公報》637（1938.4），頁7-8。

[32] 不著撰人，〈愛教會心〉，《教會公報》637（1938.4），頁1-2。

[33] 蔡長義，〈著睏醒〉，《北部中會》148（1938.5），頁21-22。

在「國家總動員法」與集權主義影響下，基督徒反對個人主義，認為它不一定是孤獨，而是將自己排第一，公事排第二，不聽第三者的勸告，極端主張本身的權利，可謂社會的公敵。論者認為基督教尊重人性，但常誤用而滋生個人主義，呼籲教會要警戒、基督徒要犧牲自我、服務教會、實踐使命，甘心放棄自我中心，用耶穌犧牲的精神互相協助。[34]

〈教會的總力戰〉一文引用聖經「為基督的身體，就是為教會，要在我肉身上補滿基督患難的缺欠（歌羅西書1：24-29）」，強調日本帝國以「總力戰」對抗中國，若基督徒未能為國家盡力，就會被世間棄絕，務要犧牲、獻身、滅私奉公，符合上帝的要求，基督徒必須投入總力戰，不可互相攻擊、分群結黨。[35]基督徒指出，人生由家庭、教會、國家三部分組成。教會生活主要為禮拜、宣傳福音、訓練愛的奉仕、執行聖禮。沒有國家，國民無從發揮力量，忠於國家，則利國利己，[36]強調活動的教會擁有徹底的信仰生活，全員協力一致，樂於奉獻，會友幫助教務，才堪稱傳道精神。[37]

為配合「總體戰」的號召，基督徒將部分的推動事項擴大，試圖觸及民眾生活的各個領域。日、臺基督徒長期勸人禁戒喝酒，設有「禁煙酒部會」，推動「世界禁酒日」等活動，[38]1938年5月國民禁酒同盟配合「國民精神作興週間」，同步作為「禁酒強調週間」，呼籲教會同步實行，[39]並召開「禁酒大會」。[40]。另一方面，基督徒引用1939年日人在印度世界基督教大會的言談，說明苦難中的教會，應受激勵奮起而超越苦難。基督教不屬歐美，屬於世界，

---

[34] 吳清鎰，〈毋通個人主義〉，《北部中會》143（1937.12），頁29-30。
[35] 不著撰人，〈雜錄_教會的總力戰〉，《教會公報》648（1939.3），頁21。
[36] 吳天命，〈教會生活〉，《北部中會》158（1939.3），頁22-23。
[37] 莊丁昌，〈活動的教會〉，《北部中會》158（1939.3），頁23-24。
[38] 不著撰人，〈公告I.世界禁酒日〉，《教會公報》632（1937.11），頁3。
[39] 不著撰人，〈公告VII.國民精神作興週間〉，《教會公報》644（1938.11），頁3。
[40] 不著撰人，〈公告IV.第20回禁酒大會〉，《教會公報》649（1939.4），頁3。

因此基督徒必須宣教、作青年的表率，教會得勝就是世界得勝。[41]
要而言之，基督徒以身為國民模範為目標，將信仰的進取精神融入
到社會服務的領域，對「振作國民精神」採取相當積極的態度。

二、普及國語政策

臺灣基督徒慣用臺語，無異於一般人；書寫則採用英籍宣教
師引進的「白話字」，無論閩南、廣東的各種方言皆可用羅馬字
拼讀，最初是宣教師引進廈門、汕頭的傳教模式，使用白話字為媒
介，創辦《臺灣府城教會報》積極推廣。

1920年代以降，總督府為推廣國語（日語，下同），積極輔
導民間團體實施「國語普及運動」，1930年以降更在各地普遍設立
「國語講習所」。國語推行設施的開辦次數與結業人數逐漸增加，
教會信徒得識日文漸多。1932年5月第566卷起，《臺灣教會公報》
內文和廣告頁中逐漸出現部分的日文單字或片語，主編者並未特別
說明編輯原委。[42]

1937年皇民化運動勃興後，日人認為徹底皇民化的要件是讓臺
人習得並常用日語，因此普及、常用日語成為皇民化的中心目標，
也因此把「國語普及運動」推向高潮，使得國語講習所和簡易國語
講習所激增。[43]1937年2月總督府完全廢除公學校的漢文教學，不
久更取消臺灣相關報紙的漢文欄版面，指示各州廳動員各教化團
體，致力於家庭、部落及市街庄的「國語化」，以期開啟徹底常用
日語的新局面。

1937年教會報刊的發行也有不少變更，臺灣大會決議將北部
教會的《芥菜子報》改稱《北部中會》（1939年4月再改《北部教

---

[41] 不著撰人，〈雜錄_世界基督教大會〉，《教會公報》648（1939.3），頁20。
[42] 張妙娟，《開啟心眼：《臺灣府城教會報》與長老教會的基督徒教育》，頁119。
[43] 吳文星，《日治時期臺灣的社會領導階層》，頁300。

會》），合刊於《臺灣教會公報》內，並選任編輯部處理稿件。南北教會報刊合併後，發行業務和主筆編輯由本地傳教師負責，自主性提高，值得注意的是，與會者一致決議教會報絕對不可刊登妨害信仰、涉及政治及無益處之言論，[44]但實際刊印時，教會公報討論政治的文章反而漸漸增加，基督徒踴躍地發表社論，宣示其信仰觀點的政治主張。

表3-1　日治末期教會報刊主筆一覽表

報刊名	主筆	任期
《臺灣教會公報》	潘道榮	1933.5-1939.4（6年）
	劉子祥	1939.5-1941.4（2年）
	許水露	1941.5-1942.3（8個月）
《臺灣基督教會報》	蕭樂善	1942.12-1944.1（1年2個月）

資料來源：張妙娟，《開啟心眼：《臺灣府城教會報》與長老教會的基督徒教育》，頁102。

　　相當難得地，《臺灣教會公報》繼續保留白話字版與日文合刊，[45]但愈來愈多學校招生啟事、國內外消息、新書介紹與社會團體組織規章均以日文刊印，且《北部教會》日文篇幅往往多於《臺灣教會公報》，討論政治觀點的文章也較多。

　　總督府的國語政策對教會學校影響較大，當時英國教士會為與殖民當局溝通，所延聘的校長都具備日文能力，同時為了推動「聯合神學校」，曾派人赴日本考察神學教育，帶回合適的參考的資料。[46]總督府於1937年4月廢止報紙的漢文欄，新的學年開始時，取消公學校的漢文課，企圖消除社會上日、臺語並用的狀況。宣教師記載：

---

[44] 《臺灣大會議事錄》18回63條2款（1937.3），18-19。
[45] 張妙娟，《開啟心眼：《臺灣府城教會報》與長老教會的基督徒教育》，頁91-92。
[46] Edward Band, "Minutes of the Formosa Mission Council," PCEFMA, 1936.7, Mf. No. 23.

三月二十七日，也就是新學期前十天，有一位官員宣布政府新政策的開始。未來學校中的所有教學只能用日語或英語。[47]

為因應此一要求，英國母會於5月批准臺南教士會聘請日人教授，任期一年，待通曉日語的希禮智（F. G. Healey）銷假回臺後再接任之。[48]1938年，開辦10年的臺南神學校女子部全面使用日語授課。[49]淡水教會也承接1936年就實施的「學生日語禮拜」，向淡水中學及女學院的學生進行宗教教育。

皇民化運動時期，總督府大肆推行日語，某些特別集會，如佈道會、培靈會常須向警局備案，等候警察臨席做筆錄。[50]官方雖有局部地禁用當地語言，但不曾有系統地全面禁止。換言之，此乃一時一地的措施，既未擴大，也缺乏持久性。依照目前所見史料，總督府對學校教育較為嚴格，但並未全面禁止教會在禮拜中使用臺語，只有某些地方官員要求宗教人士必須用日語講道。[51]教會事務方面，某些傳教師指出，1938年起政府就強迫要以日語講道，但這可能只限於某些地方才有此要求。[52]事實上，基督徒頗為配合政策，例如南部教會就曾明文獎勵用日語為兒童授課、採納日本國內出版的教材或開授日語聖經科等，詳細內容留待第六章說明，有不少傳教師或長老更改日式姓名，[53]後來甚至受政府認定為「國語家

[47] Letter from Rev. W. E. Montgomery, Tainan, Formosa, Re Additional (Temporary) Appointment to Theological College Foreign Staff, 1937.04.18, PCEFMA Mf. No. 25. 轉引自查忻，《旭日旗下的十字架》，頁154。

[48] *The Presbyterian Messenger* 1109 (1937.8), p. 208.

[49] 連雅麗，〈公告V.臺南神學校女子部〉，《教會公報》635（1938.2），頁2-3。

[50] 李嘉嵩，《一百年來》（臺南：人光出版社，1979），頁79-80。

[51] 《臺灣日日新報》1941.1.26，第4版。

[52] 黃武東，《黃武東回憶錄：臺灣長老教會發展史》（臺北：前衛出版社，1988），頁140。

[53] 比對史料如：黃六點，〈內外的消息_1.教職者改姓名〉，《北部教會》187（1941.8），頁20。

庭」，從《臺北神學校校務文書檔》所見，就有陳溪圳、吳永華、吳天命的家庭屬之，從有無奉齋大麻、生活樣式皆有調查。[54]且根據同校教授鄭仰恩指出，家族為了升學就業，又身為街庄役員，在不無主動的成分下，受認定為「國語家庭」，甚至從祖父鄭進丁、父執輩連坤、連道、連德、連明均改名易姓「賀川」。顯然的，諸多舉措更加說明基督徒對語言政策的順應，或表達教育和職場的需求，甚至教會議事錄也「以和文為正本，以白話字為普及版。」[55]關於聖經方面，戰時物資短缺，日人不識臺語羅馬字，對聖經的販售、流通有不少意見，[56]但不至於查禁之。

　　1940年前後，臺灣和朝鮮多處鼓動仇外反英，基督徒的處境非常不利。宣教師擔心為難臺人、引起困窘，苦於不知如何協助教會，他們認為聖經課程和家庭訪問在小鄉鎮上尚能運作，但大城市則有所困難。[57]國語運動雷厲風行下，教會報改成日文與白話字合

《長榮中學校校友會會員名簿》（臺南：該會，1942）、《北部大會議事錄》（1942）、《北部傳道局文書綴》（1942-1943）、〈教會ニ關スル事項變更屆〉（1944）、《臺灣基督教會報》（1942-1944）等，可查到牧師：繼山謙三（許有才）、金田吉肇（潘金聲）、神原傳之助（戴明傳）、木村泰雄（姬天恩）、上林照三（林照）、清水文雄（張西文）、滋野真誠（陳金然）、小林信一（林謹慎）、今地道廣（蔡耿賢）、高安宣道（鍾茂成）、福山春雄（徐春生）、文田宗義（汪宗程/埕）、山本榮一（吳榮祥）、中島正宗（李鏡智）、林田弘道（林彼得）、上山清志（吳清鎰）、宗岡恆利（卓恆利）、湯本乾一（湯鼎乾）、中江英樹（汪培英）、津川榮三（鄭溪泮）、井上德三（胡摩西）、福山謙信（徐謙信）、梁田秀光（梁秀德）、江原順信（江天順）、春日仁聲（賴仁聲）、安本武夫（張純恩）、中山芳次（劉振芳）；長老：賀川信彥（鄭進丁）、東明（陳開明）、吉田良雄（吳世雄）、吉江榮一（彭石榮）、稻田天來（李天來）、高木達莊（李達莊）、高林十三（高十三）、清田糧（許糧）、神村文彥（潘勝輝）、齋藤廷治（蔡維廷）、陳清忠（新島忠），另有未能確知姓名者：金山・松江謙榮、建成・立野朝暉、通霄・早上邦一、龍潭大溪・岩崎光道、竹山・森本祐吉、樂山園・神田弘道、苗栗公館・牧野正彥、汐止・大友道雄、花蓮港・新島義男、富里・村崎繁芳、馬公・信太主恩、中島良道。

54 《臺北神學校校務文書檔》G301-307（1939）。
55 《南北法規部會記錄》1-3回（1940.1-1941.3）。
56 董顯光，《基督教在臺灣的發展》（臺北：聖屋社，1970），頁61。
57 William Paton and M. M. Underhill, "A Survey of the Year 1938," *The International Review of Missions* 29 (1940.1), p. 10.

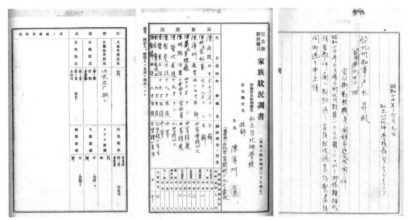

圖3-1┃關於官公衙勤務職員的國語家庭完成之件
資料來源：臺灣神學院提供

刊，大量增加迎合「國策」的內容。要言之，基督徒對於國語政策大抵是抱著順應的態度。

三、宗教風俗改革

　　1936年，總督府推行「民風作興運動」，標榜「打破迷信、改善陋習」的口號，進行生活習俗、宗教信仰等各方面的改革。1937年進入皇民化運動，其宗教的終極目標企圖以日本國家神道取代臺灣傳統宗教。總督府改革宗教風俗，提倡神道，強制參拜神社、奉祀神宮大麻，重視神社的增建、升格，於1937-1943年間興建神社38所，比例超過日治全期68所神社之半。皇民化時期臺灣的神社數目急遽增加，顯見國家神道對宗教風俗衝擊極大。

　　日常生活中，總督府強制臺人家庭奉祀「天照大神」的神符「神宮大麻」。據統計，1936年奉祀數約235,500尊，1937年增為569,500尊，1941年增為739,378尊，當時臺灣的戶數是1,075,498戶，依官方數據而言，全臺家戶約七成奉祀大麻，惟形式意義重於實質

效果，官方認為若家戶有分配大麻即算是有奉祀，臺人真正加以奉祀者，與官方有落差。

壓抑傳統宗教為「改革」的另一層面，官員企圖藉由「寺廟整理」以毀壞、裁併地方寺廟，達到消滅臺灣傳統宗教之目的。該政策由地方政府各自實施，其中，以新竹州最為激烈，採取全廢方針，引起相當大的反彈。[58]

官方對於「寺廟整理」傾向「各自為政」的心態，時任總督府社寺係主任的加村政治即指出此一情形，他批評某些地方官員未考慮「寺廟整理」後以何種信仰取代之，若冒然移植神道樣式、佛教式或基督教來取代，會出問題。加村說：「待要拋棄舊信仰，卻割捨不斷；想要尋求新信仰，又苦無門路；懷著困惑的心靈，在皇民化的途中徬徨徘徊。結果有些人向佛教靠攏，有些人投入基督教的世界。」[59]加村並指出，「寺廟整理」以臺灣傳統的佛教、道教與民間信仰為主要打擊目標，對基督教影響不大，臺人失去信仰對象後，反讓基督教或日本本土佛教宗派有「搶地盤」的空間。[60]易言之，「寺廟整理」的問題不僅是神道信仰和傳統宗教的消長而已，基督教的發展也成為總督府警務局和文教局關注的議題。[61]

誠然地，對基督教而言，「拜偶像」為上帝所不悅。聖經十誡即開宗明義說：「我以外你不可有別的上帝」，第二誡說：「不可為自己雕刻偶像」。臺灣基督徒認為，拜偶像是上帝最大的敵人，它會限制、抹滅神的榮光。無論服事人、求保佑、拜拜，最後都是拜自己，以「人」為前提就是拜偶像，雕刻木偶是「人造的神」，

---

[58] 宮崎直勝，《寺廟神の昇天：臺灣寺廟整理覺書》（東京：東都書籍，1942）。

[59] 蔡錦堂，〈日本據臺末期的政教關係：以總督府社寺係主任對「寺廟整理運動」的言論為中心〉，收入周宗賢主編《中國政治、宗教與文化關係國際學術研討會論文集》（臺北：淡江大學歷史學系，1994），頁253。

[60] 蔡錦堂，〈日據時期臺灣之宗教政策〉，頁128-131。

[61] 蔡錦堂，〈再論日本治臺末期神社與宗教結社諸問題：以寺廟整理之後的臺南州為例〉，《師大臺灣史學報》4（2011.9），頁68。

不是真實的上帝，認為要以心靈服事上帝，不以物質或條件代替，強調用心靈服事祖先優於神主牌位的祭拜。[62]論者指出：

> 拜偶像離開上帝最遙遠。拜受造之物是反逆造物主。崇拜自己、追求私利、霸滿私慾，看本身與地上榮華富貴較上帝及其福音更重；對世間人錯置真實與倚靠，欺騙看不見的主，都是上帝所怨恨的偶像。[63]

然而，從史料觀之，基督徒看到「偶像」被焚燬、寺廟被剷除，並沒有表示暗自竊喜、幸災樂禍，他們抱著同情心，採取比較正面的態度來看待，認為這是一個宣傳福音的良機。不但臺灣本島如此，澎湖各地也可以看到類似的情況，時人指出：「近來民風作興除偶像，所以許多人都找不到神可倚靠，就轉到教會來找真的神。」[64]從報導中得知，大嶼（七美）影響較巨，花宅、將軍澳、馬公、瓦硐、竹篙灣、東吉的教會衝擊較小，因此各地寺廟整理的情況不盡相同。

面對此一宗教信仰的變局，基督徒疾呼人類必須有宗教的依靠，認為人類建設理想和平的國度之前，應事先培養高度的文化，但若無視宗教就絕不可能達到該境界。「高度文化」就是人的靈魂與上帝相連，自我建設首重克己，就是要勝過利己自私之心。[65]

同樣的，外國宣教師瞭解一般人以佛、道或民間信仰為多，民眾信奉佛陀、中國古代英雄、土地公等神明，臺灣人對傳統宗教的仰賴可謂之深。[66]不但如此，宣教師對臺人抱著溫厚與憐憫的同情

---

[62] 吳清鎰，〈年頭的事〉，《芥菜子》132（1937.1），頁22-23。

[63] 蕭樂善，〈要提防拜偶像〉，《聖經的要領：三年運動叢書2》，頁38。

[64] 盧賞、陳金然，〈宣道會通信〉，《教會公報》642（1938.9），頁17。

[65] 不著撰人〔主筆潘道榮〕，〈高度的文化_11月11日世界平和紀念日〉，《教會公報》644（1938.11），頁1-2。

[66] G. W. Mackay, "Formosa," *The Presbyterian Record* 64:3 (1939.3), p. 89.

心，批評這種「精神上的傷害」使人心失去依靠。國家神道對宗教信仰帶來嚴峻的衝擊，不分基督徒與否，都遭到侵略。臺民失去心靈慰藉時，宣教師並未過分積極拉人信教、強迫推銷，反而等待那些失去傳統宗教支持的人轉向基督教時，予以真誠協助，試圖指引心靈上的平安。萬榮華說：

> 臺灣人的宗教生活中發生激烈的變動，國家神道對人民的傳統宗教和文化展開破壞性的打擊。神道帶著其新的象徵（神棚、大麻）侵略到基督徒和非基督徒的家庭，連牧師都要屈服在壓力之下，至今只有教堂免於被侵略。寺廟裡不再有祭牲、焚香、燒紙錢；神像被搬出來燒掉或集中於陰暗的角落等待最後處分。另一方面，神社在各處繼續增加，民眾被迫前往禮拜表示效忠，這說明新的一代將缺乏可被喚醒的宗教興趣。這種精神上的傷害很難形容，且會導致民眾傳統的宗教和文化被連根拔起，其心靈無法有更崇高的事物來填補它的位置。失去傳統宗教支持的人，可能會轉向福音，我們希望為其帶來幫助、指引和心靈上的釋放。[67]

　　一連串宗教風俗的變革帶來社會的動盪不安，迫使總督府開始檢討政策。府方認為宗教問題不應由官員處理，乃商請臺北帝大總長幣原坦及土俗人種學教授移川子之藏，遴選政治學、哲學與宗教方面的專家來負責這個問題。[68]宮本延人就任文教局社會課社寺

---

[67] "South Formosa 1937-1938 General Report," 1939.1, PCEFMA, Mf. No.33.

[68] 宮本延人（1901-1987），生於日本長野縣，1928年慶應義塾大學文學部史學科畢業，同年就任臺北帝大文政學部史學科土俗人種學講座的助手，跟隨移川子之藏從事臺灣民族學的調查研究。宮本於1940年升任講師，翌年10月起，轉任總督府宗教調查官從事寺廟調查。1943年升任臺北帝大南方人文研究所助教授。戰後初期留用於國立臺灣大學，1947年升任教授，1948年返日。後來又到臺灣任教於東海大學、國立臺灣大學等校。主要著作有：《臺灣高砂族系統所屬の研究》（與移川子之

係調查官後，總督府即通知各州知事暫停寺廟整理運動。宮本與同僚研究近一年，在全臺各主要寺廟進行田野調查，地方政府也開始調查基督教在寺廟整理後，是否接納改變宗教的臺人而擴張「版圖」，如1941年5月，臺南州知事一番ケ瀨佳雄以〈南警高秘外第三〇五四號〉、〈南警高秘第五四二六號ノ一〉行文警務局長、各州知事廳長、各郡守警察署長，附上歸仁教會牧師陳金然與州議員辛西准[69]的「言動通報」，指出臺灣人在寺廟整理後的動向。[70]

此一時期，基督徒本身禮拜儀式亦產生些許改變。基督徒將耶穌的誕生日、升天日等節期視為「大祭日」，但12月25日正好是大正天皇逝世紀念日，[71]南部教會因應時局，籲請基督徒避開在該日紀念聖誕節，而且除禮拜式之外，最好不要舉行其他的活動。[72]為求慎重，甚至刊登公報廣為週知。[73]聖誕節是基督教最重要的節日之一，教會低調處理，以避開敏感的時刻，確保信徒及教會在緊張的國際情勢中的活動不致太張揚。

另一方面，基督徒藉此機會強調聖誕節慶祝的風氣要改革，勿流於世俗，整體過程的精神、言語、動作及內容都要有神聖的呈現，才能榮耀上帝。[74]基督徒表示，慶祝聖誕須理解真意，避免墮

藏、馬淵東一合著，曾獲帝國學士院獎，刀江書院，1935）、《人類の步み》（東海大學出版會，1971）、《台湾原住民族——回想、私の民族學調查》（六興出版社，1987）、《台湾の民族と文化》（與瀨川孝吉、馬淵東一合著，六興出版社，1987）、《日本統治時代台湾における寺廟整理問題》（奈良天理教道友社，1988）。

宮本延人口述，宋文薰、連照美編譯，《我的臺灣紀行》（臺北：南天書局，1998）。

69 臺灣輕鐵株式會社取締役社長（董事長）。

70 宮本延人，《日本統治時代台湾における寺廟整理問題》（奈良：天理教道友社，1988），頁191-192。

71 土肥昭夫等著，查常平譯，《現代社會轉型中的天皇制和基督教》（北京：華夏出版社，2007），頁55。

72 《南大常委議事錄》30回8條（1937.10），頁99。

73 《南大常委議事錄》31回5條（1937.12），頁101。

不著撰人，〈時局與聖誕〉，《教會公報》632（1937.11），頁3。

74 駱先春，〈聖誕俗化的防止〉，《北部中會》143（1937.12），頁22-24。

落於誤謬。「聖誕」之意乃上帝差遣聖子誕生世間，拯救世人免於沉淪罪惡，故聖誕節不應追求熱鬧、新奇或私利，更不能摻雜罪惡的行為。聖誕節顯明上帝的恩典，宜感謝救贖、謙卑認罪，嚴肅而歡喜地守節慶祝。[75]基督徒的行為應符合信仰，使其與忠誠緊密連接相伴。[76]〈基督聖誕的宗教〉一文則指出，1937年前，日本第11代的崇神天皇之時代，宗教是人生的全體，也是奉獻的象徵。基督聖誕的宗教接納喜樂、幼兒、家庭與奉獻。寶貝之物都歡喜屬於耶穌，宗教不但要聽講、修養，更要將本身看重的事物、身心靈以及所有的物質奉獻給主。將身體與物質獻給上帝，才能完成心靈獻祭的意義。慶祝聖誕之時，要親近基督，言行與之一致，奉仕全心全靈獻一生給主。[77]

要之，宗教風俗的改革對基督教的衝擊較小，基督徒受到國家神道的影響，傳統的聖誕節慶因與日本天皇的忌日同一天，在敏感的時刻轉為低調處理，導向「心靈獻祭」的意義。當一般人失去傳統宗教支持而心靈空虛時，基督徒進一步介紹基督教的義理，引導人們接觸新的信仰體驗，對民眾抱持溫情，瞭解「傳統宗教和文化被連根拔起的痛苦」，進而加以關懷。在社會風氣影響下，基督徒「傳道報國」的心志益發昂揚，認為要把握良機宣傳福音，不可拜偶像、抹滅上帝的榮光，使基督教增加拓展的空間。

第二節　宣教師撤離與基督徒之自立

日治前期，總督府和外籍宣教師的關係十分良好。宣教師早在1894年日本尚未領臺時就已洞見臺島統治權必將易手，遂發電報

---

[75] 吳天命，〈關係祝聖誕的感想〉，《北部中會》143（1937.12），頁27-29。

[76] T. R. S.，〈以馬內利的福音〉，《教會公報》633（1937.12），頁8-10。

[77] 許水露，〈基督聖誕的宗教〉，《教會公報》634（1938.1），頁10-12。

通知英國母會著手因應之。[78]日本領臺後，宣教師巴克禮認為總督府的管控與監督頗為嚴格，臺灣與其他殖民地的遭遇無異，但是就現狀加以評價言之過早，應就長期的可能性來觀察。高壓統治使宣教事務許多不順，但人民生命財產有保障，除少數教派的激進運動外，[79]沒有其他直接的阻礙。[80]宣教師甘為霖認為武裝抗日不過類似清末土地徵稅所引發的反抗或一般盜匪案，他認為勤勞、有知識者及有影響力的臺人都傾向於接受日本統治，外籍宣教師幾乎一致肯定兒玉—後藤的剿撫兼施政策既明智且成功。[81]文教方面，1897年甘為霖與日人交涉，選派臺南訓盲學校畢業生郭主恩、蔡溪及陳春，以舉辦慈善音樂會方式募得數百圓，作為赴日留學之學費。醫學校成立之初，面臨招生困難，總督府則請託加拿大宣教師馬偕協助招募。[82]大抵而言，西洋人士對臺灣的觀感與總督府的施政抱持正面的態度。

另一方面，日治前期官方對宣教師禮遇有加，總督府曾贈勳給巴克禮，答謝他完成臺人請託，引導日軍和平進入臺南城的功勞。宣教師蘭大衛夫婦亦為當局所敬重，1935年「始政記念日」時，總督府特別頒贈蘭大衛象徵日本皇室最高榮譽的「菊花銀杯」，表彰其在臺從事醫療工作40年之功績。[83]其妻連瑪玉則以故事的口吻，風趣地描述日本警察的威嚴不阿及環境清潔的提升。[84]

中日戰爭爆發後，日本政府對外國人的管制趨於嚴格，1939

---

[78] William Campbell, *Handbook of the Presbyterian Mission in South Formosa* (Hastings: F.J. Parsons, LTD. 1910), 446.6 (1894.10).

[79] 《南部中會議事錄》56回63條（1926.3）。

[80] 巴克禮，《巴克禮作品集》（臺南：教會公報，2005），頁88。

[81] 吳文星，〈日據初期（1895-1910）西人的臺灣觀〉，頁163。

[82] 吳文星，《日治時期臺灣的社會領導階層》，頁27。

[83] "Our Foreign Missions: Honour for Dr. Landsborough," *Presbyterian Messenger* 1086 (1935.9), p.269.

[84] Marjorie Landsborough, *More Stories from Formosa* (London: Presbyterian Church of England, 1932), pp. 89-93.

年內務省公布省令第6號〈外国人ノ入国、滞在及退去ニ關スル件〉，臺灣總督府隨即以府令第50號公布該省令，內容係要求外國人在日本各地旅行、宿泊都必須在規定時間內向當地的警察機關報備。1939年8月，德軍侵入波蘭，歐洲燃起戰火，1940年9月與德、義合組軸心國軍事同盟，日本政府頒佈一連串的法令。茲逐一說明宣教師離開前夕的情勢，以及神學校的改組過程。

一、南部宣教師的撤離

內務省公布對外國人不友善的命令後，南部教會首先離開的是臺南神學校校長滿雄才（W. E. Montgomery）。1939年3月，該校舉行畢業典禮，州教育課派員參加，並觀察外國人的言行。隨後滿雄才夫婦動身返英，[85]他受制於警察的監視，不願連累臺人，乃將全部私人文件銷毀，帶著忐忑不安的心情離開臺灣。他回憶旅途中所受的恐懼與猜疑，從警察、憲兵、高等刑事甚至每一個人似乎都不斷在監視他，連送行友人的惜別之情都不敢表露於形，離別之景使其難以忘懷。[86]

同年8月，熱愛臺灣的老宣教師劉忠堅也返回加拿大，他從1907年就到臺灣教，服務時間長達32年，先後在北、南部工作，並擔任神學校長。他的臺語非常流利，曾盛讚日人教育政策之成功，使臺人識字率從0.6%大幅提昇到95%，可謂現代國家中的翹楚。他也肯定政府的統治為教會排除一些社會上的妨害，減少犯罪、鴉片、酗酒、賭博與特種行業的不良影響。[87]不過，即便他對日人抱著正面態度，此時也難逃警察的嚴密監視，且目睹中南部鄉村激烈

---

[85] 不著撰人，〈人事：宣教師動靜〉，《教會公報》649（1939.4），頁21。

[86] W. E. Montgomery, "The Rip van Winkles' Return to Formosa," *Theology and The Church* 6: 3/4(1967.3), pp. 4-5.

[87] Duncan MacLeod, *The Island Beautiful* (Toronto: Board of Foreign Missions of the Presbyterian Church in Canada, Confederation Life Building, 1923), pp. 214-215.

的排外運動，最後不得不離開。[88]

　　隨著國際局勢的緊張，1939年11月英國長老教會海外宣道會決定將臺南宣教師館之地契移交南部大會財團法人（juridical person）管理，女學校的房舍一部分租借給女宣道會（W. M. A）使用。[89]臺灣基督徒在「日臺提攜」最為積極的時期，接手宣教師留下的財產。翌（1940）年英國宣教師陸續離開，臺南長榮高等女學校教師米真珠姑娘於4月返國。[90]同年10月，英國海外宣道會建議主席授權萬榮華自由地處分財產，並讓僅存的三位姑娘（女宣教師）離開臺灣，建議讓萬榮華、烈以利和連雅麗休假；杜雪雲和林安赴新加坡。[91]教士會的記錄顯示：

> 很遺憾的，本地教士會因為政治上的因素，不可能有效工作，風險和持續的壓力將增加本土基督徒的困境，宣教師必須全體一致地接受勸告，從臺灣撤離。[92]

　　1940年11月22日，南部教士會正式關閉，他們在淡水過一夜之後，翌日便從基隆搭船。沈毅敦（Leslie Singleton）和希禮智奉英國政府之命離開，分別轉往新加坡、駐東京英國大使館服務。[93]萬榮華經菲律賓轉往新加坡的途中說：

---

[88] 《百年史》，頁257。
　　《劉忠堅牧師檔案》在臺灣服務時間為1907-1939、1945-1949。
　　劉忠堅（Rev. Duncan MacLeod, 1872-1957）
[89] "Committee Notes and Personalia," *The Presbyterian Messenger* 1138 (1940. 4-6), p. 11.
[90] 不著撰人，〈人事〉，《教會公報》661（1940.3），頁21。
[91] Rev. James Rae, M.A., B.D, (term of office 1939-1946)
[92] Confidential, PCEFMA, Mf.34, 1940.10.21.
　　Ms. Isabel Elliot R.N.烈以利，1911年來臺。Ms. Sabine E. Mackintosh 杜雪雲，1916年來臺。
　　Ms. A. A. Livingston 林安，1913年來臺。Ms. S. Gladly Cullen 連雅麗，1926年來臺。
[93] *Working His Purpose Out* II, p. 190.

臺灣當然也受到該時勢的影響，南部四中會裡，高雄中會宣稱已在該年春季達成財政獨立；臺中和嘉義中會都舉辦特別集會，並發佈聲明切斷與宣教師的關係；臺南中會雖壓抑任何特殊的宣言，但彷彿他們的自立是毫無任何問題。[94]

言談之中流露出無奈，長久服務的臺灣教會竟然——和母會切斷關係。在臺灣奉獻30年女宣教師安義理（Lily Adair）向友人致函道謝時，表示距離雖遠，但每天在禱告中彼此同心，相信臺灣人繼續盡忠跟隨上帝的聖工。[95]她對基督徒懷抱同理心，清楚明瞭「臺灣人不是日本人，更容易受到懷疑，基督徒的合一必須慢慢成長，不能用機械式的手段。相較於其他宣教區，臺灣有絕佳的能力來面對這個遽變中必須承擔的張力。」[96]

英國海外宣道會表示，日本教會在政府和輿論強大的壓力下，要求外籍宣教師撤離並停止其母國的補助。在各地的宣教區中，臺灣是唯一受到影響的地方。可悲的是，日本教會如此做，將會和世界的基督教社會切斷關係。希望這個自立的經驗加強他們的自治、自養與自傳，成為「可敬的孤立」。但有趣而重要的是，日本國家基督教教士會（National Christian Council of Japan）卻催促日本教會努力確保與聯合外國宣教師工作的聯繫，以便在中國佔領區繼續宣教。[97]

---

[94] "Letter from The Rev. E. Band", 1940.12.08. PCEFMA Mf. No.34.
"Last Day in Formosa, Letter from The Rev. E. Band," *The Presbyterian Messenger* 1143 (1941.4-6), pp. 27-29.
Edward Band, *Working His Purpose Out: The History of the English Presbyterian Mission,1847-1947* (London: Publishing Office of the Presbyterian Church of England, 1947), pp. 191-192.

[95] 安義理，〈安姑娘的批〉，《教會公報》668（1940.11），頁15-16。

[96] T. W. D. James, "The End of the Beginning: Developments in Formosa," *The Presbyterian Messenger* 1142 (1941.1-3), pp. 14-15.

[97] "The World-Wide Church: Japan and China," *The Presbyterian Messenger* 1142 (1941.1-3), p. 17.

表3-2 日治末期南部宣教師撤離前之教勢統計

項別 ＼ 年度	1937	1938	1939
成人會員	9,415	9,843	10,146
小兒會員	8,622	8,951	9,284
慕道友	19,490	19,890	18,949
信徒總數	37,527	38,654	38,260
堅信禮	501	329	428
新慕道友	443	400	201
佈道所	119	119	120
婦女聖經研習會	22	24	14
主日學校數	103	118	103
主日學教員	1,056	1,115	907
主日學生徒	8,739	9,514	7,763
教會公報讀者	13,026	14,150	14,838
宣教師	10	12	7
牧師	39	47	51
傳道師	52	47	50
長老	333	340	361
執事	467	485	497
聖經宣道婦	7	8	7
長榮中學校學生	422	500	670
長榮高女學生	247	285	385
臺南神學校學生	20	16	16
募捐奉獻額	2,595	2,555	1,981
教會奉獻總額	106,326	114,506	118,592

資料來源：“Statistics of the South Formosa Presbyterian Church,” PCEFMA, 1939.12, Mf. No.34.

二、北部宣教師的撤離

北部教會方面，宣教師孫雅各認為領導神學校必須與本地教會合作，因為在危機的時代中，教會在數量上的成長不如預期，有時開會目標是傳教，卻有很多僵化的限制，所幸在經驗的累積之下，

漸能凝聚力量、整備組織，自立的教會漸增，擴展為三個中會，「十年自立計畫」也正籌備當中。孫氏認為情勢尚稱平靜與安穩，除了經濟方面，臺灣並未受東亞動盪局面的重大影響，然而，時局的衝擊預料將與日遽增。[98]他一面提高教育水準，訓練學生自立奮鬥；一面加強與日人教會的來往，請日人牧師及信徒來協助神學教育，希望用互信互助的方式以減少總督府對教會之懷疑和壓迫。他認為傳教師要有堅強之神學基礎，藉著毅力、耐心領導教會來突破重大的難關，不能只靠盲目的信心就想破除迷信。[99]

　　孫雅各之妻孫理蓮（Lillian R. Dickson）一向關心弱勢，也是戰後「芥菜種會」的創辦人。她提到北部教會的爭端多出於言詞爭辯和挖苦諷刺，不全是神學校長的問題。她引用《孤獨》一書表達心境：「在最病弱、孤獨與沮喪時，生命裡美好和愉悅的事物卻充滿在心中。人們的生活中由簡單而不複雜的言語組成，他們都希望別人得益、平安、隨和與友善。」孫理蓮認為，即使偶有爭執，生活仍是快樂而值得欣賞，不至於被破壞掠奪。她表示，小教會擠滿等待的人，他們用臺語唱詩禱告，既友善且喜樂，在那一刻，上帝似乎特別接近臺灣人，臺北的基督徒婦女儘管面露苦難的痕跡，仍散發純潔的光輝。她呼籲基督徒勿為瑣事而惱怒，應傾聽上帝對臺灣的心意，即便外國人為視為異類（persona non grata），但已很少出現以往「把你們丟到獅群中！」的敵意，她謹慎地安撫某些態度不佳的臺灣人，[100]盡一位宣教師所能，緩和民間的緊張情緒。

---

[98] The Letter from Rev. Dickson to Fuller, 1939.5.13, Taihoku, Formosa, Japan.

[99] 孫雅各（Rev. James Dickson, 1900-1978），美國南達科他州人，畢業於明尼蘇達州聖保羅馬加利斯特學院、普林斯頓神學院，1927年應加拿大長老教會之選聘，來臺擔任宣教師。期間曾創設長執聯合會、擔任臺北神學校校長、淡水中學代理校長、37回北部中會議長。曾幫助泰雅族婦女芝宛就讀淡水婦學。1940年9月因局勢緊張改派南美英屬圭亞那。

蘇光洋主編，《孫雅各牧師紀念專集》（臺北：臺灣神學院校友會，1978），頁4-6。

[100] The Letter from Lillian R. Dickson to Friends, 1939.3.6, Taihoku, Formosa, Japan.

1939年11月孫理蓮旅外返臺，指出日本本土經過兩年戰爭耗損，物價上漲、資源缺乏，她甚至要飼養家畜才有乳源。傳教工作受到阻礙，失和與不滿此起彼落，但在職志的服務當中，仍有豐厚的滿足感。她因無法做更多服務而嘆息，深痛唷嘆資源的欠乏，只能期待「在戰火和不幸的世界，家園被掠奪與憂傷之上，天使仍是充滿希望的，他們唱著憐憫、愛與和平的詩歌。希望這一干國家彼此能真正傾聽與瞭解。」[101]

　　另一位宣教師明有德則表示「基督教末亡」，但當局大力推行關於拜偶像（idols）的政策，在公共場所建立起國家的象徵。[102]他指出日本軍國主義緊握臺灣，企圖使其成為戰勝東亞各國的跳板。在他眼中，臺灣落入嚴密編組的戰爭鐵幕，警察的籠罩無所不在。年輕人，特別是基督徒青年受到持續的監視。1937-1939年間的艱難非比尋常。基督徒必須「靈巧像蛇，馴良像鴿子」。其情景宛如基督教在羅馬時代受逼迫一般。[103]局勢使宣教師相當不安，但他們帶著忍耐與信心，陸續交棒給臺人。

　　北部教會的情況和南部相仿，1940年5月孫雅各離臺前往南美圭亞那，11月25日臺北神學校舉行宣教師送別會後，戴仁壽夫婦離開樂山園，杜道理、朱約安、蘭瑪烈等姑娘（女宣教師）也相繼離臺。偕叡廉夫婦殿後離開，前往新加坡。[104]孫雅各表示，從1937年開始的「財政10年計畫」，讓北部教會從接受教士會領導，進步到完全自立（self-support），北部教會更希望藉此計畫，依循和殖民政府合作的模式來發展。孫氏在離臺前夕說：

[101] The Letter from Lillian R. Dickson to Friends, 1939.11.10, Taihoku, Formosa, Japan.
[102] Hugh MacMillan, "Evangelism in Formosa," in Paul S. Mayer ed., *The Japan Mission Year Book* (Tokyo: The Federation of Christian Mission in Japan, 1939), pp. 231-241.
[103] Hugh MacMillan, *Then Till Now in Formosa*, p. 73.
[104] 《臺灣青年》6（2600.12），頁6。轉引自《歷史年譜》，頁324-325。

若教士會未來重返臺灣，他們將因過去所經歷〔撤離〕的事情，而有稍微不同的容受。無疑地，他們將不會再承擔教會機構的責任，而會成為特別的指導者、協助者與傳福音者，並且向外發展。[105]

　　北部宣教師將土地與款項交代臺人處理，據其指示，雙連宣教師房屋後近千坪的土地應售出，所得款項先沖銷8,000多圓的建堂欠款，餘款一半交傳道局作傳道師的月俸，另一半再均分給神學校與婦女義塾。若婦女義塾未繼續經營，其款項四分之三則作女學生去日本讀聖經學校之用，四分之一作宣道婦的月俸。新竹的土地若售出得款5,000圓，亦作傳道師的月俸。馬偕醫院對面的土地與宣教師宿舍對面的土地全交該院。聯合神學校若成立，則運動場一半的土地可售出作校務基金。另外淡水、雙連的房屋，以及馬偕醫院皆有設法。宣教師祝福臺人「希望離開之後，上帝的工作在臺灣能大大興起，願主庇佑你們大家，願祂日日與你們不離，願祂賞賜你們恩典平安。」[106]
　　根據後來情勢的發展，證明英、加海外宣道會及其政府的當機立斷是正確的，甚至比對日本本土所做出的處置更加積極迅速。1941年12月，日本攻擊珍珠港，太平洋戰爭爆發，日本向英、美、加與澳洲宣戰，內閣立刻修正公布內務省令第32號〈外国人ノ入国、滞在及退去ニ關スル件〉及〈敵国人取扱措置要領〉，臺灣總督府隨即以府令153號公布該省令。[107]其內容規定所有居住在要塞地區與軍事基地周圍的外籍人士都必須離開，對西班牙等中立國的神職人員則較寬鬆。然而，對於敵國的宣教師則施以鐵腕，予以強

[105] James Dickson, "Devolution of Mission Work in Formosa," *The Presbyterian Record* 66: 2 (1941.2), pp. 35-37.
[106] 吳天命，〈消息〉，《北部教會》180（1941.1），頁20-21。
[107] 《臺灣總督府府報》4271，1941.8.21。

制拘禁或命令驅逐。當時仍在日本本土的英、美宣教師多人被軟禁或強制拘留。緊接著，英國教會陸續接到各地宣教師被驅逐的消息，乃發信通知各個宣教區，但情勢已非掌控之中。隨著日本挑起戰爭，3個月內世界局勢丕變，英國在遠東各地的宣教機構都面臨接棒的問題，尤其是華南與馬來西亞等地最嚴峻。[108]如前所述，臺灣的宣教師在1940年底即全數離開，不但留下周詳的配置計畫，也避免許多不可預測的危險。

三、神學校的改組

（一）臺北神學校人事改組

自1937年起，北部宣教師即逐一將神學校經營權移交給臺人，當預備設置神學校理事會時，開始徵詢適當的臺、日理事人選。[109]後又訂定〈理事會條例〉，並將校地與建物相贈，以組織神學校財團法人。[110]1938年正式組織理事會，其中日人2名、宣教師3名、臺人4名。1939年時，理事會向主管機關辦理變更學則，翌年2月獲總督府許可。[111]舊制入學資格為中學3年以上之程度，修業年限預科1年、本科4年；新制入學資格為中學畢業以上之程度，修業年限預科2年、本科3年。換言之，新、舊學制雖然都是修業5年，但入學門檻不同，新制的學力多加一年，且預科的英語課比重增加。畢業後的服務制度與給付學生的款項都取消。[112]此舉也獲得母會雜誌報導與肯定。[113]

---

[108] "Notes: The Extension of the War," "Our Work Overseas," *The Presbyterian Messenger* 1146 (1942.1-3), p. 17, 27.

[109] 《北部中會議事錄》41回158、161條（1937.2），頁47。

[110] 《北部中會議事錄》42回78、146條（1938.2），頁41-46、71。

[111] 《臺北神學校校務文書檔》，〈私立臺北神學校校則變更認可〉（1940.2.26），微捲號B1516。

[112] 不著撰人，〈教會消息3.臺北神學校〉，《北部教會》171（1940.4），頁31。

[113] "Theological College," *The Presbyterian Record* 65: 11 (1940.11), p. 339.

1940年時各地排外風氣熾烈，5月第一回北部大會正式召開，神學校校長孫雅各向理事會辭職，並推薦同校的日籍教授大川正接任。[114]上與二郎[115]和堀豐彥[116]兩位日人續任該校理事（二年後連任[117]）。為方便日人閱讀及討論，有關神學校理事會的報告，特別採用日文書寫。[118]孫雅各夫婦參加大川正的就任式後不久，便接受美國國務院的勸告而返美，安義理、明有德也相繼離開。[119]當美國正式抵制日、德、義三國軍事同盟的行動時，北部教會已完成人事改組，日人開始參與、主導教會事務。

圖3-2 ▌ 大川正
資料來源：葉能哲主編，《臺灣神學院百週年紀念特刊》（臺北：該校，1982），頁35。

（二）臺南神學校關閉

1940年滿雄才返英後，希禮智代理校務，當時全校有16名學生。神學生每週到各教會負責講道和主日學，或出任中學舍監，引導青少年認識信仰，暑假亦前往教會服務。9月，田中從夫應聘至

---

[114] 《北部大會議事錄》1回15條3款3項（1940.5），頁8。
　　吳天命，〈聽北部第1回大會〉，《北部教會》（1940.6），頁31。
[115] 日本基督教會臺灣中會議長。
[116] 東京帝大法學部畢業，1930年任臺北帝大文政學部助教授，擔任政治學、政治史講座。曾任臺北日本基督教會長老、臺北神學校理事。
[117] 《北部大會議事錄》2回16條（1942.3），頁24。
　　其餘5名理事為陳溪圳、蕭樂善、鄭蒼國、蔡長義、莊聲茂。
[118] 例如「ディクソン氏」即是孫牧師的姓「Dickson」。以片假名拼讀外國人姓名係屬正常，否則須用漢文訓讀來念「孫雅各」。該議事錄除了神學校理事會報告之外，其他部分仍用中文名稱呼宣教師。因此，應非如查忻所言：「棄孫雅各牧師在臺灣慣用之名字不用而直稱其本名，多少可以看出臺灣教會中某些人是對外國人的敵視感有增加的傾向」。見氏著，《旭日旗下的十字架》，頁160。
[119] 吳天命，〈消息〉，《北部教會》178（1940.11），頁25。

表3-3　日治末期臺北神學校歷任校長、理事（1934-1945）

職務　　年代	校長	理事
1934-1936	偉彼得	—
1936-1940	孫雅各	1938年第42回北部中會 上與二郎、堀豐彥、卓恆利、駱先春、蕭樂善、蔡受恩、明有德、杜道理、偕叡廉 1939年第43回北部中會 上與二郎、堀豐彥、郭和烈、駱先春、吳清鎰、蔡受恩、杜道理、偕叡廉
1940-1942	大川正	1940年第1回北部大會 上與二郎（理事長）、堀豐彥、陳溪圳、郭和烈、吳清鎰、蕭樂善、孫雅各、戴仁壽、杜道理
1942-1944	陳能通	1942年第2回北部大會 上與二郎（理事長）、堀豐彥、陳溪圳、蕭樂善、鄭蒼國、蔡長義、莊聲茂
1944-1945	上與二郎	

資料來源：《北部中會議事錄》41回158、161條（1937.2）；42回103條（1938.2）；
　　　　　43回。
　　　　　葉能哲主編，《臺灣神學院百週年紀念特刊》，頁29、31。

臺南日本基督教會，遺缺由宮內彰[120]接任，楊士養與黃主義[121]仍為專任教師。師生之間相處融洽，日、臺之間未有隔閡，教師團隊具有互助精神和專業能力，其新任秘書頗能配合南部大會銓派之理事會審議校務，使神學校正常運作。[122]代理校長希禮智寫信感謝許多教會替神學校祈禱奉獻，期待校務蒙受上帝祝福，安度東亞、西歐許多困境，呼籲基督徒繼續本乎敬虔和喜樂為學校祈禱。他瞭解母

---

[120] 宮內彰，畢業於明治學院神學部，原門司日本基督教會牧師，1939年9月受臺北日本基督教會牧師上與二郎之推薦，至臺南神學校授課，在臺時間1939.10-1940.10。
　　 College Diary 1936-1941, 1947-1949.
　　 不著撰人，〈人事I.神學校新任教授〉，《教會公報》655（1939.10），頁22。
[121] 黃主義（1905-1989），臺南將軍人，畢業於太平境教會小學、長老教中學、臺南神學校、日本神學校、紐約協和神學院，長期擔任神學校（院）教授，曾駐任霧峰、臺南日本基督教會、斗六、臺南三一、紐約臺灣基督長老教會等地。
　　 陳冰榮，《佳美腳踪專輯》，頁35。
[122] 神學校理事會：鄭溪泮，校長事務取扱：希禮智，〈咱的神學校〉，《教會公報》658（1940.1），頁16-17。

國經濟困難，所以盡量控管學校支出，且鑑於預算可能刪減，故不再編列經常費之外的特別支出。令他欣慰的是，本地教會的奉獻增加，可負擔更多傳教師的薪津。如下表所示，1940-1941年度南部教士會的預算約17,000圓，開銷最大的前三項分別是神學校佔32%、補助傳教者的生活費佔27%（子女教育費9%與薪津18%）、長榮中學佔20%。

表3-4　南部教士會1939-1941年度預算

單位：圓

年度 項目別	1939-1940	1940-1941	年度差額
神學校	6,000　(29%)	5,500　(32%)	-500
中學	3,500　(17%)	3,500　(20%)	
中學的神學先修	300	300	
傳教師子弟上中學	1,500　(7%)	1,500　(9%)	
傳教師薪津	5,500　(27%)	3,000　(18%)	-2,500
傳教師旅費	400	400	
宣教師旅費	600	450	-150
普通與宣教師資	1,500　(7%)	1,500　(9%)	
新樓醫院經常費	500	500	
新樓圍牆	400	-	-400
彰化醫院經常費	200	200	
退休金	240	240	
合計	20,640	17,090	-3,550

資料來源：F. G. Healey, "South Formosa Council – F. M. Budget for 1940-41," 1940.04.30, PCEFMA Mf. No.34.

　　1940年5月底，臺北的大川正就任校長一週後，臺南州教育課即要求臺南神學校也要起用日人為校長。6月11日，教士會召開例行會議（ordinary meeting of Council），由代理校長希禮智報告晉見教育課長的經過。教士會不同意官方的要求，決議放棄經營神學

校，要點有三，其一，安排男同學到臺北神學校。其二，婦女聖經會的學生轉往淡水聖經會就讀。其三，將此決議通知臺人教會領袖，並轉達教士會對聯合神學校的觀點。[123]教士會達成初步共識後，為瞭解南部教會要人的看法，即請楊士養私下去探問臺人領袖，其中，多人為神學校的存廢問題常私下徹夜討論，最後均表示同意。臺人說：

> 但是若因為日本人要作校長就要關起來，對時局來講，實在有大危險。所以要很小心。結果有向希牧師講，教士會的意思若要閉鎖，將學生送去臺北，我們有同意贊成。[124]

1940年6月21日，南部召開常置委員會，會中聽聞教士會不再繼續經營神學校，臺人一時未置可否，心情不捨之餘，乃由10人小組召開「傳教師養成部會」商量對策。[125]7月7日萬榮華旋即電告英國母會「COLLEGE CLOSED STUDENTS GOING NORTH

---

[123] Edward Band, "South Formosa Council Minutes," 1940.06.11, PCEFMA Mf. No.2077. 原文如下：
After hearing a statement from Mr. Healey regarding his interview with the Head of the Education Department, it was agree that, in view of the present demands, the Council could not continue to carry on the Theological College. The Council recommends:-
(1) that arangements should be made to trasfer the present men students to the Taihoku Theological College.
(2) that arrangment for the students in the Women's Bible Institute should be deternmined after enquiries had been made regarging the Tamsui Bible Institute.
(3) That the South Formosa Church authorities be informed of this resolution and of the Council's viewsregarding a Union College.

[124] 楊士養，〈臺南神學院略史〉，頁36。

[125] 《南大常委議事錄》46回9-10條（1940.6），頁166。原文如下：
9.聽希禮智代表教士會報告，因為都合上，教士會未能繼續經營臺南神學校。所以要設法讓現在的學生去入臺北神學校。
10.關係前條的件，本會聽了非常不甘〔m-kam〕，所以議決派黃俟命、陳朝萬、許水露、吳天賜、鄭溪泮、施鯤鵬、紀溫柔、劉子祥、黃武東、闕芊郌等，作傳教師養成部會來考究善後策。

SEPTEMBER EDWARD BAND（學校關閉學生九月北上萬榮華）」[126]同（7）月17日上午，傳教師養成部會假臺南市太平境開會，上與二郎和番匠鐵雄均鼓勵要繼續經營神學校。[127]下午，南部大會召開常置委員會，反而想要繼續經營神學校，但每年一萬圓的經費要由四中會均分，並限期答覆。若無法負擔，則將學生送到臺北寄讀，並希望兩校財產都提供作為聯合神學校設立之用。[128]

睽諸1940年度的教會財政，高雄中會總收入5,613.55圓，總支出4,219.26圓，結餘僅1,394.29圓；[129]嘉義中會總收入4,695.07圓，總支出3,771.80圓，結餘僅923.27圓。[130]而南部大會兩年的總預算也才1,590圓。[131]這樣的財務狀況實在是無力支持神學校的經費。因此臺南中會在7月22日議決：「本常設部無法負擔2,500圓經營神學校的經費，但是希望以臺灣大會為主體的合一神學校能實現。」高雄中會23日議決：「本中會因為經費上的負擔沉重，未能贊成，本中會一致贊成常委的議決。」臺中與嘉義兩中會的答覆略同，[132]顯然的，南部四中會無一能負擔鉅額經費。

臺人想要自力經營神學校的無法實現，只能著手和師生處理

---

[126] Edward Band, "CABLE," 1940.07.07, PCEFMA Mf. No.2077. 該電文直接附在1940年4月的記錄之後。

[127] 〈傳教師養成部會（I）〉，收入《南大常委議事錄》（1940.7），頁173-174。

[128] 《南大常委議事錄》47回6-8條（1940.7），頁169-170。原文如下：

　　6.前〔46〕回第9、10條關係臺南神學校的事，傳教師養成部會報告他們所議決講：「南部大會要獨立經營臺南神學校。」本會接納。

　　7.前條所記臺南神學校的事議決：若要獨立經營神學校，每年就要一萬圓的經營費，各中會要負擔2500圓，託書記問各中會常設部，限到7月末日要回答常委。

　　8.關係臺南神學校的問題（看前回第9條），常委又議決照下面：「對於突然的合一不能贊成，但是因為現在學生的立場，若南大獨立的神學校不能實現，應暫時寄讀於臺北神學校。本會希望兩教士會將兩神學校的財產提供給臺灣大會，來實行建設合同的神學校。」

[129] 記者，〈高中通信_第11回高雄中會〉，《教會公報》661（1940.4），頁13。

[130] 林謹慎，〈嘉中通信_I.第11回嘉義中會〉，《教會公報》661（1940.4），頁16。

[131] 劉子祥、楊士養，〈公告II.南大預算1939:4:1-1941:3:31〉，《教會公報》655（1939.10），頁3。

[132] 楊士養，〈臺南神學院略史〉，頁39。

圖3-3 ▌臺南神學校廢校禮拜
資料來源：長榮中學史料館提供

閉校手續，盡量安排教師轉任、學生轉學，並向總督府申請廢校。
舉行廢校禮拜時，與會者感到氣氛凝重悲壯，甚至有教會耆老感到
「靈府不安」。此一結果使宮內彰從校長繼任人選落為失業者，[133]
讓介紹人上與二郎極為不悅。民間輿論則認為外國勢力退出，本國
人士代之興起。[134]宣教師總結指出：

> 長久以來，真希望南北神學校能合一，但可惜都未成功。這
> 次當局要我們換內地人當校長，幸好臺北神學校已經有請
> 很好的大川先生出任，所以我們的學生去那裡是合適不過的
> 事。因為這樣，是作聯合的頭一步。又此次，我們能夠節省
> 許多經費，因為自古到今，大部分神學校的經費是英國補

---

[133] 當時該校的日籍專任教授僅宮內彰一人，日籍兼任教授有江口忠八（高雄日本基督
教會牧師）、番匠鐵雄（私立長榮高等女學校長）、土居譽雄（私立長榮高等女學
校教頭）三人。

[134] 〈外國人校長は日本人と更迭〉，《臺灣日日新報》，1940.9.12，夕刊2版。
〈有名無實の神學校　廢校認可されて抹消〉，《臺灣日日新報》，1940.9.15，日
刊5版。

助，但因非常時期之故，經費方面有困難，所以他們怕每年
未能再負擔。[135]

南北學生共學後，學生適應尚佳，[136]臺人進一步向南北教士會
建議，建請提交兩校的財產籌設聯合神學校。[137]南部宣教師欣然同
意，但款項因戰時匯兌管理法令的限制，無法從英國匯來，故變賣
彰化南郭庄的土地，將價款三分之二權充之。南部15名學生委由臺
北神學校「代教」，並補貼3,000圓，會友奉獻的1,000圓資助貧困
學生，圖書費400餘圓則寄給臺北神學校長，新購書籍作聯合神學
校之用。宣教師希望聯合神學校勿單獨設財團法人，只要登記在臺
灣大會的財團法人之下即可。[138]

宣教師指出，日本基督教受到軍國主義影響，民族意識勃興，
對外國差會同時施加「官方與非官方」的壓力。南部宣教師認為換
校長係屬完全不合理的要求，亦不瞭解臺人的底線為何，[139]加以臺

---

[135] 臺南宣教師會，〈公告I.神學院閉校〉，《教會公報》667（1940.10），頁3。

[136] 吳天命，〈大川校長就任式〉、〈南北神學生相與讀冊〉，《北部教會》177（1940.10），頁23。

[137] 陳金然，〈臺大常委〉，《教會公報》668（1940.11），頁10。

[138] 《南大常委議事錄》第48回8條1-5款（1940.11），頁177-178。原文如下：

1）關係臺灣大會常委與南大常委所建議要教士會將臺南神學校的財產獻作臺灣合同神學校的件，教士會滿場一致贊成。總是基本金現時在英國，因為戰時為替管理法不能寄現金來。所以拿不衷有用彰化市南郭庄新樓的土地來送。若賣出可將三分之二作合同神學校的用途（基金著寄在銀行）。

2）臺南神學生的事，教士會將臺南神學生15名委託臺北神學校教，從今年9月到明年8月，已經有補貼臺北神學校金3,000圓。

3）高中謝綿氏寄附金¥1000.00的件。謝綿氏寄附一千圓欲幫助貧困的神學生，已經有分配500圓互學生後，也剩500圓寄黃主義先生與大川校長設法。

4）原臺南神學校圖書費有剩¥412.73，此條有寄交臺北神學校長作圖書費（新買的冊作合同神學校的路用）。

5）希望事項：

（1）臺灣合同神學校無必要另外設財團法人，可將神學校的財產登記於大會的財團法人來作神學校的用途。

（2）用彰化市南郭庄的土地賣出，那個錢寄在妥當的銀行。也大會著選出基金管理人來管理〔後3-8項從略〕

[139] "The Formosa Situation," The Presbyterian Messenger 1141 (1940.10-12), p. 79.

南神學校未設立理事會，當局要求「換日人校長」等同剝奪宣教師的主導權。英國教士會認為，加拿大教士會考量無法立即成立聯合神學校，才會任命大川正當校長，對當時的情勢而言是最恰當的作法。宣教師迫於換校長的要求，且希望促成「聯合神學校」，故決定閉校。因此萬榮華表示：

> 教士會反對此〔換日人校長〕要求，寧願將全部學生送到臺北神學校也不屈服。學務委員會瞭解南部教會的財政無法自力維持神學校，同意此決定。[140]

　　值得注意的是，當教士會於6月初達成閉校的初步共識後，南部教會要員似乎都同意臺南教會牧師施鯤鵬[141]「寧可玉碎不可瓦存」的意見。[142]這句隱含民族情結之詞未見於南部最早的教會歷史《南臺教會史》（1953），首次出現是在《神學與教會》創刊號（1957），其後幾成教會之定調，論者或視為「檯面下的折衝與作業」[143]，或認為「在第二次世界大戰期間，特別在日政府殊死拼命的階段，不擇手段對基督教強加壓力，日籍牧師上與二郎的雄心威壓」。[144]

　　事實上，南部基督徒講「寧為玉碎不為瓦存」時，應是站在宣教師的立場或僅只轉述；不是站在民族情結的立場。這句話是比喻「為堅持某種信念而不計犧牲」，亦即「為促成聯合神學校，不惜

[140] Edward Band, *Working His Purpose Out*, p. 185.

[141] 施鯤鵬，鹿港人，1931年4月任臺南堂會牧師，參閱黃茂卿，《臺灣基督長老教會太平境馬雅各紀念教會九十年史》，頁433、491。

[142] 楊士養，〈臺南神學院略史〉，頁36

[143] 夏文學，〈探尋南神精神的原質：從四〇年代的閉校與復校談起〉，《神學與教會》21:2（1996.6），頁131-145。

[144] 陳金然，〈在學1926-30年間的回憶〉，《神學與教會》6: 3/4（1967.3），頁128-132。

關閉臺南神學校」才是宣教師考量的主因,「玉碎」是為了聯合神學校,不是指民族情結。否則,學校關閉,學生北上,無法自己經營學校、訓練學生,而北部的校長還是日人,此一「玉碎」的結果頗難理解,何況宣教師本身並無民族情結的問題。以往的研究過於凸顯臺人,忽略宣教師,而簡化成民族情結的論述。

　　另一方面,楊士養私下詢問教內要人的時點,應於6月11日至21日之間。教士會先達成初步共識,再透過楊氏徵詢教內要人的意見而獲得一致看法。後臺人不捨閉校,希望獨立經營,組成「傳教師養成部會」商討,惜因經費不足而作罷。教士會決議在先,徵詢臺人在後,理由有四:一、教士會有決策權,是神學校的直接經營者,臺人的意見只是諮詢。二、希禮智向教士會報告時,只提到晉見教育課長,未提及徵詢臺人的經過。三、教士會有表示要「將此決定通知南部教會當局者們」,正因有此共識,臺人才能知悉其意向。四、臺人曾嘗試自力經營。若一開始就決定「玉碎」,後來又希望經營,10天內態度反覆,不合常理。過去常因「玉碎」一詞,以為臺人決議在先,教士會執行在後,導致最終訴諸民族情結的論述,其實整個決策過程民族情結並非重點。比較中肯的說法是如黃武東所言:「時教士會尚未撤離,決定寧為玉碎,不為瓦全,將神學校關閉。」[145]

　　有學者引用1937年與1940年的PCEFMA檔認為:宣教師的決定「並非不願讓日人當校長,而是閉校後促成聯合的好處」,至於「寧為玉碎不為瓦存」則是「本地教會的非正式回應」,後續更進一步推論臺人與日本右翼分子的民族情結。[146]筆者同意「促成聯合」之說。但根據萬榮華所言,1940年教士會的確不願讓日人當校長,最後的處境是全面撤離,這與1937年情勢大相逕庭。至於民族

---

[145] 黃武東,《黃武東回憶錄》,頁139。
[146] 查忻,《旭日旗下的十字架》,頁162、164。

情結的推論表面上看似合理，但仍待更多史料予以支持，畢竟1940年其實正是基督徒國民認同達到最高峰之時，南部要員楊士養、施鯤鵬等人相繼前往日本，對日人大多持肯定態度。

（三）南北共學

　　神學生共學後，1940年12月南部召開第二次傳道師養成部會，決定再招4名新生，並補貼臺北神學校3,000圓，[147]同時向各教會收取15圓的神學校負擔金，繼續資助志願讀神學的中學生、擬定傳教師子女的學費補助、支付高年級神學生的學費。[148]北部教會則選出六人小組籌設立臺北神學校維持財團（財團法人），[149]又委任日本基督教臺灣中會議長上與二郎擔任同校理事，南、北一起討論「合同經營」的事務。[150]雙方雖曾達成共識，[151]其後，因教團合併的問題，神學校並未真正「合同經營」，[152]決策權力均握在北部教會手中。

　　臺灣基督徒認為，宣教師離開後，臺北神學校名符其實成為北部大會的教育機構，由「本國人」大川正當校長有助於改善辦學方針。神學校將男子神學部修業年限改為預科2年、本科3年，就讀者需具備中學以上的程度，預定每年預科名額10名，1941年4月有神學生17名。專任教師4名，除大川正之外，都是臺灣本土的神學研究者；兼任教師6名，大多為總督府官立學校教授，[153]師資陣容整齊。

---

[147] 〈傳教師養成部會（II）〉，收入《南大常委議事錄》47回附錄（1940.12），頁175。

[148] 楊士養，〈公告III.南大常委〉，《教會公報》670（1941.1），頁2-3。

[149] 《北部大會議事錄》第1回臨時會（1941.3），13條。

[150] 《北部大會議事錄》第1回臨時會（1941.3），4、19條。

[151] 羅文福，〈公告II.南大常置委員會〉《教會公報》676（1941.7），頁2。
《南大常委議事錄》53回7、8條（1941.6），頁193。七點共識為：（1）以大川正為聯合神學校長。（2）理事與幹事人數南北均等。（3）以臺灣大會為經營主體。（4）聯合神學校的名稱由臺灣大會決定。（5）校址暫置臺北一年。（6）每年費用需12,000圓，南部負擔三分之一。（7）基金的部分另議。

[152] 《北部大會議事錄》第2回臨時會（1942.10），頁120。

[153] 師資陣容如右：校長大川正任系統神學，臺籍專任教師4位：吳天命任歷史學；胡摩

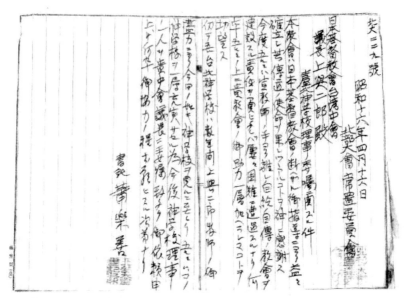

圖3-4 〈關於臺北神學校理事的委囑之件〉
資料來源：濟南教會提供

　　1941年4月起，臺北神學校獲得教育當局同意增設兩部門，其
一為2年制的女子神學部，就讀者需具備高等女學校以上的程度，
每年招收10名，培訓女性傳教師和教會服務者。其二為4年制的高
等女學部（原淡水婦學廢止），程度與一般高等女學校相仿，但
未經認可，只能在教會機構講解聖經，校舍座落馬偕醫院後方宿
舍之一間，專、兼任教師14人，每年招生30人。該年共有女學生50
人。[154]同年9至11月，大川正返回日本，與京都同志社女學、名古
屋今生女學、東京自由學園等「受認可」的學校協商，目的希望高

　　西任新約學；黃主義任系統神學；吳清鎰任舊約學。日籍兼任教師6位：臺北高校教
　　授石本岩根任德語，今崎秀一任心理學、倫理學、論理學、哲學概要、國民道德；
　　臺北高商教授鈴木源吾任英語；石本夫人任英語；臺北帝大教授早坂一郎任自然科
　　學，堀豐彥任社會學、基督教思想史。
[154] 吳天命，〈臺北神學校〉，《北部教會》184（1941.5），頁21。
　　吳清鎰，〈臺北神學校現況〉，《北部教會》185（1941.6），頁20-21。

等女學部畢業生能銜接日本女學的五年級，幫助教會女性提高教育程度。[155]

第三節　皇紀二千六百年與基督徒之奉祝

明治初期，日本政府認定第一代神武天皇於橿原即位之年為「皇紀元年」，或稱「紀元元年」，由該時點計算，昭和15（1940）年，即為「皇紀2600年」。根據該紀年法的規定，一方面表示日本的起源是「萬世一系」天皇君臨的「神之國」；一方面有意誇示日本是世界少數擁有悠久歷史的偉大國家。對東亞國際情勢而言，皇紀2600年正是日本對中國發動戰爭之後的第三年，也是太平洋風雲詭譎、戰事一觸即發的前夕。對日本政府而言，正好是戰爭時期進行國民精神教化、國家統合動員的良機。[156]

一、日臺教會的奉祝

基督教的紀念會與政府的奉祝會先後舉行，在國家主義盛行的風氣下，該集會很容易被政府利用作為促進全國基督教團體聯合之工具，而受到當局歡迎。最明顯的事例為1940年，中日戰爭呈現泥沼般混亂時，日本基督徒發表〈致世界各國基督教領袖的公開信〉，略謂：

> 我們認清我國當局為不使事變擴大，盡力克制忍耐，直到至為不利的情勢的事實，並認為真意不幸未能傳達給中國是遺憾的事。日本為防衛自己，萬不得已手握著刀劍站起來。日

---

[155] 黃六點，〈內外的消息〉，《北部教會》191（1941.12），頁24-25。
[156] 蔡錦堂，〈「紀元兩千六百年」的日本與臺灣〉，《師大臺灣史學報》1（2007.12），頁81。

本確認，中國政府一向為統制國內，採取侮日抗日政策，以及反宗教的唯物思想的容共政策，真正威脅日本的國是與生存，並痛感從國際情勢的現況來看，日本在東亞喪失既得利益，完全是致命傷。於是為了生存，舉國一致付出何等犧牲也要拼命防衛，如今已成為日本國民的堅決信念。[157]

同時，在「皇紀2600年奉祝全國基督信徒大會」之名發表的「宣言」中，日本基督徒宣示：

我國能明確認明進路，正在進展國運國力，真是上天保佑，我們確信這都是由一君萬民尊嚴無比的我國體而來的。……」並說為建設這大東亞新秩序，「要奉贊大政，致盡忠報國之誠。」

1940年10月至11月為日、臺教會奉祝的最高潮，南部的楊士養、北部的葉金木、徐春生（書記）、汪宗程（議長）、陳溪圳、高端莊、黃六點等牧師，前往東京參加一系列的「內地奉祝之旅」。首先登場的是10月11-16日的「第54回日本基督教會大會」，接著是17日的「基督教信徒大會」。隔月10-11日則有「紀元2600年式典暨奉祝會」，26-27日又有「日本基督教聯盟總會」。[158]

1940年11月，東京「宮城」（皇居）前廣場舉行盛大的「紀元2600式典暨奉祝會」，臺灣被選派參加者有官方代表266名、民間的「臺灣在住者總代」492名，其中臺灣人只有48名。上述獲得「殊榮」者，是由50類各行各業中選出的代表，例如：校長總代、

---

[157] 高橋三郎著，郭維租譯，《基督信仰的根本問題：紀念內村鑑三演講集》（臺南：教會公報出版社，2007），頁255-256。

[158] 不著撰人，〈基督教奉祝大會〉，《教會公報》666（1940.9），頁15。

圖3-5 富田滿致黃俟命之信函（1940.11）
資料來源：長榮中學史料館提供

謹啓

此度の第五十四回大會に際
し貴大會を代表せらるる特
使を派遣せられ本大會議場
にてメッセージを頂戴致
せることを衷心より感謝し
厚く御禮を申上候

　　　　　　　　　頓首

十一月五日
　日本基督教會
　　大會議長
　　　富田滿

南部台灣基督長老教會
　大會議長
　　黃俟命殿

自治功勞者、神職會代表者、神佛各教宗派及基督教與其他教團教
師中之功勞者職會代表、軍事功勞者、教育會代表、男女青年團代
表、產業團體代表、殖產興業功勞者、社會事業功勞者、傷痍軍人
總代、遺族總代、國語普及功勞者、理蕃事業功勞者、紳章受領者
總代、勤行報國青年隊代表等。[159]而南部教會的楊士養牧師即名列
48位臺灣人之中，他以臺灣大會議長、臺灣基督徒代表的身分參
加這場奉祝會。長老教會一致肯定當局的盛情招待，為此感到光
榮，並將11月10日訂為「皇紀2600年奉祝禮拜日」，是日全臺各教
會同步舉行「奉祝禮拜式」與「日曜學校生徒奉祝學藝會」。[160]楊

---

[159] 蔡錦堂，〈「紀元二千六百年」的日本與臺灣〉，頁74-76。
[160] 陳金然，〈臺大常委〉，《教會公報》668（1940.11），頁10。

士養說：

> 式典非常嚴肅莊重，約中午時分散會。隔日的奉祝會依然和
> 昨日一樣五萬多人參列。時間比前一天長，從11點半到下午
> 3點多，但是都不厭倦，很歡喜。實在是國家曠古未有的盛
> 典。那日能夠赴又大又嚴肅的式典，且能聽很好的奏樂，奉
> 祝會那下午全員與文武百官一起用餐，要回來之時還有好幾
> 項寶貝的紀念品來作伴手，各人無不感覺皇恩的浩大。敝人
> 能夠參列在這麼大的盛典，實在是不敢當，只有感覺我們臺
> 灣基督長老教會也有大光榮。[161]

　　南、北教會傳教師參加「內地奉祝之旅」回來後，紛紛投稿表
達感想，肯定日本的強盛與教會的進步。北部教會的吳天命認為基
督教在東京舉辦集會誠然是教界活動的好時期，既是過去一年教界
的總結算，也是為了計畫將來的發展方策。希望北部傳教師參觀這
些活動之後，與東京的教會互相往來，透過良好的見習來裨益臺灣
教會。[162]徐春生則介紹信徒大會宣言文的重點，強調傳揚福音拯救
靈魂的使命、全基督教會完成合併，以及作興精神、提升道義及促
進生活。[163]黃六點報告第54回日本基督教會大會的消息，報導日本
基督徒關於宗教團體法所審議的教團規則，即其教會協同、教派統
合及外國宣道會的觀點。[164]葉金木則盛讚「日本風景與東京帝都均
為東洋第一，加上教會發達、信仰堅固且人物傑出，在新體制下，
深感教會應該統合自立，不再倚靠外人，在神聖莊嚴的教會中，彼

---

[161] 楊士養，〈赴式典及大會〉，《教會公報》670（1941.1），頁12-13。
[162] 吳天命，〈消息_1.2600年紀念的信徒大會〉，《北部教會》178（1940.11），頁
　　　25。
[163] 徐春生，〈內地見聞記〉，《北部教會》179（1940.12），頁22。
[164] 黃六點，〈日基大會消息〉，《北部教會》179（1940.12），頁23-24。

此用敬虔的態度互相尊重、進行討論。」[165]

南部教會的楊士養在臺灣大會中報告「外交部」的工作概況，稱蒙受光榮出席皇紀2600年奉祝大會、敘述出席日本基督教聯盟總會之經過，與佐波亘懇談加入日本基督教團之問題。[166]另一位牧師林照則在日本停留50幾天，他認為東京雖有500多間教會、40幾個教派，但傳福音的空間還是很大。他表示日本信徒喜愛研究聖經、敬虔參加禮拜、迫切預備祈禱；傳教師專心牧會、學識豐富、講道有力且受到教會的禮遇。信徒熱切佈道，瞭解「傳道報國」是「新體制」的最大急務，透過牧師、長老的策劃，信徒總動員，甚至在車站張燈擊鼓傳福音。更重要的是，教會統合的趨勢漸漸成熟，各教派放下身段，追求以聖經福音為中心的統合，連最保守的聖公會與東正教會也計畫加入。[167]

事實上，1940年也是臺灣教會迅速發展的里程碑。1932年北部中會（Presbytery）60週年時，僅有6間教會經濟獨立；1940年升格大會（Synod）時。已有10間教會能自立成長。臺灣大會亦具有總會（General Assembly）的規模，是為南北兩大會聯合議事的機關。[168]臺灣基督徒目睹日本國力的強盛，又觀摩日本教會的長處，影響所及，相當程度提高其傳道報國的心志和國民認同，對皇紀2600年的奉祝頗為支持。北部教會牧師蔡長義說：

> 所期待歡喜的年，就是皇紀26個世紀之年已經到位。本年的勅題「迎年祈世」就是迎接這個2600年之意。國家、府州縣、街庄、教會、學校、團體、個人，不但有大祝賀紀念

---

[165] 葉金木，〈內地旅行見聞記〉，《北部教會》179（1940.12），頁24-25；180（1941.1），頁24-25。

[166] 《臺灣大會議事錄》20回17條（1942.3），頁15。

[167] 林照，〈內地教會所感〉，《教會公報》671（1941.2），頁15-16。

[168] "North Formosa Synod," *The Presbyterian Record* 65:11 (1940.11), p. 277.

會，當然也有紀念事業。但是教會方面較少。難道只有紀念禮拜堂而已!?或許在今年裡，財政獨立、聘請牧師，各教會都可計畫開始來紀念。若從教團方面來想，應有較大的事業：特別傳道、設新教會、大講演會、大會（信徒、婦人會、青年會、主日學、任職者、長執、平信徒、學生）或是修養會、培靈會、查經會等，若規模較大就算是紀念集會。今年本土的大、中會，應可看見具體之事。[169]

另一位牧師吳天命則進一步提出「傳道報國」的觀念，他呼籲教會把握良機、信徒認識使命。吳氏指出，為了皇紀2600年，臺北中會要求所屬教會須舉辦長達兩週的特別聚會來傳教，如講演會與奮興會，是教會用傳道來報國最好的紀念事業。為了皇紀2600年，社會團體有各種的紀念事業，教會不可錯失這個好機會。信徒身為社會一員，別人在做的紀念事業，基督徒也有分，且更應具備「教會使命的再認識」。

吳天命表示，教會要做社會事業尚嫌軟弱；雖有服務精神，但缺物資，因此只能將就旁觀。然而教會的使命在於安慰悲傷者、照顧被棄絕受輕視的人。教會在慈善事業仍要出力，不落人後，信徒對於救助、醫療種種的慈善事業，應該貢獻心力，不落人後。教會的使命不是與社會團體鬥爭求報賞，乃是安靜工作。社會的人以為教會無所事事，但教會仍能盡其使命。不與社會的團體鬥爭俗德的功名之時，就能盡它的使命。社會上的人常常抨擊教會在事變中都沒做什麼，甚至教會的裡面也有人這樣批評。但是這種人，他應知教會的使命是什麼。教會與社會的團體本質不同、使命不同，對事變所應盡的方面也不同。吳天命說：

---

[169] Chh. T. G.〔蔡長義〕，〈皇紀2600年〉，《北部教會》170（1940.3），頁25-26。

教會當務之急為傳道。六百萬人的中間，三萬多的信徒，豈不嫌少？使臺灣加添許多信徒，這是教會的使命。教會應積極獲得新會友，也應消極來顧守所有的會員。總之是傳道理。在這個事變下，我們的急務是傳道，許多實在反悔的人，我們要用什麼來紀念這個2600年？只有在認識教會的使命，大奮發傳道理拯救靈性、更新品行，用這樣來貢獻於現今的社會。要用傳道報國做標語。信徒、傳教師、教會彼此要協力、總動員，全體的基督徒應獻出全部的能力來達成教會使命、傳道報國的用途。獻財產、時間、文章、雄辯、技能、祈禱，應協力奮鬥於救靈的工作，要總動員、要熱心。希望我們歡喜對主講，上帝啊！我在這，差我！[170]

一時之間，全臺各地紛紛舉辦奉祝會以資紀念，例如三峽教會即召開奉祝體育會、音樂會、戲劇會等活動。

高雄州則更加盛大，日、臺教會一連三天在高雄市公會堂聯合主辦「皇紀2600年奉祝高雄州下基督教信徒大會」，包括祝賀式、講演與攝影會、慰問演藝會。皇紀2600年，被臺灣基督徒視為最佳的宣教時機，基督徒發佈如此宣言：

我等高雄州下基督教信徒一同值此光輝的紀元2600年國運之奉祝，應辦正一層國體之本義，透徹皇民之自覺，奉贊扶翼皇運，為此於各自之立場盡至最善，圖謀具體實現八紘一宇之精神，期望高舉宗教報國之實務。右宣言。[171]

---

[170] 吳天命，〈傳道報國〉，《北部教會》170（1940.3），頁24-25。
[171] 不著撰人，〈高中通信I.奉祝皇紀2600年，高雄州下基督教信徒大會〉，《教會公報》669（1940.12），頁13-14。

3-6　圖3-6 ▍「2600年」三峽教會奉祝體育會
3-7　圖3-7 ▍「2600年」三峽基督教青年會奉祝音樂會
3-8　圖3-8 ▍「2600年」三峽教會奉祝戲劇
　　　資料來源：李芳謀主編，《臺灣基督長老教會三峽教會設教百年紀念特刊》
　　　　　　　　（臺北：該會，1981），頁107-108。

二、臺灣教會與日本基督教聯盟

　　日本基督徒自明治初年的草創期起，為促進教派合作、擴大宣教效果，即有相互提攜、協力的呼聲。1923年各基督教團體（含宣教師組織）認為時機成熟，遂聯合成立「日本基督教聯盟」。

　　臺灣基督徒的合作則始於1912年，南、北分屬英、加差會，但信仰與教制並無二致，在外國與本地傳教師一起推動下共組聯合議事的最高機關「臺灣大會」（簡稱臺大），謀求實際宣教的合一，翌年更正式定名「臺灣基督長老教會」，沿用至今。臺灣大會不但制訂全島共用的聖詩、典禮、信經，且進一步設置「教師試驗部」，統籌全臺傳教師的考選晉升。無論南、北要分設「中會」、升格「大會」時，均提請臺灣大會准許。它也推動主日學事務、輔助聖經公會、癩病救治會、鼓勵禁戒煙酒等社會服務。[172]

　　臺灣大會雖具廣泛影響力，但常因南北考量不同而未能貫徹實施，例如中學、神學校、青年會、醫療院所均未合辦，法規方面雖「以合一臺灣大會為目標，以革新為根本精神」但討論缺乏延續性。[173]南部一度認為臺灣大會耗資甚鉅，用處卻小，提議廢除，或各派少數人「交誼」即可，1935年甚至議定各派8人召開「懇親會」便罷。其結果，臺灣大會從每年召開改為兩年一次。臺灣大會的功能不夠明確，實有許多因素，例如南北發展相差10年，雙方母會意向不明，宣教師沒有具體聯絡，宣教事業缺乏共識，南北常有閉關自守的心態，在在均造成決策不易實現。[174]

　　隨著統治漸上軌道、留日神學生的增加，日、臺基督徒交流趨於頻繁，日本基督教聯盟的影響力屢有擴展。1936年4月，日本

---

[172] 《百年史》，213-242。
[173] 《南北法規部會記錄》1-3回（1940.1-1941.3）。
[174] 主筆〔潘道榮〕，〈南北真的合一〉，《教會公報》615（1936.6），頁1-2。

的佐波垣牧師為促進日臺教會之交流，在屏東、臺南、臺北等地分別與臺人舉行座談會，歷時兩週，開啟所謂「日臺教會親善」之濫觴。[175]其後，臺人也以日本基督教聯盟成功整合各派為例，認為臺人應以信仰為核心來磋商、效法，無論從地理、教派、財政、事業各方面來看，南、北教會都應該合併，彼此尋求共識、激發熱忱，不能戀棧權位虛榮、敷衍了事。[176]

中日戰爭爆發後，日本基督教聯盟立即發表〈關於非常時局之宣言〉聲明*，向日軍將兵之勞苦致敬，並強調「慰問事業」的重要性。[177]該聯盟認為，由於時勢所趨，極有可能須要向中國境內的農村宣教，因此，1937年7月底召開研究會商討對策，希望能配合「國策」進行宣教。[178]顯然的，日本基督教聯盟十分配合國策，並一再呼應戰爭的情勢來調整其方針。

1937年8月，臺灣基督教各宗派接獲日本基督教聯盟通知，催促臺人配合推行「國策」，要求在臺9個基督教派別[179]合力組成「北支事變全臺基督教奉仕會」（以下簡稱奉仕會）協助聯盟推行事務。奉仕會首先於臺北成立，之後陸續於各教堂分設支部，以撫慰罹難者的遺族、替政府宣傳政策為主要工作。奉仕會標榜「不分民族」，但實際上卻由日人掌權，其推舉臺北日本基督教會牧師上與二郎為會長、臺灣基督教青年會主事近森一貫為書記，幹部均為日人，臺人聯絡者僅有臺北雙連教會的陳溪圳一位。[180]

就「奉仕（ほうし）」的意義而言，有「對神佛、國家、社

---

[175] 徐春生，〈佐波牧師來臺〉《芥菜子》123（1936.4），頁26。
[176] 潘聖輝，〈南北合一〉，《臺灣教會公報》613（1936.4），頁4-6。
[177] 〈非常時局ニ關スル宣言〉，《日本基督教團史資料集（第一卷）》，頁181。
[178] 孫雅各，〈島外消息〉，《教會公報》（1937.11），頁30-31。
[179] 分別是：日本基督教會、日本聖公會、日本組合教會、日本美以美會、聖教會、臺灣基督長老教會南部大會、臺灣基督長老教會北部大會、基督教婦女矯風會、臺灣基督教青年會。
[180] 《百年史》，頁256。

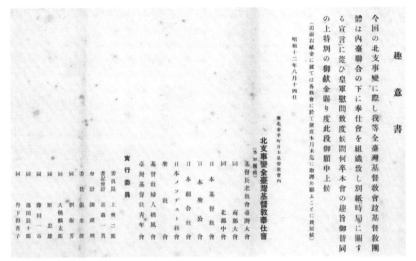

圖3-9 北支事變全臺灣基督教奉仕會趣意書
資料來源：臺灣教會歷史資料館提供

會、他人效勞盡力」、「恭恭維維地做事」、「商品減價優待」等不同解釋。但無論哪種用法，「奉仕」都有強調服務、不計報酬的意涵。教會裡面也有類似的用語，例如「服事」、「事奉」，對象包括上帝及周遭的人，因敬畏上帝而服事人，因關懷人而事奉上帝，意義一體兩面。奉仕會本乎服務軍人為宗旨，仿效日本基督教聯盟，以捐納慰問金向軍人致敬。南部教會方面，奉仕會的幹部透過議長劉振芳[181]要求所屬教會以「慰問北支事變的皇軍」的名義捐獻金錢，且直接經由各中會財務部長來收取集結，由大會統籌匯往奉仕會。[182]

北部教會方面，常置委員推派議長陳溪圳為代表參加奉仕會，

---

[181] 劉振芳（1896-1969），曾赴美攻讀神學。歷任柳原、舊城、東京、東京基督教青年會等，曾任臺中會、南部大會議長以及彰化基督教醫院、長榮中學、光音孤兒院董事，臺灣基督長老教會總會成立籌備會主任委員。

[182]《南大常委議事錄》29回5條（1937.8），頁96；30回5條（1937.10），頁97。

並製作「皇軍慰問獻金袋」發送到各教會。[183]其會議記錄如下（標點為筆者所加）：

> 第七十四條 議長宣言：第四十二回中會乃開催於我帝國非常時局之下，宜盡心愛惜白衣勇士。中會滿場一致表贊意，議決白衣勇士御見舞金各堂會獻金參圓以上，限至二月末日寄交議長，並一任議長、書記設法，又派議長書記代表中會前往慰問。[184]

　　根據上述，北部教會由議長代表宣言，呼籲在非常時期要特別關心「白衣勇士」，也就是住院穿白袍的傷兵之意，[185]致贈慰問金之事也獲得與會者全體一致同意。南、北教會進行第一回募集之後，向臺灣軍司令部貢獻「出征將士慰問金」1,560圓。[186]

　　對照該年的財務狀況，北部中會收入881.53圓，支出881.47圓，幾乎沒有結餘。[187]南部大會更加慘澹，總收入746.13圓，總支出852.21圓，不足106.08圓。[188]顯然依原本的經常費根本不可能負擔這筆「特別獻金」，應是額外從各教會所募集，其中是否有「不樂之捐」，頗值得探討。

　　從議事錄的書面記錄觀之，基督徒主動回應特別是北部教會對日本基督教聯盟的回應甚為積極，但實際上針對是否加入聯盟一事，南北最初都有所考慮。1937年3月臺灣大會首次致函日本基督教聯盟，交涉是否派代表參加「世界基督教大會」，在宣教師孫雅各、偕叡廉提案之下，決議申請加入聯盟，並由議長張金波

---

[183] 《北部中會議事錄》42回52條（1938.2），頁16-17。
[184] 《北部中會議事錄》42回74條（1938.2），頁35。
[185] 周婉窈，《海行兮的年代》，頁191。
[186] 不著撰人，〈皇軍慰問金〉，《教會公報》631（1937.10），頁3。
[187] 《北部中會議事錄》41回58條（1937.2），頁15-17。
[188] 《南部大會議事錄》4回7條（1937.3），頁121。

及書記潘道榮赴日參加聯盟會議。[189]然而南部教會不久卻表達「延期以待後決」的態度，[190]其後，更因「不能照臺灣大會所要求的條件」，而不遵守臺灣大會的決議，無限期擱置此案。[191]北部教會也隨之認為應該要「無期延期」。[192]所謂「條件」為何，議事錄並未明載，但很可能是經費不足之故。因為加入聯盟須派3名代表，每人會費70圓，還要自行負擔旅費，[193]但該年臺灣教會已支出大筆「皇軍慰問金」，南部還得借款150圓；[194]北部則是「外國補助金減少」，[195]經濟上的壓力讓教會捉襟見肘，很難有施展的空間。

日本基督教聯盟最重要的成員「日本基督教會」注意到臺灣教會的動向，先是以奉仕會的名義，派代表和臺人一同視察、慰問廈門日軍佔領區，與當地教會的負責人交換意見，討論如何在廈門宣教，以促進「日支親善」。[196]1938年第52屆大會中，認為和臺灣教會的聯繫「逐年加強」，遂設置「臺灣基督長老教會協力委員會」，選出五人小組密切合作。[197]翌（1939）年，委員上與二郎報告「日臺兩教會關係日益親密，頗有合併之勢。」[198]

賴炳烔牧師到金門後，發現衛生條件不佳，便將家眷遷往號稱「中華第一盛堂」的廈門新街禮拜堂，自己則往返金、廈。當時，日軍已經佔領金、廈，並命令金門農民種植罌粟，製造鴉片。此舉雖然帶給居民一定的利益，[199]卻讓教會困擾不已，信徒覺得「自

---

[189] 《臺灣大會議事錄》18回84、85條（1937.3），頁84-85。
[190] 《南大常委議事錄》28回9條（1937.6），頁93。
[191] 《南大常委議事錄》30回6條（1937.10），頁98。
[192] 《北部中會議事錄》42回52條（1938.2），頁17。
[193] 不著撰人，〈公告V.加入日基聯盟〉，《教會公報》631（1937.10），頁4。
[194] 《南大常委議事錄》28回11條（1937.6），頁93-94。
[195] 《北部中會議事錄》42回53條（1938.2），頁18。
[196] 不著撰人，〈公告II.全臺灣基督教奉仕會〉，《教會公報》644（1938.11），頁2。
[197] 《第52屆日本基督教會大會記錄》（1938.10），頁7-11。
[198] 《第53屆日本基督教會大會記錄》（1939.10），頁149-150。
[199] 林正珍，《日據時期金門鴉片檔案譯註暨相關調查研究》（金門：金門縣文化局，2014），頁34。

賴炳炯牧師就任通知書　　　　　　1943年廈門新街教會

圖3-10┃1943年東亞傳道會派賴炳炯前往金門和廈門
資料來源：阮宗興提供，《故基督忠僕賴炳炯牧師告別禮拜程序》（臺南：天橋教會，
2015），頁8。

己不吃，卻種給別人吃，罪過豈不更
重！」因此賴氏還透過關係，向金門行
政公署農林股請准會友免予栽植。不但
如此，當鼓浪嶼三一堂牧師盧鑄英被日
人拘留時，賴炳炯還挺身協助該會，渡
過動盪的時期，直到1943年被日本興亞
院文化部所屬機構調回臺灣。[200]

　　1938年10月到12月，日本基督教聯
盟在東京富士見町教會舉辦三年一次的
「全國基督教協議會」，討論「非常時
局下，關係國民教化與基督教會的對應
策」及教會合併的問題。《臺灣教會公
報》主筆潘道榮受邀參訪後，認為臺人應學習日人的覺醒奮興、規
律議事、輩份有序及莊嚴的禮拜儀式。他表示日本基督徒人數照官

圖3-11┃賴炳炯攝於金門第一小
學校
資料來源：同上註

---

[200] 賴炳炯口述，黃莉雯編撰，《凡事感謝：賴炳炯牧師傳道記事》（臺北：天恩出版
社，2014），頁30-35。

方統計略有減少，但因賀川豐彥持續推動「百萬救靈傳道」，實際人數應有增加。反觀臺灣教會數量雖不少，但會友軟弱，正式洗禮入教的人不多。潘氏述及日人在世界基督教大會時勇於表達對戰爭的態度「只有謙卑在上帝的面前，不能講什麼。」他認為臺人確有加入聯盟的必要，方能參加日本和世界基督教共同的事業，提攜聯絡友誼，臺人不能孤立，應與聯盟同步進行，於當前時局，更加要緊。潘氏指出與日本基督教會提攜的必要，應藉著協力委員會，如兄弟般提攜，來「建設天國」。最後關於傳道方針，首先，教會要完全獨立，不能再受補助。其次，南北教會、神學校儘快合一，並關懷東京的基督教青年會。其三，教會各代議機關應覺悟奮發、傳教師一致協力、基督徒關心教會。[201]

此一時期，日本基督徒自1939年開始推行「三年協同傳道」，分為準備、集中及後續傳道，[202]以婦女傳道大會、失業青年大會與學校精神作興講演等活動為主軸。臺灣基督徒觀摩其籌畫，認為日人執行的成效良好，基督徒應同時具備信心與勇氣，成為別人的模範。而教會事務應大小兼顧，小事也能傳播福音。此外，也表達對文部省宗教局長的敬意，佩服其對各種教義的了解，以及對基督教的善意，認為「有文部省這樣的官員，能使宗教團體真正安心信賴，照其所允准而享受信教的自由。」[203]

另一方面，北部傳教師總會更是積極，其於1938年便開始與日本基督教會洽談合併，派委員研議，1939年進一步討論應加快合併的腳步。傳教師吳清鎰指出，日人派數名協力委員回應臺人要求，一方面表示日人的關心和責任感，一方面秉持保守的態度，等候臺

---

[201] 不著撰人，〈公告_I.全國基督教協議會〉，《教會公報》644（1938.11），頁2。
潘道榮，〈特告_I.赴總會與協議會〉，《教會公報》645（1938.12），頁4-7。
潘道榮，〈赴總會與協議會感想〉，《教會公報》646（1939.1），頁5-7。
[202] 不著撰人，〈雜錄_協同傳道〉，《教會公報》648（1939.3），頁20。
[203] 施鯤鵬，〈內地見聞記〉，《教會公報》658（1940.1），頁20；660（1940.3），頁21。

人自己覺得必要才進行合併。認為教會的合併的動機須出於純正，針對信仰的要求，透過自然的方法才有良好結果，因此日臺教會合併是經過長久的期望而自然進行，並非突發而無理的變革。吳氏認為語文並非合併的障礙，因為大部分的教會領袖都通曉日語，新法規的草案也用日文撰寫。宣教師的關係也不是問題，因臺灣教會不屬英、加，無論是獨立或併入日本基督教會都是臺人的自由，合併不是要和宣教師隔絕或破壞感情，日臺教會合併之後，宣教師應盛情依舊、繼續幫助，教會也懷著感謝的心接受，並無二致。不過，合併後應益發感覺自己的責任，進而自立。教會合併之事其實沒有阻礙，時機也剛好，可說是符合現況的運動，應該要更多關心，訂定時程來進行，合併才指日可待。恰好臺灣大會召開在即，南、北合一若成功，就可進一步與日本合併；若失敗，還是可以個別與日本合併，其結果都一樣。總之，不論南北合一之成敗，應率先與日本合併，以作為皇紀2600年的紀念。[204]

羅文福呼籲基督徒把握皇紀2600年的機會，鼓舞會友增加獻金和信心。他引用賀川豐彥的看法，認為臺人漸諳日語，同化指日可待，不宜再用漢文、臺語，以免阻礙文化進步，呼籲基督徒重視南、北合一，以及與日本基督教會合併的議題。[205]蕭樂善則認為說基督教要「進軍到社會中，使社會強健」。[206]吳清鎰亦指出教會的問題，應與日人合併為要。[207]吳天命則以教會禮拜的重要性，呼籲團結祈禱，謀求教會發展。[208]

---

[204] 吳清鎰，〈與日基合同〉，《北部教會》170（1940.3），頁22-23。

[205] 羅文福，〈臺灣教會當面的問題〉，《教會公報》661（1940.4），頁10-11；662（1940.5），頁10-11。

[206] 蕭樂善，〈信仰的進軍〉，《北部教會》170（1940.3），頁28-29。

[207] 吳清鎰，〈替眾教會掛慮〉，《北部教會》171（1940.4），頁25-26。

[208] 吳天命，〈著遵守禮拜〉，《北部教會》171（1940.4），頁22-23。
吳天命譯，〈團結的祈禱與教會的發展〉，《北部教會》175（1940.8），頁21-22。

臺灣基督徒無論南、北對「日本基督教聯盟」抱持好感並希冀加入，儘管日人的「協力委員會」不常召開，未發揮應有的功能，但透過臺人的努力，1940年11月日本基督教聯盟召開第18屆總會，臺灣教會總算獲得接納加入，上與二郎牧師因「協力有功」被臺人視為摯友。[209]檢視整個過程，加入之目的係避免教會被孤立，起初基督徒在宣教師倡議下主動申請，南、北看法原本相異，後漸趨一致，很可能就是因為戰爭捐納及日人掌權帶來的壓力。臺人決定暫不加入，並非申請遭拒，顯示基督徒不但注意到南北之間的合一，也開始思索加入日本基督教聯盟的利弊得失。基督徒曾表示「宗教完全是出於心所願的，不是強制，不是律法上的，是自由的，是照人的喜好。教派線就像國界，與其追求『教派界線廢棄合同』，不如致力『教派握手協同』」。[210]相當層面說明其追求公平合理的想法。

在這過程中，北部教會回應「傳道報國」的態勢較南部教會積極，北部推行的教會事務頗具爭議性，如1940年北部分設3個中會，宣稱多次建請南部「自我終止」，成立真正合一的臺灣大會，但因交涉未果，北部最後自行設立大會。就議事錄觀之，北部教會主動辦理皇紀2600年紀念事業；[211]提案不管南北是否合一，北部都直接進行「內臺教會之協同」；[212]新竹與東部中會、新莊小會更委由代表商量直接與日本基督教會合併。[213]從北部教會的宣言，可知加入基督教聯盟的確是帶著相當明顯的「傳道報國」的心態。（筆者譯）：

---

[209] 楊士養，《南臺教會史》，頁72。

[210] 賴仁聲，〈教派問題，此去著怎樣？〉，《教會公報》644（1938.11），頁3-6；645（1938.12），頁8-11。

[211] 《北部大會議事錄》1回2、3、8條（1940.5）。

[212] 同上註，2條2款。

[213] 同上註，74條。

適逢世界變局與國家體制之新的進展，我等基督徒應在國民
精神指導下，協心戮力參加翼贊大政、盡忠報國、發揮至
誠的大業。非常感激皇紀2600年的歷史光輝，本年是為新世
紀，鑑於內外情勢，吾等斷然存心一擲，與中央地方相倚相
扶，讓牧者與信徒相信相勵。北部教會財政編成機構有獨自
立場，樹立自立傳道的根本大策，則新體制應與宗教報國邁
進。[214]

　　綜上所述，1937年中日戰爭爆發，在民間輿論鼓動下，臺灣遂
有「皇民化運動」的展開，當中最為影響教會之處有三，其一，振
作國民精神，在政府「舉國一致、盡忠報國、堅忍持久」的口號
下，基督徒認為應忍受苦難，在「非常時」奉仕教會、傳道報國。
其二，普及國語政策，基督徒開始在報刊文書、集會講道與教會學
校漸漸使用日文，部分傳教師被認定為「國語家庭」。其三，變革
宗教風俗，在寺廟整理、正廳改善等措施下，臺人頓失信仰依靠，
基督徒則希望藉機協助與傳教。1940年國際局勢緊張，日本對外政
策愈加嚴格，外籍宣教師乃陸續移交財產，離開臺灣，基督徒開
始必須自立擘劃，並進行人事改組。同時，1940年正逢日本「皇紀
2600年」，官方乃利用節日慶典遂行國民精神教化、國家統合動員
之目的。臺灣基督徒參與一連串的「內地之旅」，進而肯定國家的
強盛、日本基督教的進步，更加入「日本基督教聯盟」，一時使
「皇國臣民」的國民認同達到高峰，「傳道報國」的理念中大量包
含「皇國」的意涵。

---

[214] 〈宣言〉，《北部大會議事錄》第一回臨時會（1941.3）。

表3-5　日治末期臺灣基督徒各派人數表

年份	信徒總數	長老教會	天主公教會	日本基督教會	日本聖公會	日本組合教會	日本美以美會	日本聖教會	日本聖潔教會	救世軍	正教	其他
1930	47940	37842	6352	1555	761	550	.	.	518	193	169	.
1931	49264	38446	6929	1385	778	550	.	.	775	232	169	
1932	50202	39274	6765	1460	774	566	115	.	896	183	169	
1933	51399	39960	7135	1541	795	570	118	.	899	212	169	
1934	50953	39340	7287	1558	806	570	167	.	816	240	169	
1935	56462	44948	7368	1544	806	570	167	.	813	246	.	.
1936	52393	39339	8105	2773	633	473	192	.	684	194	.	
1937	53278	42076	7531	1369	586	627	236	624	.	229	.	
1938	53900	41808	7837	1413	632	646	272	964	.	328	.	
1939	55466	41745	8136	1276	962	498	877	1747	.	225	.	
1940	58798	44747	7880	1763	864	497	942	1767	.	278	.	
1941	74670	59721	8536	5514	839	.	.	.	.	.	.	60
1942	69189	54540	8172	5702	672	.	.	.	.	.	.	103

資料來源：臺灣省行政長官公署統計室，《臺灣省51年來統計提要》（臺北：該室，1946），表513。

註：上表未統計真耶穌教會，資料顯示日治末期該派約有3700名信徒。又，當時臺灣總人口約660萬人，全臺基督宗教信徒約7萬人（1.1%），參鄭兒玉撰，吉田寅譯，〈台湾のキリスト教〉，收入氏等編，《アジア・キリスト教史（1）》（東京：教文館，1981），頁97。

第四章
皇民奉公運動與「傳道報國」
認同之轉變

　　1940年12月，長谷川清繼任臺灣總督，其方針與小林躋造總督「強制改變信仰」的形式層面不同，而是進一步強調「皇國臣民教化」的精神層面。隨著日本國內「大政翼贊運動」的展開，臺灣的皇民化運動進而發展為動態、積極，高舉「臣道實踐」與「犧牲奉獻」的「皇民奉公運動」，並於1941年4月成立了臺灣版的大政翼贊會——「皇民奉公會」[1]，皇民奉公運動以國家需求為至上，配合統治全面動員臺人所有的資源。[2]

　　此一時期，日本對歐美的態度漸趨強硬，宣教師由於戰爭的關係，陸續離開臺灣。長老教會失去母會的指導與資源，轉而由本地人接任教會領袖，在艱困的環境中勉力朝向自治、自立的目標邁進，也積極與日本教會接觸。總督府亦調整宗教政策，將原來並存、各自活動的宗教團體，轉為統一管制的型態。

　　自皇民化運動以來，總督府的宗教政策以壓抑臺灣固有的佛教、道教與民間信仰為主，並大肆提倡神道。長老教會雖未受到寺廟整理運動的影響，但教勢出現停頓現象，其間究竟如何回應總督

---

[1]　林蘭芳，〈日據末期臺灣「皇民奉公」運動（1941-1945）〉，收入《中華民國史專題論文集：第三屆討論會》（臺北：國史館，1996）

[2]　陳世度，〈日據臺時之「皇民奉公」運動〉，《臺北文物》8:2（1959.6），頁75-79。

府的政策？此外，戰時基督教統合組織如何形成？其運作內容、影響為何？是否使教會內部產生質變？統制下的臺灣基督長老教會如何與日人教會結合？宗教政策與戰時體制如何影響神職人員與信徒的實際信仰生活？以上種種政教關係的重要問題頗值得探討。

　　本章將透過各層級的教會議事錄、教會報刊、皇民奉公運動期間著作、時人回憶文字等史料的耙梳，以及學界相關研究，希冀能客觀地探討此一時期的政府與宗教之間的互動情形。以下擬先討論基督徒對宗教統合的法令與團體之因應，接著，探討皇民奉公運動對基督徒的動員，繼之，從基督徒受壓迫的困境與差別待遇中，觀察其如何漸漸自覺、揚升民族認同。尤其是終戰前後，統治政權改變，更有必要分析其複雜的民族認同、國家意識之交替更迭。避免長久以來過於高舉民族主義、批判殖民主義的立場，或是情緒性的論斷，進而觀察基督徒「傳道報國」理念的轉變，適切地理解其民族認同之特徵。

第一節　宗教統合與基督徒之迎拒

一、傳道報國新體制

　　1940年，中日戰爭陷入膠著，日本國內的輿論對政府高度不滿，各界希望強而有力的領導層能出面解決困境。是年6月，樞密院議長近衛文麿辭去職務，開始與幕僚籌畫一系列的策略，以「建設高度國防國家、解決日中問題、樹立政治新體制」為綱領，廣泛集結民眾，組織新政黨。近衛致力「新體制運動」，展開以他為中心的法西斯政治體制的再編運動。影響所及，日本的政黨唯恐遭到孤立，紛紛解散並追隨之，而軍部也予以支持。7月，被歸為親美派的米內光政首相遭陸軍施壓下臺，繼任的第二次近衛內閣旋即成立。外交方面，近衛首相起用松岡洋右為外相，並改變方針，介入

歐洲大戰，強化與德、義合作的關係，積極向南方各區域擴張勢力。內政方面，近衛首相繼續發展「新體制運動」，並於1940年10月仿效德國納粹黨，成立「大政翼贊會」，禁止結社與組黨，開始邁向「臣道實踐」的國家總體戰體制。

在「新體制」影響之下，日本基督徒認為政府已經承認基督教為合法宗教，教會應承擔社會責任、共體時艱，乃與其他宗教聯手策劃捐納「國防獻金」，目標訂定1941年10月前募集百萬圓，並依據信徒比例，基督教負擔23,000圓、神道173,500圓、佛教803,500圓。[3] 日人主導的臺灣基督教青年會則請官員宣傳「皇民奉公的精神」、「幸福的基礎」等題目，部分基督徒譽為「切合時宜的聚會」[4]，對「傳道報國」懷著期待。

臺灣基督徒對「新體制」的看法不一，但大多持正面的看法。有人從聖經的角度來論述，說明基督徒根據信仰結合為一體的教會，也透過所相信的耶穌與上帝連結。如〈咱是團體〉一文指出，人類有家庭、鄉村、都市、社會與國家等團體。基督徒因信耶穌而結合成一個教會，是理想的團結，既堅固又光榮，且能不斷成長。[5]〈怎樣能成一體〉一文則說明基督徒藉信仰與主聯合、遵守主道、祈禱交託以及洗禮證明，每個人連於耶穌即成為一體，事務機關與全部教會成為一體，宛若磐石之堅，得以勝過世上風波。[6]

部分基督徒則以「傳道報國」的態度來因應「新體制」，鼓勵眾人傳福音報效國家，切莫錯失良機。透過「感化的傳道」，將本身的言行舉止奉獻給上帝來救人。文化的福音工作方面，要仿照日本教會，強調「精神面的社會事業」，如托兒、健康諮商、財產諮商等。文書傳道方面，不能只靠《臺灣教會公報》，因白話字普及

3　黃六點，〈內外的消息〉，《北部教會》191（1941.12），頁24-25。
4　黃六點，〈內外的消息〉，《北部教會》185（1941.6），頁24-25。
5　不著撰人〔主筆許水露〕，〈咱是團體〉，《教會公報》676（1941.7），頁1-2。
6　不著撰人〔主筆許水露〕，〈怎樣會成一體〉，《教會公報》677（1941.8），頁1-2。

率低，不易向中上階層傳教，應該增印更多的報刊，如《生命誌》等，發送給官員、教授等有識階級。[7]

基督徒對「新體制」的看法可舉潘道榮牧師為例，他認為不但外部機構與手段要改革，最重要是國民在基督裡有「新創造的靈魂」，恢復先知般的精神，注重內涵不重形式。其次，強調基督教固有的精神，活出真正能因應時代要求的生命。其三，更新日曜學校的教育，依時勢改用日語代替白話字，以上帝的國和愛為目標，實現福音主義的宗教教育，使學生成為好基督徒、好國民，效法「國民學校」的義務教育方針，以臻「皇民的鍊成」。基督徒指出，為完成基督的理想，追求新體制的真精神滅私奉公，才能發揮教會的中心使命，維持講道的權威，使教會重質勝於量。換言之，基督徒認為應有所覺悟，活在信仰躍動的時代，實行基督教的真正本質。[8]

潘氏還指出，基督徒站在時代的轉變期，全國社會包括基督徒的「傳道報國」都邁向新體制。基督徒既宣傳教義也實實在在地參與愛國運動。教會至上的使命是讓大家變成好人、好國民，整合屬靈與屬世的「二重性格」。宣教有賴各個信徒結出「光的果子」，就是善、義、真，以成為建設世界新秩序的基礎。[9]不僅如此，神職人員更要成為「時代先鋒」來因應「帝國新體制」，本身必須更新世界觀，自詡為「創造新世界的使者」，以便指導時代，作一位真正的愛國者，服膺「一億一心、協同一致的全體主義」。[10]顯然的，這些看法對「新體制」都採取正面積極的態度，認為基督徒應

---

[7] 潘道榮，〈傳道報國〉，《北部教會》187（1941.8），頁25。
　　《生命誌》的內容有〈人間的價值〉、〈新體制與基督教〉、〈興亞與基督教〉等文題。
[8] 潘道榮，〈新體制的教會〉，《北部教會》183（1941.4），頁17-19。
[9] 潘道榮，〈新體制的講基督者〉，《北部教會》186（1941.7），頁21-23。文中另強調內部革新、內心純潔、創造和平、協同精神、真實宗教生活、人格高尚、勇敢站立、徹底獻身、敬愛上帝。
[10] 潘道榮，〈現代教會所要求的傳教者〉，《北部教會》188（1941.9），頁21-23。

起而效之。

臺灣基督徒特別注意到宣教師離開後教會的自立與奮發，例如南部教會透過〈教會的使命〉一文呼籲基督徒在皇紀2601（1941）年務要覺醒，是教會完全「自己行走」的第一年，除了感謝上帝鴻恩、思念前輩的犧牲，更要有「決心奮鬥」的精神，順服耶穌基督，言動協調一致，來抵擋「邪魔罪惡」，同心團結不可分裂。[11]〈教會怎樣獨立〉一文強調臺灣基督徒已經獨立，不再有宣教師的指導，也沒有母會的補助。教會不宜研究營利之事，只要會友有責任心、品德及信用，就當繼續為教會奉獻，獨立的關鍵在於「以基督的心為心」，著重會友的信仰。[12]

北部教會認為應妥善處理宣教師留下來的事業機構、謀求「獨立自主」，乃於1941年3月召開臨時大會，向基督徒宣傳如何「正確認識時局，用純正的信仰來處理教會事務」。論者認為母會財務支援中斷，教會面臨經濟衝擊，應該化危機為轉機，脫離宣教師，成為獨立的教會，宛如孩童經驗斷奶之苦的成長。論者認為受助者為宣教師抱不平實屬可憫，但整體教會的利益更為重要，宣教師已放棄臺灣、改赴新地，永遠不復返，雙方關係已經切斷，呼籲基督徒協力持守純正的信仰，廣拓上帝的聖會，要向前看不要向後看，對教會有礙的言行、無益的宣傳都要停止。基督徒要正確認識事實，克己奉仕教會，順服大會決議，維持教會秩序與工作，不要受迷惑，替宣教師講話。唯獨正確認識時局、與大會協力來建設教會，方為本分。[13]

基督徒認為宣教師離開後必須改變教會策略，論者指出宣教師以豐富的補助金為基礎，用較少的薪資聘較多的傳教師或設教會，

---

[11] 楊士養，〈教會的使命〉，《教會公報》675（1941.6），頁1-2。
[12] 楊世註，〈教會怎樣會獨立〉，《教會公報》681（1941.12），頁15-16。
[13] 上山清志〔吳清鎰〕，〈今仔日的教會〉，《北部教會》185（1941.6），頁21-22。

達到數字上的成果，以便在歷史上留下建物作紀念。所設教會規模均小，需要臺人的宣道會予以援助。此法從宣教師的立場來看是好，但是對臺人的宣道會並不好，臺人需要高素質、有實力的傳教師方能強化「傳教戰線」，各個教會獨立自主才是最好的紀念。[14]〈難又要緊的事〉一文則強調宣教師離開後，要繼續奉獻不要抱怨，特別是在戰火紛起的時代，教會擔當重責大任，再困難也要榮耀上帝，教會難免分黨結派，有忠實傳福音者，也有汲汲於私利者，惟鬥爭勝負已定，靠的是信仰而非手腕。[15]〈教會與神學校〉一文指出，臺北神學校成為全島唯一的神學校，雖曾研議南北共同經營，但始終未能實現。宣教師離開後，本地教會要直接經營，不再受到外國補助制約，臺人必須承擔責任，擘劃校務。[16]

　　資料顯示，北部基督徒在「傳道報國新體制」中活動頗為頻繁。1941年9月，北部教會參照文部省指示宗教團體的「非常時統制實施要項」，模仿日本「基督教報國團」，成立「北部臺灣基督長老教會報國會」，由陳溪圳任會長、蕭樂善任總務。該組織係「因時局的緊迫而特設的臨時性事務機關，為要處理關於時局的緊急事項」。旨在「於國家非常時體制，即應舉行基督教的教化活動事業設施」。[17]珍珠港事變後，報國會旋以「國語」發出緊急通知：「我國既與美英呈戰鬥狀態，此刻我教會預備成為戰時教會，為國盡義務，實行教會報國。」告知屬下30間教會設置救護所、托兒所或避難所，準備救急藥品器具，透過講道幫助基督徒認識時局，防止流言蜚語，避免大肆慶祝聖誕節，強調用敬虔的態度、保持信仰與愛心，信賴政府、關心他人，盡力維持後方的平靜。[18]

14　上山清志〔吳清鎰〕，〈將來的教會〉，《北部教會》187（1941.8），頁23-25。

15　蕭樂善，〈難又要緊的事〉，《北部教會》187（1941.8），頁18-19。

16　黃六點，〈教會與神學校〉，《北部教會》189（1941.10），頁17-19。

17　黃六點，〈內外的消息〉，《北部教會》189（1941.10），頁21-23。

18　北部大會常置委員會，〈報國會至急通達〉，《北部教會》192（1942.1），頁18。

不但如此，北部教會聚集議事時，進一步決議「基督教報國會結成之件」，希望「鑑於時局，期待一同實現該會」，並託常置委員會計畫將報國會擴大為全島性組織。同時，決議「南方傳道進出之件」，強調「為完遂大東亞戰爭之目的，應協力傳道」。[19]

臺灣基督徒受到戰爭體制影響，教會事務轉而與社會動員有關，加上總督府在殖民地臺灣大肆進行「資源」與「人心」的動員，透過強力的思想管制與戰爭宣傳，企圖使臺灣人相信這場戰爭是「義戰」、「聖戰」，讓殖民地百姓意志堅定地協力於戰爭。[20]基督徒在一時之間，受到甚囂塵上的戰爭宣傳影響，出現一些口吻強烈的言詞，正可說明「傳道報國新體制」的內涵有相當層面是表現在「報效帝國」上。強硬措辭，實為教會報刊發行以來罕見的言論，從而可知部分基督徒對戰爭的觀感，茲摘譯如下：

對美英戰與基督徒的態度

日本對英、美宣戰並非偶發衝突，亦非短期得止，其原因由來甚早，非徹底清算不可。戰爭是英、美先「出鞘」的，日本盡所能透過外交協商屢次要求美國反省，但對方卻步步經濟壓迫、各方面大規模備戰，故吾等無法再忍耐，不得已宣戰。英、美是基督教國，恐使吾等信徒遭誤解，故更應有端正的態度來協力國家，比別人加倍關心，以滅私奉公的精神來奉仕我國。

英美雖稱為基督教國，但政府與百姓有名無實，又有猶太人在指導、鼓吹戰爭。其方法看似斯文但內心惡毒。英、美是世界產業大國，卻想侵佔東洋，對日本帝國的強大相當

上山生〔上山清志‧吳清鎰〕，〈教會消息〉，《北部教會》192（1942.1），頁19-20。

[19] 《北部大會議事錄》2回25、26條（1942.3），頁30。

[20] 陳翠蓮，《臺灣人的抵抗與認同》，頁226。

不悦,故煽動舊國民政府蔣介石來反滿抗日,導致盧溝橋事變,讓東洋民族自相交戰,待其軟弱無力之時,再來支配東洋。所以英、美援蔣妨害日本,態度惡劣且無視國際公道正義。吾等欠缺之物資不賣出;吾等製造之商品不買進,還阻止他國通商,招集同志包圍日本,斷絕買賣,用經濟封鎖讓我們站不住。

事已至此,孰可忍耐?不得已為吾等生存來爭戰。英、美雖是世界強國,但在正義日本面前終究不是對手。戰爭目的是掃除英、美之侵略,使東亞永久和平。使命之大,乃以全國團結、總力集中、滅私奉公之精神來爭戰,如此必得天地主宰幫助,最終必定勝利。英、美戰爭之目的是侵佔、利己主義,故其既未同心亦無滅私奉公的精神,不能得到天地主宰幫助,不義之國終必慘敗。觀12月8日開戰至今的戰況,可知英、美實非對手,其主力艦隊已被擊破,損失慘重。雖然戰爭可能拉長,亦無庸懼怕,真理正義最終必定勝利。

吾等基督徒要很慎重,應有自己滅私奉公的精神。每次禮拜之時應為我國的勝利祈禱,並約束言行,不讓英、美的諜報機關利用,應十二分信賴政府的指示,勿聽信謠言、輕舉妄動,自己取知方有智識。基督徒無論何種境遇,都應作好模範,作明燈,發揮愛與奉仕的精神。[21]

---

[21] 上山生〔上山清志・吳清鎰〕,〈對美英戰與基督徒的態度〉,《北部教會》192 (1942.1),頁18-19。

大東亞戰爭與基督教

　　古今很多人認為基督教屬於英、美，其國家興旺，所以宗教傳到世界。今英、美將要衰微，宗教也快要失去權威無人要信，但並非如此。雖然英、美快要衰微成三、四流的國家或是受消滅，基督教仍是真理與生命的宗教，至今繼續發展，且將來要更加發展。基督教的歷史雖受種種迫害，仍舊不被消滅，反更發展，因為是真理與生命的宗教。所以基督徒要深深自覺，穩固信仰生活不可動搖。基督教既不發源也不屬於英、美。基督教雖出於猶太人，但他們不信且迫害之，所以成為世界上的宗教。如此基督教並無國家與民族的色彩，各國的百姓都可信。無論何國百姓，若確實照聖經道理信奉遵行，就能作最盡忠善良的百姓。我們生為大日本帝國的百姓，實在大有光榮、福氣。且我們基督徒應該要發揮特色來奉仕我國，才是盡本分。

　　基督徒對國家奉仕之特色為十字架之精神，乏之則虛假，精神有三：

　　其一為犧牲。心無不平、忍耐受苦，樂於為公義犧牲，甘願為國家而死。今天日本領受大使命，欲建設大東亞使其成為安居的世界，實屬不易。全國百姓應歡喜忍耐艱苦，無不平不滿，放棄私務來奉公、出力奉仕。吾等作大東亞的盟主，應率先走這犧牲之路，讓人跟隨，此大事業才會成功，基督徒應率先走犧牲之路。

　　其二為愛。此乃基督教最高道德，有愛造就善果，無愛一事無成。今日吾帝國正進行歷代未有之大事，是以全民協力一致，化為一體一心、一個機關才會成功。全民一體，有愛才能真實團結，雖然一起看同樣的理想，大家若不相愛就不能相和，不能達致真實一體。所以基督徒此刻要深具使

命，發揮兄弟愛，不是愛自己，要愛鄰舍、愛別人。如此就使全國的百姓都相愛，來成為真實的協力一致，建設東亞的大使命。在此處基督徒的使命可不小。

其三為盡忠至死。耶穌死在十字架，遵從天父旨意盡忠至死。耶穌若與不義妥協，可閃避十字架之死。耶穌不怕死、不被收買、未入迷惑，而成光榮之至，終成其事業。今日吾帝國欲成其大事，應有不屈不退、像耶穌甘願盡忠的精神。今日吾帝國戰果之大，既因陛下之「御稜威」，亦因勇士盡忠至死之苦鬥。故全民都應有此精神，基督徒更勿落人之後，率先發揮從十字架與聖靈來的能力，以盡忠至死的精神來奉仕，完成大東亞的新創造。

論基督徒對國家奉仕之特色尚有多項。總之基督徒照聖經的道理來信奉遵行，做國家忠良的百姓，基督教要更用力傳，使道理愈廣闊普及，來利益國家。今日實為基督徒應大大發揮活動之時，「趁著白日，我們必須做那差我來者的工。」[22]

二、日本基督教臺灣教團的成立

明治中期，日本政府企圖透過立法統一規範宗教活動。明治憲法雖規定宗教自由，但國家仍有節制大眾宗教之權，因此政府聲稱立法管制屬於合理的範圍內。以佛教界為主的日本傳統宗教認為，若將宗教團體法制化，基督教的位階將會提高，縮減傳統宗教相對優勢的地位，因此阻撓立法過程，致使該草案於1899、1927、1929年屢次被國會駁回。

關於基督教的政策，1899年日本政府以內務省令第41號〈關於

---

[22] 上山生〔上山清志‧吳清鎰〕，〈大東亞戰爭與基督教〉，《北部教會》192（1942.2），頁19-21。

神佛道以外的宗教宣布及堂宇會堂等之規定〉中，才獲得合法性，納入宗教行政之管理。惟宗教活動與教會的設立仍須受文部省及地方官廳的許可、調查。因此基督教雖然成為合法的宗教，卻受到國家的監督統制。

1930年代，隨著法西斯主義高漲，從二二六事件至盧溝橋事變，日本陷在戰爭泥沼中，對宗教的管制與鎮壓日趨嚴厲。1938年4月，日本政府發佈法律第55號「國家總動員法」，明確指出國家已從「準戰爭時期」進入「戰爭時期」，為鞏固國防及發揮最大的國力，必須統制運用所有的資源，以達成軍事目的。在人民團體方面，基於法律的強制性，無論同質或異質的事業、團體，政府均得加以設立、合併、變更及廢止，或在統制協定之下限定加盟者。此外，日本政府亦對團體的組織成員的條件或是規程擁有認可權，必要時還可透過勒令增加控制權。

1939年，日本政府以宗教統制為目的，發佈法律第77號〈宗教團體法〉，在法令制訂的過程中，因國家主義高漲，反對聲浪遭受壓制。首相平沼騏一郎表示：「欲使宗教發揮其本來之機能，必須給予保護監督。任何宗教皆須融合我國國體觀念之事。」文部大臣荒木貞夫則在提案的解釋中強調：「非常時期國家應對宗教進行監督、管制、保護與培育，使宗教更有效地配合戰爭，所以宗教團體法是不可或缺的。」[23]文部省宗教局長松尾長造也說：「宗教團體及其教師若於教義上散佈拒絕神社祭拜或指使他人拒拜之行為，則明白違反安寧秩序、損害公益，將依本法處以嚴刑。」[24]由上可知，〈宗教團體法〉實際上即為戰時體制的宗教統制法令。

〈宗教團體法〉全文共37條（第29-37條為附則），第一章規

---

[23] 村上重良著，張大柘譯，《宗教與日本現代化》（高雄：佛光出版社，1993），頁137-139。

[24] 陳玲蓉，《日據時期神道統制下的臺灣宗教政策》（臺北：自立晚報，1992），頁58-59。

定「宗教團體」分為神道教派、佛教宗派、基督教教團、寺院、教會五種類型，前三者是有組織的宗教團體，後兩者指獨立的寺院或是教會。第二章規定的「宗教結社」，係指「宗教團體」以外，為宗教的教義宣布、儀式的執行等目的而聚集者，如民間宗教即屬之。第三章規定「罰則」，包括「制限禁止的違背」等罰金。第四章附則，即「經過規定」，包括施行日、舊法令的廢止等。[25]

該法令旨在「監督保護宗教團體，使其能健全發展，貢獻於社會，有力促進精神作興及思想啟導，預防阻止種種的弊害發生」。[26]法規內容明訂罰則，具有強制力，當宣布或執行教義時，若有違背安寧秩序、臣民義務、法律命令、公共安全等情事，將受到處分。第26條規定，違反制限禁止相關法令者應處6個月以下的懲役、禁錮或500圓以下的罰金。第27條規定，違反結社申請相關事項者應處300圓以下的罰金。第28條規定，違反法人登記相關事項者，應處200圓以下的罰金。[27]顯然的，該法令幾乎觸及宗教自由的邊緣，罰金額度亦頗為高昂。

1940年5月〈宗教團體法〉正式實施，9月文部省召集神道、佛教、基督教的代表，以「因應目前時局之宗教活動策略」為題召開協議會，要求各宗教內部進行合併。佛教原有13宗56派，在政府「同一宗組合併唯一宗派」的方針下，1941年縮減為13宗28派。

文部省對教團的認可，採取教會數50間以上、信徒數5,000名以上的標準，附帶認可的條件有財政獨立、教會自治、與宣教師斷絕關係、除去「耶穌復活」的教義、融入皇道思想於教義、以日人為

---

[25] 臺灣總督府文教局，《現行臺灣社寺法令類纂》（臺北：帝國地方行政學會，1943），頁302-309。

[26] 顏春和，〈宗教團體法解釋〉，《教會公報》655（1939.10），頁3-5；656（1939.11）頁5-6；658（1940.1），頁7-8；659（1940.2），頁10-11；660（1940.3），頁9-10。

[27] 高梨安麿，《宗教團体法解說》（東京：教文館，1939），頁39-41。
另參閱杉山元治郎，《宗教團体法詳解》（大阪：日曜世界社，1939）。

教會代表者。[28]基督教方面，在「慶祝皇紀2600年全國基督教信徒大會」上，基督徒參加「指導國民精神之大業」，宣告即將合併整個新教教會；翌（1941）年6月，全體基督教代表在東京富士見町教會正式成立「日本基督教團」。[29]而稍早的5月，天主教合併為「羅馬天主教日本天主教公教教團」。但日本東正教則因內訌紛爭，未能選出日人代表，不符法令規定，因此未成立政府認可的團體。

日本基督教團成立，對臺灣教會產生影響，[30]*臺灣教會自1940年11月起已是日本基督教聯盟的一員，因此當日本基督教團成立時，希望順勢加入為第12部，並由教團的第一部教會（原日本基督教會）牧師兼協力委員會主席佐波亘[31]受命承辦。佐波和臺人關係向來密切，他為審查加入教團一事，於1941年7月訪臺，應北部教會之邀擔任淡水傳教師總會的講師，後巡迴東部各教會，共停留二週。[32]佐波對北部教會講述日本基督教大勢和特質、教團成立的經過和內容，使聽者覺得「詳細而有益」，當雙方討論臺灣教會如何加入教團時，還談到〈宗教團體法〉的施行使基督教統理者能與神道、佛

---

[28] 高木一雄《大正 昭和カトリック教會史》（東京：聖母騎士社，1985），頁166。
轉引自楊嘉欽，〈日治時期臺灣總督府對天主教之政策與態度〉，收入《第五屆臺灣總督府檔案學術研討會論文集》（2008），頁438。

[29] "The World-Wide Church," *The Presbyterian Messenger* 1146 (1942.1-3) p. 18.
文中稱其為「新日本聯合教會（newly united Church of Christ in Japan）」綱領如下：
1.本教會接受新舊約聖經為神聖的經典，及其信心與行為的基本準則。
2.遵守使徒信經並與聯合教會的信仰告白調和，指出後續之重點：
　（1）聖父、聖子、聖靈乃獨一真神，祂顯示神聖的啟示，為贖罪、赦免、聖潔的，並且賦予相信基督的救贖—為世界的罪死而復生的信徒有永生。
　（2）教會受命為恩寵之敬拜的一員，並注重洗禮、聖餐的神聖儀式，並且宣揚福音，等候主的再臨。

[30] 黃六點，〈日本基督教團誕生〉，《北部教會》187（1941.8），頁22-23；188（1941.9），頁24-25。

[31] 佐波亘，東京富士見町牧師植村正久的女婿，時任日本基督教團第一部參與及東京大森教會牧師。曾於1936年以「問安使」的身分，代表日本基督教會，為「教會之親善」來臺，以二週的時間分與南、北教會見面，熟稔臺灣教會狀況。參閱徐春生，〈佐波牧師來臺〉，《芥菜子》123（1936.4），頁26。

[32] 《臺灣青年》（1941.8），頁6。轉引自《歷史年譜》，頁329。

教的領袖一樣獲得勅任官的頭銜，[33]使基督教的位階大幅提昇。

佐波返日提交報告，一方面對臺灣表示同情，另一方面態度仍十分審慎，很難明白箇中真意。[34]經過一番討論，日本基督教團並未同意臺灣教會的申請。學者推論，在臺的第一部教會（日本基督教會）擔心若與臺灣教會合併，會和臺人一樣被視為「間諜」；[35]臺人則認為日人抱著殖民母國的優越心態，不願分享權力。事實上，日本基督教團臺灣教區的規模不如臺灣基督長老教會之大，為此抱持疑慮、擔心權力旁落亦不無可能。佐波的報告書指出：

> 臺灣基督長老教會在加入手續上有不完備之處，且無法以一獨立教區來加入；即使臺灣基督長老教會方面態度一致，要加入也必須獲得當地第一部教會的同意，教團剛剛誕生不久，是否再觀察一年後再加以考慮？臺灣基督長老教會因皇民化運動日益激烈以及外國宣教師的紛紛返國，所以才要求我方的指導與協助。我方豈不應基於深切的同情，認真考慮此事嗎？[36]

1942年3月，日軍在太平洋節節勝利，臺人一如初衷希望加入日本基督教團，以便「保衛教會」。[37]楊士養等人的提案獲全體通過，決議臺灣大會儘速以南北合一的形態加入，由常置委員會執行

---

33 黃六點，〈內外的消息〉，《北部教會》189（1941.10），頁21-23。
34 五十嵐喜和，〈日本基督教會の台湾伝道について〉，《教會の神学》8号（2001），頁47。轉引自高井ヘラー由紀，〈日本統治下台湾における台日プロテスタント教會の『合同』問題──1930年代および1940年代を中心に〉，《キリスト教史学》59（2005.7），頁121-122。
35 高井ヘラー由紀，〈日本統治下における日本人プロテスタント教會史研究（1895-1945年）〉，頁32。
36 佐波亘，〈台湾基督長老教會協力委員報告〉，《日本基督教團第1部第1回大會報告及議案》（1941.12），頁89-91。轉引自《日本基督教團史資料集（第二卷）》，頁171-173。
37 《百年史》，頁263。

並起草宣言。[38]同年8月，基督教奉公團成立，南北合一加入教團的聲浪益發高漲。[39]10月北部召開臨時會，任命機構部、教職部、財政部的準備委員，籲請南部儘速合開臨時臺灣大會。[40]旋於11月臺灣大會議長陳溪圳前往東京，再次交涉加入教團之事。

　　多數臺人認為「臺灣大會」是南北合一的「實質型」，希望以改進代替廢除，申請成為教團的「第12部」。惟該主張「無法使內外滿意」，內部有人認為若要徹底的合一，應加入第1部（原日本基督教會）才對，不宜申請為第12部，指出〈宗教團體法〉主要針對日本本土及其外傳的神道、佛教與基督教三大系統，與臺灣無甚關連，[41]因此臺人沒有必要再新設教團。有人則認為申請為第12部大概無望，但北部教會很早就想跟日人整合，所以應該無條件地、誠心誠意地申請加入第1部，接受日人的指導，無須擔心財產問題。[42]日人方面則認為南北合一延宕多年，臺灣大會的決議仍須與日人的協力委員磋商。換言之，日人認為臺灣大會的存在，不能代表南北已經整合為單一獨立教區，因此臺人最後未能加入日本基督教團。[43]

---

[38] 《臺灣大會議事錄》20回11、27、34條（1942.3）。原文如下：
　　十一、南北合一部會
　　　　臺灣大會ヲ以テ南北合一ノ實質的形ト見做ス部會ノ建議案トシテ臺灣大會ノ名ヲ以テ速カイ日本基督教團ニ加入スヘキコトヲ臺灣大會ニ建議ス　報告者楊士養
　　廿七、日本基督教團加入ノ件
　　　　本件ニツキ慎重論議ノ結果滿場一致ヲ以テ及時日本基督教團ニ加入スヘキコトヲ決議シ其實行方法並ビ手續ハ之ヲ常置委員會ニ一任ス
　　卅四、宣言決議ノ件
　　　　大會宣言文起草委員長劉子祥ヨリ別項ノ如キ宣言文ヲ朗續〔讀〕スシバ一同拍手起立同宣言ヲ贊成可決ス
[39] 《百年史》，頁264。
[40] 《北部大會議事錄》2回臨時會3條，頁119-120。
　　不著撰人，〈特輯_南北教會合一問題〉，《臺灣基督教會報》1（1942.12），頁3。
[41] 潘道榮，〈宗教新聞〉，《北部教會》190（1941.11），頁22-23。
[42] 黃六點，〈教會當面的問題〉，《北部教會》193（1942.2），頁16-18。
[43] 上與二郎，〈台灣基督長老教會協力委員報告〉，《日本基督教團第1部第2回大會記錄》（1942.11）。轉引自《日本基督教團史資料集（第二卷）》，頁176。《臺灣青年》（1942.12）。

圖4-1▌南部大會第七回記念攝影
資料來源：長榮中學提供

　　臺人無法加入教團，唯恐遭到孤立，1943年2月11日緊急召開臨時臺灣大會，南北各20名參加，議決儘速創設「總會」、廢除「大會」，由陳溪圳發表式詞。[44]同月23日，南部召開戰前最後一次的第7回大會，參與者將這次的聚集視為「南部大會的葬禮」，或稱「發展上解消」。會中首次使用日文議事、紀錄，[45]議決「關於南北長老教會合併案，全場一致起立表決無條件合併」，「本大會因南北教會合併成立而自然撤銷，其剩餘事務交由常置委員會處理之」。[46]楊士養表示，舉行感謝祈禱會時多人流下悲傷的眼淚，

---

[44] 陳溪圳，〈臨時臺灣大會式辭：戰時教會の整備〉，《臺灣基督教會報》3（1943.2），頁1。

[45] 黃武東稱：「不諳日語的議員不知所議，甚為窘惑」，《百年史》，頁275。
筆者認為，臺灣本土神職人員大多有公學校、長老教中學的學歷，且進入神學校後，亦有「國語」課程，應不至於不諳日語，加上臺灣大會自20回起（1942.3）就已經用日文書寫議事錄，教會間的書信公文甚至使用侯文，所以至多是不習慣以日語開會。

[46] 《南部大會第七回議事錄》（1943.2），第26條。原文作「南北長老教會合同ノ

他感謝上帝過去的恩典，並祈求天父引導，使大家前途有光明。在他眼中，該情景宛如1940年臺南神學校廢校一般令人感慨。[47]

南部大會解散兩天後（2月25日），南北合一的首回「總會」旋在彰化召開，與會的85名議員討論神學校是否共同經營，並劃定臺北（含花蓮港廳）、臺中（含新竹州）、臺南、高雄（含臺東廳及澎湖廳）4個教區。[48]臺人希望藉此改善許多困境，內部因素是南北大會看似「實質合一」，但仍各自為政；外部因素則是無法加入日本基督教團而面臨孤立危機。換言之，南北兩大會的再聯合一事，已達到非實行不可的階段。所以北部教會的陳溪圳在會中致詞：

> 今天南北長老教會聯合成立總會，不過是創設臺灣基督教團的第一步而已。今總會成立後，我們要進行的第二步乃是不分內、臺之區別，在基督裡面將全體臺灣的新教合而為一，以期早日實現名符其實的臺灣基督教團。願大家為此努力。[49]

日本基督教團臺灣教區長上與二郎則以〈南北合一是神的結合〉為題發表祝詞，[50]總督府文教局宗教調查官宮本延人亦到場致詞：

件，無條件ニテ合同スベキコトヲ滿場一致起立可決ス。」，以及34條，轉引自《百年史》，頁275。

[47] 楊士養，《南臺教會史》，頁79-80。

[48] 不著撰人〈臺灣基督長老教會創立總會〉，《臺灣基督教會報》4（1943.3），頁5-6。

[49] 陳溪圳，〈南北合一創立總會特輯_臺灣基督長老教會の合同と其の使命（式詞）〉，《臺灣基督教會報》4（1943.3），頁4-5。
原文作：「今日南北長老教會合同の成立は臺灣基督教團創設の第一步に過ぎないのである今總會成立と共に直に第二步を踏み出さなければならぬと思ふものは即ち臺灣に於けるプロテスタント教派內臺區別なく凡てが基督に在りて打て一丸となつて本當に名實に伴ふ臺灣基督教團として一日も早く實現されるやう努力すべき責任を課されて居るのである。」
楊士養、黃武東將這段話誤植為上與二郎之言，見《南臺教會史》，頁81；《百年史》，頁275、300。但徐謙信所撰乃為正確，見《百年史》，頁265。

[50] 上與二郎，〈南北合一は神の結びである〉，《臺灣基督教會報》4（1943.3），頁6。

你們今天所進行的乃是第一步，但此合一可以說已經遲了，然而第二步，即「內臺一如」的工作正在等候你們。[51]

匆促組成的「總會」缺乏共識，問題非常多，事務所設在臺南新樓醫院之內，使北部代表覺得不公平；[52]宮本延人則認為「臺灣教團總會」這個名稱指涉太大，要求改成「臺灣基督長老教會總會」。[53]部分臺人則認為該次合併並非出乎臺灣教會的本意，乃是出於被迫，以便讓日人教團併吞，官方控制。[54]更棘手的是，上與二郎牧師認為，總會既然創立，應該趕緊創設全臺「不分民族」基督教各派的統合教團。臺人教會領袖為此非常不滿，認為上牧師若早點表示意見，就不必耗費時間與經費成立總會，直接進行日、臺教會的合併，南部教會的楊士養等人說：

我們順你〔上牧師〕的意見，來開南北實質上合一的總會，準備了好幾個月，費了很多精神，又花了很多錢，這些詳細你都知道。今總會才剛開完兩個月，你若早點跟我們講，我們就不用費那麼多精神和金錢！

上與二郎對臺人的抱怨並無特殊回應，遂於1943年5月召開「臺灣基督教團設立委員會」，籌辦符合日人標準的教會戰時組織。當時絕大多數在臺日人教會，都已加入「日本基督教團」，另創一新教團，實際上只是日、臺教會之合併行動，日人既能掌控臺人的教會財團法人、神學校及醫院等機構，又可繼續與日本基督教團維持

51　宮本延人，〈日本の性格を具へた持つ基督教へ：文教局宗教調查官宮本氏の祝詞〉，《臺灣基督教會報》4（1943.3），頁6。
52　《百年史》，頁300。
53　楊士養，《南臺教會史》，頁81。
54　黃武東，〈總會成立〉，《百年史》，頁300。

關係，擁有雙重會籍。同年9月，教團設立委員會由「內臺協議委員」開會研究，總督府文教局也出面「指導」、「斡旋」，討論月餘卻未能在教團名稱、雙重會籍、神學校經營等爭議點獲得共識。

時任臺灣基督長老教會總務局長的羅文福認為「臺灣基督教團」是理想的名稱，並參考日本國內的教會法規，起草教團規則，[55]後又發表〈有關臺灣基督教團的成立及日本式基督教的建立〉一文，指出設立主旨「本著皇國的精神來建立、宣傳日本基督教，期使在臺灣的基督教徒成為皇國民，因而在此結合全臺隸屬於日本基督教團的各教會、臺灣基督長老教會以及聖公會的信徒同心一意來設立教團」。[56]羅氏指出問題癥結在於新教團的機制、雙重教會籍、財政、神學校經營及教團名稱等問題尚待解決，不應拘泥於文教局積極的指示。惟不為日人接受。

1944年4月臺灣教團的官方主事者宮本延人前往南方任陸軍司政官，接任的宗教調查官石川真澄[57]展開連番催促，4月17-18日先於臺北明石町（今YMCA大樓址）舉行「日本基督教臺灣教團第一回設立委員會」，出席者有上與二郎等13位日人、楊士養等14位臺人。[58]同月29日正式於臺北市幸町教會舉行「日本基督教臺灣教團設立開幕式」。論者認為冠上「日本基督教」更可凸顯「日本性格」、樹立「日本的基督教」。如此一來，日本基督教團臺灣教區、臺灣基督長老教會總會、日本聖公會臺灣傳教區合併劃分五教區，領導

---

[55] 羅文福，《臺灣基督教團規則》（1943.2）。

[56] 羅文福，〈台灣基督教團的結成と日本の基督教の樹立に就いて〉，《臺灣青年》（1944.1），轉引自《日本基督教團史資料集（第二卷）》，頁342-346。

[57] 石川真澄以高等官七等的待遇任臺灣社會事業主事，1941年任臺北州社會事業主事。

[58] 〈日本基督教台灣教團第一回設立委員會記錄〉，1944.4.17-18，原件藏長榮中學史料館。
日人：上與二郎、大橋麟太郎、大澤德則、塚原要、中森幾之進、三井榮次郎、荒井賢次郎、今崎秀一、稻富勇雄、細野浩三、山崎米太郎、番匠鐵雄、早坂一郎。
臺人：楊士養、羅文福、劉子祥、繼山謙三（許有才）、陳朝景、蔡愛仁、郭和烈、高端莊、東明（陳開明）、林茂生、莊聲茂、賀川信彥（鄭進丁）、陳溪圳、鄭蒼國。

幹部以統理者上與二郎為首、總務局長中森幾之進、傳道局長陳溪圳、財務局長劉子祥、臺北教區長塚原要、臺中教區長山崎米太郎、臺南教區長滋野真澄（陳金然）、高雄教區長繼山謙三（許有才）、東部教區長徐復增，設置事務所於臺北市明石町教會之中。主導者三分之一是日人，臺人代表以北部教會居多，規章如下：[59]

第　一　條　本教團之名稱為「日本基督教臺灣教團」。
第　五　條　本教團之生活綱領如左：
　　　　　　一、遵從皇國之道，貫徹信仰，各盡其分，扶翼
　　　　　　　　奉贊皇運。
　　　　　　二、誠實奉行教義，守主日公禮拜與陪同聖餐。
　　　　　　三、敬虔修行，積極整潔家庭，致力改善社會
　　　　　　　　風教。
第十一條　本教團於四大節[60]與其他國家祝祭舉行禮拜式。
第十六條　常議員會於教團統理者預先決定時，教團統理者
　　　　　　又是其代辦者於教團統理者以及其代辦眾委員
　　　　　　時，教團統理者得向臺灣總督提出申請書，指定
　　　　　　總務局長。
　　　　　　比照前列條款，臺灣總督核准其任命時，得提出
　　　　　　告示。

　　日本基督教臺灣教團以協力戰爭為由而成立，陸續發佈「對皇軍的感謝決議」等政治宣言，推動「要塞化臺灣總蹶起運動」，要求教團所屬的教會向各州知事申請名稱變更，冠上「日本基督教臺

---

59 中森幾之進，《日本基督教臺灣教團規則》（臺北：日本基督教臺灣教團事務所，1944），頁1-5。
60 按第12條規定，其「恆例儀式」有「降誕祭」、「受難週」、「復活祭」、「聖靈降臨祭」。

灣教團」的名稱。就目前所見史料觀之，全臺至少有175間教會進行變更手續，[61]且透過行政命令，讓政府可以徵用教堂。

圖4-2 關於教會事項變更申請書
資料來源：臺灣神學院提供

太平洋戰爭的烽火逐漸逼近臺灣後，日本基督教臺灣教團在宣教事務上極難發揮實質影響力，其總務局長、臺北教區長等幹部先後入伍，人事難以遞補，只得縮編機構。不久，日軍在「臺灣沖航空戰」失利，美軍攻佔雷伊泰島，情勢急轉直下。教團以「抵抗敵人之思想謀略」及「促進今後之思想防衛」為由，組成「戰時挺身隊」，但在美軍猛烈轟炸下，挺身隊幾乎毫無用處，[62]各地教會也因人員疏散之故，禮拜聚會大受影響而接近停擺，教團幾乎無法運作，持續到終戰。

由上可知，「日本基督教臺灣教團」以宗教統制為名而成立，但教會實際事務推動的效果不大，命運只有短短半年。對臺灣基督徒而言，最大的影響是關於財產歸屬的問題。有些登記在「日本基督教臺灣教團」名下的動產、不動產，戰後被中華民國政府視為「日產」、「敵產」，基督徒耗費心力才申請歸回，咸認為是「最大、最痛苦的後遺症」，[63]例如南部教會的楊士養回憶上與二郎要籌組教團時，其態度「似乎不像牧師，而像警察」，曾口氣很差（phái sian-sàu）地斥喝：

---

61 〈教會二關スル事項變更屆〉，（原件藏臺灣神學院，1944.6），頁1-175。
62 《百年史》，頁269-271。
63 高井ヘラー由紀，〈日本統治下における日本人プロテスタント教會史研究（1895-1945年）〉頁353。

你們昨天也開會，今天也開會，開到沒日沒夜的是怎樣？」答曰：「在整理殘務，因為日本基督教團成立後也有一年讓各部自己整理殘務。」上牧師又說：「明天早晨我要坐九點的快車北上，教會那些財產登記書類都要拿來車站給我！[64]

　　上與二郎強迫南部教會交出臺南新樓土地，登記到「私立臺北神學校維持財團」名下。當時他是該校理事長，雖然這筆不動產登記用於教會事務，並未私自變賣或挪做私用，但還是引起南部教會極大的不滿：

> 我們以為既然政府對日本國內基督教的方針如此（按：成立教團），那麼，臺灣的教會必然也一樣，就只好順著他們了。不料後來這個「日本基督教團」的統理者，變成可以發命令管理我們的人！[65]

　　要之，設立「總會」係為組成更高層級戰時組織之前奏。戰爭中，日本政府統合臺灣各個教派，設立基督教統合組織「日本基督教臺灣教團」。[66]不論臺日民族、教派差異在教團的號令之下，政府得以接管、動用臺灣教會的龐大資源，如下表所示，臺人教會和日人教會屬於公益性質的財團法人，分別擁有228萬餘圓、39萬餘圓的資產，日人企圖掌控臺人的教會財政，以成為官方可動用的民間力量。日本基督教臺灣教團統合臺、日教會，合併為遂行戰爭協力的組織，透過日人領導幹部，對臺灣教會發號施令、協力國策。[67]

---

[64]　楊士養，《南臺教會史》，頁83。

[65]　許有才著，許聖姿譯，《奇妙恩寵：許有才牧師回憶錄》，頁53-54。

[66]　王昭文，〈日本基督教臺灣教團〉，《臺灣歷史辭典》（臺北：行政院文化建設委員會，2004），頁139。

[67]　William J. Richardson, *Christianity in Taiwan under Japanese Rule, 1895-1945* (New York, St. John Univ., 1971), p. 196.

表4-1　日治時期臺灣基督宗教公益法人概況表

單位：圓

名稱	所在地	創立時間	組織	資產
日本基督教團體臺北幸町維持財團	臺北市幸町七	1916.02.22	財	90,350.00
北部臺灣基督長老教會	臺北市若竹町三ノ一七	1916.07.25	財	437,519.76
南部臺灣基督長老教會	臺南市東門町三丁目四三番地	1918.07.20	財	621,776.87
臺北組合基督教會維持團	臺北市明石町二ノ五	1917.07.25	財	41,539.50
私立長榮中學維持財團	臺南市後甲四二二番地	1939.06.21	財	347,505.13
私立長榮高等女學校維持財團	臺南市後甲三〇八番地	1939.06.21	財	220,485.81
私立淡水中學及私立淡水高等女學校維持財團	臺北州廳教育課內	1927.02.02	財	45,513.00
私立臺北宮前女學校維持財團	臺北市宮前町七九	1944.06.01	財	403,085.00
日本天主公教臺灣教區	臺北市樺山町二十一番地	1944.02.25	財	203,479.00
臺北聖公會維持財團	臺北市大正町一ノ一八	1940.03.19	財	55,008.49
私立樂山園	淡水郡八里庄下窖子字長道坑口三五六	1932.02.26	財	205,327.71

資料來源：臺灣總督府文教局社會課，〈臺灣公益法人一覽〉（臺北：該課，1944），頁3、8、10、12、13、20。

第二節　皇民奉公與基督徒之動員

　　1941年4月，臺灣總督府配合日本本土的「大政翼贊會」，成立「皇民奉公會」，旨在協力戰爭，動員全體的人力物力。總督府利用原有行政體系，逐級設立分支組織，由總督府官吏兼任該會幹部，且網羅民間各界人士參加，藉以號召臺灣全島推動「皇民奉公」運動，進而訓練島民增產報國，確立戰時生活體制，將臺島建

設成備戰基地。[68]

皇民奉公運動強調「臣道實踐」，由總督府發動與執行，較之皇民化運動「模糊不清」的性質，更加凸顯官方主導推展的色彩。[69]皇民奉公會明訂「規約要點」，清楚說明實施目標：

> 第一條　本運動為臺灣全島島民的臣道實踐運動，稱為皇民奉公運動。
> 第二條　本運動基於我國國體本義，島民各盡其職，舉島一致奉公臣道，以確立國防國家體制，建設東亞新秩序，貫徹皇國精神。
> 第三條　為實踐本運動而以全島島民組織皇民奉公會。[70]

皇民奉公會為配合國策，首重推展「國體本義」與「敬神崇祖」的觀念（所謂敬神就是敬奉神道與「現人神」的天皇），從中央本部以下設置總務、宣傳、訓練、文化、生活、經濟等部，組織產業奉公隊、挺身奉公隊、文學奉公會、桔梗俱樂部、奉公壯年團、健老奉仕團等各種奉公會的附屬團體。皇民奉公會透過演講會、展覽會、印刷品等宣傳工作，灌輸「為天皇陛下而戰」的聖戰觀念，涵蓋的面向廣泛，例如1941、1942年各出版一套《皇民奉公叢書》[71]、發行皇民奉公會機關誌《新建設》等，以作為文宣工具。易言之，皇民奉公會乃動員全臺組織，企圖發揮宣傳的效果，

68　林蘭芳，〈日據末期臺灣「皇民奉公」運動（1941-1945）〉，頁1193-1238。
69　蔡錦堂，〈再論「皇民化運動」〉，《淡江史學》18（2007.9）頁230-231。
70　皇民奉公會宣傳部，《皇民奉公運動早わかり》（1941.7）。
71　1941年第2-10輯為《育兒の知識》、《結核の話》、《必勝食生活》、《性病ノ害毒》、《トラホ-ムの豫防》、《傳染病の豫防》、《婦人の疾病》、《國民股の手引》、《マラリヤの話》。
　　1942年第3-6輯為《奉公班常會の手引》、《米穀增產の栞》、《臣道の實踐》、《奉公壯年團推進の栞》；第8-13輯為《國民儀禮の栞》、《統制經濟と奉公運動》、《紙芝居の手引》《三億貯蓄わかり》、《我が海軍の威容》。

各錬成會、委員會、部落會等亦須遵守敬神崇祖的精神,如遙拜皇宮、禮拜神棚等都為必要的禮儀。

皇民奉公會與總督府的行政機構表裡一體,基本組織大致沿用日本國內大政翼贊會的模式。除依行政區劃所組成的「地域組織」之外,皇民奉公會也陸續將各種團體納入「職域組織」,包括臺灣產業奉公團、商業奉公團、奉公壯年團、臺灣青少年團、桔梗俱樂部、大日本國婦人會、愛國婦人會、臺灣演劇協會、臺灣佛教奉公團、文學奉公會、美術奉公會、音樂奉公會及其他藝文團體等。基督徒社會領袖林茂生被指派擔任皇民奉公會幹部。[72]

1942年8月初,已成立5年的「北支事變全臺基督教奉仕會」為擴張組織、呼應皇民奉公會,乃進行一連串的改組。在日人召集下,日、臺基督徒1,300餘名在臺北公會堂舉行「臺灣基督教奉公會」成立典禮,推舉上與二郎等理事17名及地方委員。8月底,在該理事會的操縱下,旋改名「臺灣基督教奉公團」(以下簡稱奉公團),並議定規章,明揭要旨:「奉戴對美、英兩國之宣戰大詔之聖旨,發揮皇國民之本分,盡基督教報國之責,以資錬成皇民為目的。」其實際業務為「開辦以提高會員識見為目的之講習會、講演會、修養會,昂揚國民之戰時意識,善導國民之戰時生活,協助推行國語以使內臺一體化,舉行戰捷祈禱會」等。

1942年12月,奉公團臺南地方部召集400名信徒舉行發會式;[73]翌(1943)年1月,奉公團高雄地方部、臺東地方部先後成立,前者於高雄市公會堂舉行發會式,上與二郎理事長主持,信徒300名參加;後者於臺東街壯丁集會所舉行發會式,同樣由上牧師主持,信徒200名參加。[74]要之,基督教奉公團是皇民奉公會的外

---

[72] 李筱峰,《林茂生、陳炘和他們的時代》(臺北:玉山社,1996),頁68。
[73] 施鯤鵬,〈教會消息:臺南市太平境〉,《臺灣基督教會報》2(1943.1),頁7。
[74] 不著撰人,〈基督教奉公團の活躍〉,《臺灣基督教會報》3(1943.2),頁5。

圍組織，驅使教會協力戰爭，雖然不是教會直接治理的團體，卻讓日人有空間指使全體教會，將使臺灣基督徒統合成為涵蓋面廣泛的戰時協力團體。茲以「國民儀禮」、「鍊成會」及「勤勞奉公」三項說明之。

一、國民儀禮

皇民奉公會以區會、部落會及奉公班為其基底，直接與基層民眾接觸。這些組織透過「常會」的召開，旨在使民眾和樂協同、認識時局、報恩感謝，致力職分奉公。召開常會時，為使「皇民有敬虔之至情」，其儀式包括遙拜宮城及皇大神宮、默禱、齊唱國歌、懸掛國旗、奉讀詔勅、朗誦臣訓和部落訓、齊唱常會之誓等「國民儀禮」，將日本國家象徵及天皇聖旨不斷灌輸給臺人。[75]

1938年，總督府以訓令第57號設立「國民精神研修所」，「國民儀禮」因應而生。[76]根據規程，研修所係為「陶冶國民精神、確立統治本義，基於教化信念，進行理論及實際研究修得」而設立。[77]國民儀禮則是明確的實踐儀式，具體的意義係指皇民奉公運動時，在各地公開場合集會前舉行「敬虔及嚴肅」的儀式。要旨規定依照禮法敬奉皇室、融合國民心意、保存建國精神、端正國體本義、維持社會秩序，使君臣之義、父子之親、長幼之序及上下之分皆有依循目的。簡言之，意謂「保持上下秩序、發揮國體精華、扶翼無窮皇運、刷新國民生活並使之欣欣向榮」。[78]內容的第一部分「禮法要旨」區分「鍊成會開會式次第」、「委員會開催次第」、「部落會（區會）開催次第」、「常會開催次第」；第二部分為「行事解說」，區分宮城遙拜、皇大神宮遙拜、神棚拜禮、玉串奉

---

[75] 林蘭芳，〈日據末期臺灣「皇民奉公」運動（1941-1945）〉，頁22。

[76] 河原功監修，《臺灣日誌》（臺北：臺灣總督府，1992，復刻版），頁233。

[77] 臺灣總督府，《臺灣總督府國民精神研修所要覽》（臺北：編者，1939）頁5。

[78] 大澤貞吉，《國民儀禮の栞》（臺北：皇民奉公會中央本部，1942），頁1。

奠、國歌奉唱、祈念、萬歲奉唱、國旗揭揚等項目。

日本政府要求一般集會須舉行國民儀禮，1938年以降逐漸干涉教會的禮拜儀式。[79]基督教奉公團本乎皇民奉公會外圍組織的任務，為「確立後方體制之教會實況」而推動「國民儀禮」。就日、臺教會禮拜儀式的改變情形而言，1937年日本基督教會的東京中會一切如昔，以奏樂、唱讚美歌、朗讀聖經、祈禱、講道、聖餐等儀節作為開會式。[80]臺灣的北部教會在1938年之前都是「祈禱開會」；1939年以後，禮拜式當中開始出現「起立唱國歌」、「皇居遙拜」等項目。[81]1940年的發會禮拜式中先有「皇居遙拜」、「默禱」之後才是奏樂與聖詩。1941年則在開會禮拜式中行「國民儀禮」。南部教會則從1939年開始有起立唱國歌、默禱；1941年在禮拜式之前舉行皇居遙拜、默禱、國歌奉唱。[82]

由於大會係每兩年開一次，中會則每一年開一次，從中會層級的儀式程序變遷，更可以清楚觀察國民儀禮的項目如何漸次增加。起初只有皇居遙拜，漸漸增加了神宮遙拜、國歌奉唱及戰爭祭儀等式典。表4-3為1939-1942年高雄中會的程序：

表4-2　高雄中會議事程序變遷表

年別	會議程序
1939	（1）會前行皇居遙拜
1940	（1）皇大神宮遙拜 （2）皇宮遙拜 （3）國歌奉唱 （4）開會禮拜

[79] 徐謙信，〈第二次大戰期間之臺灣基督長老教會〉，收入《臺灣基督長老教會百年史》（臺南：臺灣教會公報社，1965），頁257。

[80] 光晉編輯發行，《第五拾壹回東京中會記錄附臨時中會記錄及附錄》（東京：東京中會事務所，1937）

[81] 《北部中會議事錄》42回（1938.2），頁1；43回（1939.2），頁1。

[82] 《南部大會議事錄》5回1條（1939.3），手稿本，頁151；6回1條（1941.3），手稿本，頁187。

年別	會議程序
1941	（1）皇大神宮遙拜 （2）皇宮遙拜 （3）國歌奉唱 （4）默禱，開會禮拜
1942	（1）一同敬禮 （2）宮城遙拜 （3）皇大神宮遙拜 （4）為出征軍人武運長久祈願並向戰歿英靈謝恩默禱 （5）國歌奉唱 （6）必勝禱願，滿場鼓掌中議長宣告開會，並朗讀前次會議的決議文 （7）三唱萬歲，完成第一部國民儀禮。然後做第二部的開會禮拜

資料來源：《高雄中會議事錄》。
　　　　　許有才，《奇妙恩寵──許有才牧師回憶錄》，頁55-56。

　　醫療機構方面，同樣受到皇民奉公運動的影響，以彰化醫館為例，其創立於1896年，日俄戰爭時為運送戰略物資，日人積極興建彰化火車站，進而使其成為中南部交通網的樞紐，醫館重要性隨之提高，成為中部12所私立醫院中規模最大者。彰化地區在蘭大衛醫師（David Landsborough）和梅監務牧師（Campbell N. Moody）合力推動的醫療傳教下，對中部地區教會擴張的影響很大，而蘭醫師也因此享有崇高的地位。1937年，教士會將醫院全部產權贈與南部大會。[83]1942年彰化醫館辦理醫療事業有功，受彰化市社會課推薦，獲得宮內省的「御下賜金」、「御下賜文」，院長阮德茂特別與該院職員舉行「遙謝式」，包含：皇居遙拜、默禱、國歌奉唱、御下賜文奉讚、遙謝最敬禮、院長訓話、萬歲三唱、一同敬禮等項目。發表聲明為典型的「皇民奉公」語彙，反而完全沒有提及英國母會或蘭大衛等人的功勞，內容如下：

---

[83] 李欣芬，〈基督教與臺灣醫療衛生的現代化：以彰化基督教醫院為中心之探討（1896-1936）〉（臺北：國立臺灣師範大學歷史學系碩士論文，1989），頁66。

本院受御下賞賜是一生難忘的光榮。今為完成大東亞聖戰並徹底擊滅美英，以謀求東亞恆久的福祉建設。我等不畏宣戰，奉戴大詔，以一億一心的皇道精神期待為東亞建設，成為槍後的戰場。我等本乎東亞民族解放大業，協力持守職場。本院有悠久的歷史，屢次度過經營困難。今逢大東亞聖戰，必須重視國民健康保健，我等只管大御心，奉仕粉身碎骨不敢自重。聖恩之事不能忘，為奉體大詔，寧可賭上身家性命也要堅守職場、奉贊國家大業。[84]

　　在某些傳教師的回憶裡，似乎「國民儀禮」從1938年以後就是「強制」且「持續」，甚至「一切」的聚會都要遵行。[85]事實上，「國民儀禮」初期實施的項目不甚一致，各地情況也不一定，這與皇民化運動的模糊性質有關，如「寺廟整理」、「正廳改善」等項目各地實施狀況均不同即可理解。例如臺南麻豆教會耆老憶述，教會若不按照規定辦理，則街役場就會施壓，不准教會舉行禮拜，迫使教會屈服。不過所謂「上有政策，下有對策」，該會信徒後來只要在禮拜前向東北方行禮，虛應故事即可。[86]

　　1943年3月，臺灣基督教奉公團總務局長以第一號公函，命令各教會在禮拜前要舉行「國民儀禮」，基督徒終究難逃皇民奉公會的威壓，被迫強制執行「國民儀禮」，[87]《臺灣基督教會報》則同步刊載宮城遙拜、皇大神宮遙拜、國歌奉唱、祈念禱文的「國民儀禮解說」，[88]以呼應官方宣傳。不久，皇民奉公會更決定國民儀禮

[84] 不著撰人，〈彰化基督教醫院消息〉，《教會公報》684（1942.3）頁11。
[85] 例如黃武東，《黃武東回憶錄》，頁140；徐謙信，《百年史》，頁257。
[86] 〈陳尊貴訪談記錄〉，2006年5月07日，未刊稿。
[87] 《臺南教會小會記事冊：第四冊》（1943.3.5），轉引自黃茂卿，《臺灣基督長老教會太平境馬雅各紀念教會九十年史》，頁484。
[88] 不著撰人，〈國民儀禮に使用の言葉〉，《臺灣基督教會報》5（1943.4），頁7。

必須統一實施「皇大神宮遙拜」與「神宮遙拜」，[89]確立成為公開集會的制式項目。對不少基督徒而言，被迫舉行「國民儀禮」的苦悶經驗集中在戰爭最末期，信仰自由被剝奪的痛苦印象尤其深刻，因此自然地連結到1938年皇民化運動初期的記憶，認為「國民儀禮」是整個日治末期都是強制的、持續的。

　　無論如何解釋，「國民儀禮」確實是統治精神暴力。對教會而言，每一項禮拜的儀式及其順序具有不同的神聖意義，具有特殊的信仰內涵，[90]例如序樂與聖詩為「靜候上帝的話」、讀經與講道乃「恭受上帝的話」、奉獻與問安為「應答上帝的話」、祝禱與差遣則是「恭行上帝的話」。[91]且《臺灣基督長老教會的典禮》[92]施行已久，強調「教會的憲法已經頒行，須知所用的典禮確實不可與憲法有相混雜之處。」[93]北部教會在1934年也通過《憲法》，規定「禮拜」就是每逢聖日應訂定時間舉行禮拜，包括吟聖詩、祈禱、讀聖經、講道，受聖禮典、奉獻、祝禱等，聖禮典洗禮與聖餐，只有牧師能執行。[94]換言之，禮拜儀式的順序、內容，是經過慎重的討論而制訂，隨意增減、更動是對教義極大的挑戰，例如聖經中的啟示錄雖沒有「拜偶像」一詞，卻不只從宗教角度批判皇帝崇拜，認為所有的局勢、社會和經濟權勢都體現於君主一人身上時，君主崇拜不是拜偶像，而是順服一個與基督敵對的政權。它亦批判人民

89　臺灣總督府，《臺灣日誌》（臺北：臺灣總督府，1943.11.18），頁371。

90　「凡事都要規規矩矩的按著次序行」《新約・哥林多前書》14章40節。

91　臺灣基督長老教會信仰與教制委員會，《教會禮拜與聖禮典》（臺南：臺灣教會公報社，1993），頁1-21。

92　臺灣基督長老教會，《臺灣基督長老教會的典禮》（臺南：新樓聚珍堂，1919），18頁，內容有10章：設立牧師、設立教師、設立長老、設立執事、大人領洗禮、小兒領洗禮、接就晚餐〔堅信禮〕、革出、復再接納、合婚的條款。

93　《臺灣大會議事錄》15回28、29、46條（1930.3）。
　　臺灣基督長老教會，《臺灣基督長老教會的典禮》（臺南：新樓書房，1931），41頁，內容比前一版增加3章：喪事、聖餐、獻堂。

94　財團法人北部臺灣基督長老教會，《北部臺灣基督長老教會憲法：規則：條例》（臺北：臺北教士會書房，1934），頁2。

及政治運作上，國家佔據了上帝應有的定位，需要人們全心的效忠。[95]牧師許有才如此回憶：

> 我每次在行國民儀禮中，向神宮、皇宮鞠躬遙拜的時候，我的眼目是望著別處，我心裡一點點也沒有敬拜的意思，鑒察人心的上帝必定知道，祂必不算我是在敬拜那些神祉。然而，心靈深處的痛楚是無法抹滅，我們只不過如小孩子用手去撫摸著痛瘡一樣而已。[96]

　　臺灣基督徒在法律的限制下，只能被迫配合、妥協。部分基督徒表示「真正與上帝靈性交通的信徒，會顯明在禮拜堂中心的奉仕。看輕禮拜堂的聚會，主張在家裡敬拜上帝就好的人，不是真的基督徒，若沒有顯出從信仰來的協同性，等於沒有效法耶穌。不能因為教堂的聚會摻雜不正義、不合上帝、不完全的事，就棄絕看輕教會的聚會。」[97]意謂無論如何，還是要尊重在教堂內的禮拜。
　　處理教會事務的集會同樣必須進行「國民儀禮」。以北部教會為例，戰前共舉行四次正式與臨時的大會，除第一回外，開會禮拜前均須遵行國民儀禮，[98]對於總督府的政策只能接受，抵觸信仰的部分則消極地採取政府立場解釋「國民儀禮是非宗教或超宗教的愛國行為」。[99]牧師許有才回憶道：

---

[95] 《新約‧啟示錄》13章1節。亞德邁耶、格林、湯瑪恩合著，《新約文學與神學後期著作及背景》（香港：天道書樓，2006），頁167-170。

[96] 許有才著，許聖姿譯，《奇妙恩寵──許有才牧師回憶錄》（臺南：人光出版社，1998.11），頁55。

[97] 吳天命，〈著尊重禮拜堂的禮拜〉，《北部教會》181（1941.2），頁18-19。

[98] 《北部大會議事錄》，1回（1940.5）、1回臨時會（1941.3）、2回（1942.3）、2回臨時會（1942.10）。

[99] 不著撰人，〈光を消し合ふな〉，《臺灣基督教會報》8（1943.7），頁1。

本來只規定必須唱日本讚美歌的，從這一年（1942）開始連聖經都要讀日文，講道也要用日本話了，可見日本軍國政府的毒手日漸厲害。在地方各議會的主日禮拜或特別聚會也不例外，必遵行國民儀禮，並逐漸被逼使用日語文。[100]

基督徒內心厭惡國民儀禮，但幾乎沒有能力抗拒，因為〈宗教團體法〉強制規定罰則禁令，若不遵守將遭到懲罰。平沼內閣曾於1939年表示：「在我國『惟神之道』是絕對之道，是全體國民必須遵奉的，宗教若違反抵觸則不允許存在，違反之，就等同憲法第29條『違背身為臣民的義務』，所以基督徒必須遵從。」強制神社參拜、國民儀禮的法令依據，都源出於此。[101]

二、傳教師鍊成會

皇民奉公會為求有效推展任務，乃透過中央本部訓練「指導者」，舉凡支部、支會職員、奉公委員與參事，以及奉公青壯年、日人青年、文化關係者均施以為期數日之訓練。皇民奉公會廣設皇民鍊成所，以青年階層為主，訓練忠君愛國的青年，籌組進軍南方的戰力，例如：拓南農業戰士訓練所、拓南工業戰士訓練所、拓南皇民鍊成所、海洋訓練所等。[102]

在教會方面，原就有召開傳教師的「修養會」或「總會」的定例，性質類似一般習稱的「退修會」或「靈修會」，兼具鼓舞信仰與互動交誼的功能。1941年7月南、北教會討論聯合舉行為期一週的傳教師修養會，後因經濟考量，北部乃自行召開。主題為「現代

---

[100] 許有才，《奇妙恩寵：許有才牧師回憶錄》（臺南：人光出版社，1998），頁56-57。
[101] 日本基督教團史編纂委員會，《日本基督教團史》（東京：日本基督教團出版部，1967），頁87-88。
[102] 陳玲蓉，《日據時期神道統制下的臺灣宗教政策》（臺北：自立晚報，1992），頁276。

教會的使命」，標語引用聖經「為基督的身體，就是為教會，要在我肉身上補滿基督患難的缺欠」，由傳教師分別進行演講，研議宣教師離開後的對策，確立臺人因應時局的傳教方針，並請軍方和社會課官員演講關於教會應認識的事情。基督徒對修養會頗為重視，呼籲傳教師務必出席，主日禮拜可請人代班，專心赴會。[103]與會者對修養會持肯定的態度，認為「鍊成」是「各方面的再教育、指導者的再訓練」，為在非常時期把握日本精神，成為無虧的皇國民，必須集合教會核心人物一起生活、受訓，如同一般的學堂、會社、團體，注重勤勞奉仕。為掃除舊的勢力與思維，教會比國家更應鍊成。[104]不久，1942年8月5日，「基督教奉公會」籌組前兩天，基督教與天主教各派的傳教者先行在臺北市幸町教會及神學校舉行2天的「全臺灣基督教教師鍊成會」，與會174人將近八成都是臺人。[105]

「國民精神研修所」旨在向各地方的社會教化指導者宣傳敬神尊皇的思想、傳達社會教化的精神、教授推行拓展的策略並培植地方教化的指導者。其官制公布於1938年8月，由文教局長、社會課長擔任正、副所長。1939年2月正式運作，8月展開第一回的「敬神教化指導者講習會」，訓練180名街庄長、助役、市街庄職員等人士。至1941年共舉行10回講習會。1943年3月26日至4月1日，總督府文教局以「基督教奉公團」名義，於大直國民精神研修所召開「中堅教師鍊成會」，[106]第一回共47人；第二、三回分別於6月

---

[103] 大川正：現代神學教育，黃主義：神學與傳道，上山清志〔吳清鎰〕：神學與教會政治，吳天命：基督教迫害史，井上德三〔胡摩西〕：保羅的贖罪思想，葉金木：應如何傳道，郭和烈：應如何講道，鄭蒼國：關於教職者相互關係，駱先春：關於信仰問題的再檢討。黃六點，〈傳教師修養會〉，《北部教會》185（1941.6），頁18-19；186（1941.7），頁17-18。

[104] 黃六點，〈教會的鍊成〉，《北部教會》190（1941.12），頁20。

[105] 《臺灣青年》（1942.9），頁3-4。南部長老教會94名、北部長老教會46名、日本基督教團21名、天主公教會8名、聖公會4名、基督教青年會1名。

[106] 不著撰人，〈臺灣基督教奉公團中堅教師鍊成會を開催〉，《臺灣基督教會報》4（1943.3），頁7。
《百年史》，頁267-268。

圖4-3 1942年第一回臺灣基督教教師鍊成會
資料來源：鄭連德、吳清鎰、徐謙信、鄭連明編著，《臺灣基督長老教會北部教會九十
週年簡史》，ix頁。

圖4-4 1943年臺灣基督教奉公團第三回牧師鍊成會
資料來源：蘇文魁提供

10、24日舉行，各回57人，為期一週。

　　臺灣基督教奉公團主辦的教師鍊成會，強調對神職人員的「思想改造」，目的在於灌輸神道宗旨和國民精神。鍊成會第二、三回分別從6月10、24日開始，時間長達一週，各有57人參加。每回鍊成會首日上午九時，成員均集合於臺北的明治橋（今中山橋一帶），接著參拜臺灣神社，在「天照大神之御前」舉行開會式。指導官中西旭*為日本神道權威，他熟稔聖經，強調日本天皇為「現人神」，神格宛如耶穌基督，乃是現實的神明「道成肉身」，授課內容穿鑿附會基督教教義。術科方面以「苦鍊修行」為主，體會「日本精神」與「國體本義」，清晨浸冷水，是為「禊」（みそぎ），接著靜坐，念神道之祝詞（のりと），尚有開會、分班討論、自我檢討、篝火（かがりび）儀式等，[107]還要撰寫詩詞謳歌。[108]鍊成會開會式順序詳如表4-3所示。

表4-3　鍊成會開會式順序

項目 ＼ 場合	行神式之場合	大麻奉齋之場合	室外行國旗揭揚之場合
入場	○	○	
整列			○
一同敬禮		○	○
開式辭	○	○	○
國旗揭揚			○
宮城遙拜		○	○
神棚拜禮		○	
皇大神宮遙拜			○

---

[107] 不著撰人，〈臺灣基督教奉公團第二、三回教師鍊成會〉，《臺灣基督教會報》7（1943.6），頁7。
　　黃武東，《黃武東回憶錄：臺灣長老教會發展史》，頁141。
[108] 中森幾之進等〈臺灣基督教奉公團牧師鍊成會歌〉，《臺灣基督教會報》8（1943.7），頁4。

項目 ＼ 場合	行神式之場合	大麻奉齋之場合	室外行國旗揭揚之場合
國歌奉唱		○	○
祈　念		○	○
宣　誓			
修　祓	○		
開　扉	○		
獻　饌	○		
祝詞奏上	○		
玉串奉奠	○		
撤　饌	○		
閉　扉	○		
訓辭宣誓	○	○	○
閉式之辭	○	○	○
一同敬禮		○	○
退　場	○	○	○

資料來源：大澤貞吉，《國民儀禮の栞》，頁2-4。
臺灣總督府，《臺灣總督府國民精神研修所要覽》，頁1-8。

　　總督府為提倡「日本精神」，指派宗教調查官及社寺事務負責人，在臺北郊外設置培養「精神指導者」的訓練場所，召集臺灣各階層的指導人物予以訓練。根據時任宗教調查官的宮本延人回憶「宗教指導者」培訓時的情景，他很有可能和上與二郎的兒子上謙二郎[109]見最後一次面。宮本表示：

　　　白天的訓練結束後，晚間則圍著營火坐在地上唱歌，受訓人
　　　中有一位舊識，他是牧師的兒子，本身也已具有牧師身分，

---

[109] 上謙二郎（生年不詳-1945），上與二郎次子，日本基督教會牧師，1943年就任日本基督教團臺北市大稻埕教會（原名：臺北日本基督教會太平町教會），後於雷伊泰海戰中陣亡。
臺灣基督長老教會濟南教會，《設教92週年暨建堂72週年紀念冊》（臺北：該會，1990），頁20-21。

當時在大聲唱歌的這一青年，兩天後接到召集令。我曾前往送行，但戰爭結束時他並沒有回來。[110]

　　絕大多數的傳教師非常排斥這種強迫式的「洗腦會」，認為「此鍊成會乃是在戰時我們所遇到的最痛心之洗腦事件。」也有人表示：「這是一種完全違背基督教信仰的『洗腦會』，當時未能拒絕，至今每次回憶至此，深感愧對上主，成為終身憾事。」[111]僅有少數傳教師藉口身體病痛或其他理由而得以脫身。[112]

　　從鍊成會的項目觀之，無疑的大大抵觸基督教信仰，但總督府透過文教局，以「基督教奉公團」的名義進行全面的精神教化，個別神職人員的確很難有置喙的餘地。鍊成會的講者斯文、有禮、客氣，不強迫學員敬拜神道，[113]但企圖將宗教的義理加以揉合，強調「基督教和神道並不衝突，神道的神觀也是三位一體的神；最大的神叫做『天中御主神』，這位神，日本人並不敬拜祂，只是留著祂的空位在中間，這位神就是基督教所稱的『耶和華』；而『天照大神』是來到世上成為人，傳賜日本皇統的神，另外尚有一位神，是等於基督教所說的『聖靈』。」此一任意曲解，臺灣基督徒難以接受。

　　基督教神職人員被要求參加鍊成會，教會主辦的活動亦須與「鍊成會」有關，例如賀川豐彥的同事、東京聖公會牧師三浦清一，曾二度來臺巡迴講道。第一次是1942年應受東部中會邀請巡迴演講，獲得熱烈歡迎，他闡述聖經道理，強調信徒的決心和勇氣，使聽者感到耳目一新。[114]第二次是在1943年7月，三浦應北部教會

---

[110] 宮本延人口述，宋文薰、連照美編譯《我的臺灣紀行》，頁178。
[111] 黃武東，《黃武東回憶錄：臺灣長老教會發展史》，頁141。
[112] 黃加盛，《黃加盛牧師回憶錄》（臺南：人光出版社，2002），頁22-23。
[113] 許有才，《奇妙恩寵：許有才牧師回憶錄》，頁54-55。
[114] 上山生〔吳清鎰〕，〈教會消息〉，《北部教會》192（1942.1），頁19。

之邀，演講「戰時特別傳道計畫」，並於臺北神學校舉行為期一週的「傳教師鍊成會」，進行方式與內容和前次大不相同，除了三浦的聖經講道外，總督府特地指派文教局長西村高兄、宗教調查官宮本延人、國民精神研修所指導官中西旭等人，以「日本精神及時局」為題演講，灌輸皇道思想。其後，三浦前往全臺各地，負責教會主辦的時局演講。三浦對外的公開場合講「美國必亡」，對教會內卻是「以弗所書講解」，解釋該書卷的三大思想、啟示錄「亞細亞的七個教會」等題目。[115]

三浦以「必打倒英、美」及「英、美必定滅亡」為題，強調日本的正義、英美的錯誤及其不當統治殖民地，聲稱上帝必定不喜悅、不允許……英美必滅亡，必被打倒。臺灣基督徒認為諸如此類的演講會，一方面迎合總督府，使之以為日人指導臺人，率眾贊成國家政策；一方面以三浦為「代言人」，讓臺灣教會向各地政府官員表面輸誠，代替臺人表明對國家、戰爭的態度，以緩和政教之間的緊張。臺灣基督徒認為縱使作法可笑，卻是出於苦心、可憐可憫之策。[116]

「鍊成皇國民」以公共勞動服務為奉仕國家的臣民義務，學校團體及奉公會皆須定時清掃神社，「奉仕」工作係屬義務勞動，旨在維護神社的神聖感與國家神道的尊嚴。這些「勞動報國」團體及各式集會，主要由各個奉公會組織而達成，領導人多是各級地方長官，因此在臺灣各地迅速推展開來，效果一時頗為可觀，基督教奉公會也在其徵調範圍。例如陳溪圳曾被徵調為勞務防空團員，必須拿鋤頭畚箕付出勞力。[117]嘉義教會的牧師宿舍曾被徵用為日軍防衛

---

[115] 不著撰人，〈基督教の前進　三浦清一氏傳道講演會況〉，《臺灣基督教會報》10（1943.9），頁7。三浦清一，《羅馬書‧エペソ書研究》（臺北：臺灣基督教會報事務所，1943），頁數。內容包括耶穌基督成就神的經綸、十字架與創造、愛的立體的研究、保羅的祈禱、基督的內住、聖靈的研究，共七講。

[116] 《許有才牧師回憶錄》，頁53。

[117] 賴俊明主編，《常綠在人間：陳溪圳牧師百年懷念集》（臺北：財團法人中華民國

團的「詰所」（集會所），黃武東即被迫充任防衛團員。[118]李水車則接到總督府徵調勞役[119]的命令，令其家庭派男丁至八黎仔山（美崙山軍事要地）挖掘山洞，是時李水車本人罹癌；長子在觀音山、次子服海役、三子服陸役，只得由15歲的四子「代父奉公」。[120]黃加盛與宜蘭多位牧師則被派到役所教育部門工作。[121]1944年7月，總督府文教局及警務局特別聯名行文給臺南州，令其防止宗教人士「藉修道之名逃避勤勞」。[122]日治的最後一年，臺北神學校僅存的六名學生，隔週就要去新店煤礦的「學徒奉仕團」之勞務，學業大受影響。[123]

三、基督徒的困境

對基督徒而言，「和平」是最重要的義理之一，也是跨越國界的普世價值。如聖經所言「若是能行，總要盡力與眾人和睦」（羅12：18）據資料顯示，臺灣基督徒時常為國家大事而祈禱，祈求「善意的國度」實現，希冀和平與戰爭各樣的問題、國策的形成、主流的輿論，各種新聞媒體追求並接受上帝的指導。[124]

臺灣基督徒受日本社會福音佈道家賀川豐彥影響頗深，益發加強反戰的和平思想。例如1940年3月，賀川在琉球、臺灣講述聖經的保羅書信，強調福音是贖罪之愛，上帝對世界帶有創造、保存與贖罪三個原理，世界若欲改頭換面，必須透過贖罪之愛才有希望。

聖經公會出版部，1994），頁173。

[118] 黃武東，《黃武東回憶錄：臺灣長老教會發展史》，頁144。

[119] 原文作「公工」，指為政府服無償之勞役，多半為軍事工程或公共設施。

[120] 李末子，《空谷足音：我的父親李水車》（花蓮：李路加等自行出版，1994），頁183。

[121] 黃加盛，《黃加盛牧師回憶錄》，頁22-23。

[122] 《臺灣總督府公文類纂》，〈修道ニ名ヲ藉勤勞ヲ逃避スル者ノ處置ニ關スル件〉，文社第四二〇，1944.7.15。郭双富提供。

[123] 徐謙信，《臺灣北部教會暨神學院簡史》（臺北：臺灣神學院，1972），頁58。

[124] 不著撰人，〈特告_世界協同祈禱週〉，《教會公報》622（1937.1），頁3-6。

賀川告訴臺灣基督徒，為挽救時局、使人和好，唯有透過基督教的贖罪之愛，才能在混亂的世代中維持盼望、服務教會。[125]

太平洋風雲詭譎的前夕，美國基督徒同樣為祈求太平洋的和睦，舉辦長達一週的連鎖祈禱會，並致電賀川，希望日本也一起舉行。這些為和平所做的努力，使臺灣基督徒發自內心「懇求天父，讓世界快快有永遠的和平，願上帝的國廣闊於吾國日本，將十字架的寶血充滿在國民。」[126]

太平洋戰爭爆發後，日、美交惡，一向被認為「洋教」的教會處境嚴峻。許多臺灣基督徒對世界與國家的前途感到不知所措，他們召開長期的祈禱會盼望和平早日到來，甚至有人自責是否因為沒有祈禱，才會爆發戰爭。基督徒認為上帝的旨意未能測度，世人只有順服，祂的威嚴與仁愛、恩典與正義永遠長存。[127]

在戰時體制中，基督徒呼籲大眾「值此國家非常時期，國民要有嶄新的生活。個人主義、自由思想、虛榮、奢華、不義、不忠、不德、不虔都要除去。若能如此，新年不論身處何種境遇，都有信賴與感謝來歡喜奉仕。」言詞之中，看似有些許傾向官方的語彙，但緊接著又強調「我們現已站在完全黑暗、前途茫茫的年頭，今年要變成怎樣沒人知道。但我們要在所有的事成就上帝的心意，順從上帝的旨意，並以此祈禱之。」[128]言談之中，流露出對未來不確定感，也渴求看到前景的一絲光明。

涉足政治活動的基督徒，在戰爭時期特別容易受到波及。以蔡培火為例，他接受東京富士見町教會牧師植村正久施洗成為基督徒。蔡氏在1937年中日戰爭日益激烈之際，由岩波書店出版《東

---

[125] 不著撰人，〈教會消息_2.賀川豐彥先生的講演〉，《北部教會》171（1940.4），頁31。
[126] 不著撰人，〈太平洋平和祈禱會〉，《教會公報》682（1942.1），頁8-9。
[127] 周文德，〈上帝的攝理〉，《教會公報》683（1942.2），頁3
[128] 郭和烈，〈迎接新的年〉，《北部教會》192（1942.1），頁17-18

亞之子如斯想》，以日中親善橋樑的臺灣人角色，期盼兩國和平相處，勿動干戈，維持東亞和平，結果卻被日本當局指為「反戰」、「通敵」的禁書，1938年1月遭東京杉並警察署拘捕盤問40天，獲釋後乃以〈鐵窗吟懷〉、〈地府行〉明志。1941年蔡氏更基於宗教信仰的良知，出版《橄基督教之友》，希望日本的基督徒能夠秉持博愛精神，建設東亞和平，免受戰爭之禍。1943年1月從長崎到上海，與政治家田川大吉郎[129]會商日華和談之道。1945年6月，蔡氏與田川密赴重慶，謀求和平停戰。途中，日本宣布無條件投降，乃折返南京，後得何應欽協助，搭軍機往重慶，謁見國民政府主席蔣介石。[130]從他推動白話字運動到政治上的活動，不難看出帶有基督教追求和平的理想。

臺南基督徒醫師韓石泉的遭遇和蔡培火相仿，當七七事變爆發時，韓氏正於九州熊本醫科大學攻讀博士學位，他被稱為「吾臺對政治、社會改革具有行動歷史之錚錚者」，聽到中國戰況不利，言行舉止也曾與日人發生齟齬。1944年3月，臺灣遭受嚴重空襲，其開設之韓內科醫院直接中彈全毀，長女身亡，對他打擊很大。[131]但韓氏反而在苦難當中，堅定信仰基督教的心志，決定受洗成為基督徒，將喪女之痛交託於信仰的力量。

1942年中途島海戰以降，日軍戰況失利，節節敗退，臺灣基督徒也愈來愈感受到戰爭苦鬥與政府的壓迫。中部地區，彰化原斗教會的林川明被迫從事社會教化技藝訓練等社會服務。[132]1943年賴炳炯駐任的烏牛欄教會正預備改建，卻受日警勒令停工，教堂土牆岌

---

[129] 田川大吉郎，畢業於早稻田大學，曾任萬朝報都新聞之主筆、東京市高級助役、大隈內閣司法省政務次官，曾任基督教主義的明治學院校長及日本基督教教育聯盟理事長。

[130] 張炎憲，〈蔡培火的追求與失落〉，文收蔡培火著，張漢裕主編，《蔡培火全集（一）家世生平與交友》（臺北：吳三連臺灣史料基金會，2000年），頁21。

[131] 蔡培火著，張漢裕主編，《蔡培火全集（一）家世生平與交友》，頁418-419。

[132] 陳冰瑩主編，《佳美腳蹤專輯》，頁16。

炭可危，教會長老也遭監視，最後是在《臺灣新報》副社長羅萬俥的奔走下才解除危機。[133]

嘉義地區，日軍唯恐美軍透過教會裡應外合，全力搜集臺人牧師、長老與執事名單。1944年4月黃武東赴任嘉義教會牧師，他說：「那段時間，憲警也不斷對我施壓力，要我提出長執名單及其住址。我全推說大轟炸期間教會信徒及長執都已疏散，不知去向，連教會的會計也找不到。我已經兩個月沒領薪水了。日軍爪牙亦無可奈何。」不但如此，因嘉義附近的軍用機場常遭轟炸，黃氏的牧師宿舍被徵用為日軍詰所（防衛團）駐地，他也被迫充任防衛團員。[134]

臺南地區，教會由日人主導後，番匠鐵雄兼管新樓醫院與長榮高女，也任東門區長，對銅鐵回收運動特別出力。東門教會以前未曾出借給社會作平常的用途，他卻強迫借去開銅鐵回收講演會。醫院與東門教會的鐵籬笆、神學校的大鐘與巴克禮的銅像也難以倖免。基督徒心中有苦難言。[135]

高雄地區，木柵教會及溝坪教會都被禁止禮拜，教堂被徵用當作堆放軍馬糧草的倉庫。[136]海埔教會牧師劉其水1941年就職首任牧師，1943年被選為保正，頗獲地方民眾愛戴，但日警不悅，便設計誣陷，以「將天皇相片張貼於教會廁所中」為由，將之拘禁三個月，待高雄中會議長許有才牧師、長老陳朝景、李尾等人具結保證，才得以獲釋。1942年6月鳳山教會則發生「愛英美事件」，當時一位牧師蔡裕帶兩位日人至鳳山佈道，因會眾混雜，教會牆上竟遭人塗寫「愛英美」三字。由於鳳山是軍事要地，很快被軍警發現，當地教會牧師洪萬成[137]被列為特定人物，因此受到許多迫害與

---

[133] 賴炳炯，〈傳道的生活：難忘的教會〉，收入潘正吉主編，《幽谷芳蘭：愛蘭教會設教百週年紀念特刊》（南投：該會，1971），頁64。

[134] 黃武東，《黃武東回憶錄》，頁144-150。

[135] 楊士養，《南臺教會史》，頁84。

[136] 許有才回憶錄，頁57-58。

[137] 洪萬成（1910-1980），陳冰榮主編，《佳美腳踪專輯》，頁60。

折磨，積勞成疾，臥病七載。[138]旗後教會牧師許水露的遭遇也十分冤枉，他被警方懷疑而關進屏東拘留所，大家因為怕受連累，連留在宿舍的許水露之妻，都無人敢去探視。即便高雄教區長許有才冒著風險前往探監，也只能遞送日常用品，不准見面。

　　總督府藉由皇民奉公運動大肆推行「國語」政策，1942年4月更下令《臺灣教會公報》停刊，[139]之後北部教會以日文版的《臺灣基督教會報》單獨發刊，絕大部分都是呼應時局的文章。翌年，皇民奉公會進而展開「國語常用強化運動」，該會中央本部設置「國語委員會」，決議在全臺各市支會及街庄分會設「國語推進員」，結成「國語推進隊」，以督導各地民眾徹底過著「國語生活」，並決定以每月1、11、21日為「國語日」，獎勵「國語生活優良者」及強化統一推廣日語設施。[140]基督徒受此影響，處境和一般臺人相同，很難有「講真話」的空間。

　　基督徒的言論明顯受到戰爭的影響，但是不應就此認為教會的立場「支持戰爭」。以《臺灣教會公報》為例，終日治50年，竟能用臺語羅馬字刊行47年，說其是最有「臺灣味」的刊物並不為過。而有些「愛國言論」也很可能是因太平洋戰爭爆發，對英美宣戰之壓力才倉皇湊合應付。例如陳金然[141]曾發表〈忠誠の宗教〉一文，

---

[138] 洪龔夜，〈我的牧師娘生活〉，《教會公報》925（1964.1.1），頁6-7、20。

[139] 《臺灣大會議事錄》20回24條（1942.3），頁17。

[140] 吳文星，《日治時期臺灣的社會領導階層》，頁305。

[141] 陳金然（1900-1967），臺南安順人，長老教中學附屬小學校（又稱太平境教會小學）畢業後受聘安順公學校執教二年。1919年進臺南師範學校講習科第一屆，畢業後受派到媽祖廟公學校服務，1926年信仰感動之度，辭職改入臺南神學校本科，後歷任水上、斗六、歸仁、東寧等教會。教會公務方面，曾任南部大會宣道會會長、《臺灣教會公報》主筆、臺灣大會考試局長、日本基督教臺灣教團臺南教區長、臺南神學院講師、臺灣總會傳道處長、總會法規委員會主席。陳氏亦曾服務於中學，戰後曾獲臺灣省中等教員生理衛生科檢定合格，在臺南一中擔任生物學教員。生平著作豐富，有〈生命之起源〉、〈人種改良〉等文章收入京都帝大生理學教室的《生理學研究》；〈臺灣傳道史〉收入《基督教百科事典》，另有《舊約諸問題》、《聖經是什麼》、《教派常識》、《十字架的交戰》等作品。

內容卻是在報導臺南教會的洗禮消息，似乎離題甚遠。[142]陳氏本身是研究舊約聖經的牧師，他從1935年1月到1942年3月《臺灣教會公報》停刊為止，至少發表文章45篇，其中，15篇是關於聖經研究的作品。就這段期間發表的作品來看，第一篇是〈舊約書序說〉，接著開始介紹舊約之編成、分類、價值、度量衡等單元，包括讀書研究之後整理的心得和幾篇講章。最後一篇是1941年1月的〈何西阿的冊〉，之後到公報停刊為止，整整一年沒有再看到他投稿。他所表達的「赤誠」可能只是應付的言詞。

時任《臺灣教會公報》發行人兼理事長的許水露[143]相仿，他研究聖經頗為獨到，從1935年到終戰前，至少發表文章25篇，其中，12篇是關於聖經研究，全都以〈六十六卷的聖冊〉為題，第一篇始於1936年5月，最後一篇止於1938年3月，以連載的方式刊登。他所寫的社論未有明顯的「政治色彩」，例如〈一體攻破難關〉一文，係藉以色列人進入迦南地的歷史為例，說明爭權奪利，不「結合為一體」將是阻擋教會發展的「難關」。他指出教會財政很重要但不能偏廢，以社會價值觀衡量信仰事務並不一定準確，若有一體的精神，事情才會成功。信仰問題常攪擾難解、勞師動眾，教會應該倚靠上帝引導，同心合意，突破難關。[144]另有〈一體的雨傘蔭〉一文，勉勵教會互助，建議輪流聘請傳教師，因應人力不足的情形。許氏指出，傳道師之派任並非以金錢為標準，乃應視必要性，將「大舉傳道」的力量均分，「強健者應該要擔待軟弱者」。[145]

---

[142] 滋野真誠〔陳金然〕，〈忠誠的宗教〉，《教會公報》683（1942.2），頁1。

[143] 許水露（1904-1970），生於嘉義民雄，在臺南受洗成為基督徒，在宣教師明有德的鼓勵下就讀臺南神學校，畢業即派往集集教會服務（1928-1930），後又赴日本神學校深造，但因胞弟病重而返臺照顧之，同時擔任旗後教會牧師。戰爭末期曾遭政府拘禁6個月，備受艱辛。戰後歷任彰化、斗六、延平、中正等教會。陳冰瑩主編，《佳美腳踪專輯》，頁88。

[144] 不著撰人〔主筆許水露〕，〈一體攻破難關〉，《教會公報》678（1941.9），頁1-2。

[145] 不著撰人〔主筆許水露〕，〈一體的雨傘蔭〉，《教會公報》679（1941.10），頁

許氏最特殊的文章是戰前最後一期教會公報刊登的〈新體制と基督教〉一文，運用流暢的日文介紹「八紘一宇」、「大政翼贊」的意義，結論卻說：「在決戰體制的非常時期，臺灣教會要實踐新體制的方法，就是禁酒運動與傳道報國。」[146]結論如此文不對題，「實在是不及格的社論」[147]，但儘管表面輸誠，他還是在1944年被誣陷，身繫囹圄，像他如此服膺「傳道報國」者都難逃牢獄之災，更遑論一般基督徒的遭遇。

　　由上可知，臺灣基督徒自認為是按照聖經真理及信仰良心順服為政者，並以「優秀、可靠的團體」自居。臺人認為日人誤解基督徒，反而多方排斥、挑剔，以民族偏見認為基督徒傾向英、美，猜疑是否通敵或反叛，對日本不利，遂以各種方法加以約束、監視。[148]種種因素，造成基督徒「傳道報國」認同的轉變，益發萌生臺灣住民的民族認同。

　　基督徒在複雜的身分認同中，藉著信仰不斷忍受苦難，也獲得安慰。基督徒覺得「有分於基督的苦難，明白祂的仁愛，成為真實的基督徒，在社會榮耀主的教會。」同時也認為「在家庭、教會、社會、國家，世間到處有十字架，若沒有耶穌基督，十字架是偌大的重擔。唯有擁抱耶穌才能忍受一切的十字架，而困苦、艱難都將成為天上的安慰，人生苦難成為快樂。所以面對十字架真正的幸福不是閃躲而是背負它。」[149]臺灣人在外表上曾一度被日本生活樣式所取代，似乎日皇祖神天照大神的光芒掩蓋了其他宗教信仰，[150]但

1-2。

[146] 許水露，〈新體制と基督教〉，《教會公報》684（1942.3），頁1。

[147] 黃茂卿，《臺灣基督長老教會太平境馬雅各紀念教會九十年史》，頁478。

[148] 許有才，《奇妙恩寵——許有才回憶錄》，頁52。

[149] 吳天命，〈與基督相與艱苦〉，《北部教會》187（1941.8），頁17。
吳天命，〈著背十字架〉，《北部教會》188（1941.9），頁17-18。

[150] 蔡錦堂，〈日據末期臺灣人宗教信仰之變遷：以「家庭正廳改善運動」為中心〉，《史聯雜誌》19（1991.12），頁44。

無論如何，國家神道最終並沒有取代基督徒的信仰。在官方強勢的政令與宣傳下，臺灣基督徒沒有公開、明確反對戰爭，只是希望和日人合作，謀求對社會的安定有所貢獻，甚至某些言行看似協力戰爭。然而，基督徒不斷忍耐，卻是被猜疑、歧視，因此在戰爭末期特別感到苦悶與不滿。

戰後基督徒反省這段歷史，學者指出日本基督教的「聖戰」思想實因誤解聖經、盲從政策所致。[151]戰爭期間標榜的「宗教改革」本應堅守「因信稱義」的立場，但日人面對皇國思想卻無法徹底抵抗，其理由應是缺乏「上帝國」的思想，導致許多日本基督徒無法充分認清戰爭的意義，出現重大的思想缺陷，使皇國思想深植於日本人的心靈。從神學方面而言，可能是因為沒有十分究明宗教改革的本質。[152]臺灣學者則認為「教會對日本殖民政府的暴政不敢批評，對其無理且不合基督教信仰的要求虛與委蛇，不敢據理力爭。」[153]

在臺灣的處境，基督教並非主流宗教，當「信仰」與「愛國」出現衝突時，往往成為棘手的問題。臺灣只是日本帝國的殖民地，根本無法像反納粹的德國基督徒一樣發出嚴正的抗議。德國的潘霍華（Dietrich Bonhoeffer, 1906-1945）能夠本乎基督徒的道德感，做出近似叛國的行動，甚至犧牲性命，[154]但臺灣受到龐大的國家力量支配，基督徒又僅佔人口1%，很難有所謂「積極」的作為。

遺憾的是，置身事內的時人，後來因為受到「去日本化」和「再中國化」的政策影響，其回憶錄或傳記大致傾向反日史觀的教

---

[151] 高橋三郎著，郭維租譯，《基督信仰的根本問題：紀念內村鑑三演講集》，頁259-260。

[152] 雨宮榮一、高橋三郎、島崎暉久合著，郭維租譯，《教會與無教會》（臺北：永望文化事業有限公司，2001），頁50-51。

[153] 林信堅，〈臺灣基督長老教會最初八十年的宣教〉，收入鄭仰恩主編，《臺灣基督長老教會歷史教育手冊》（臺北：使徒出版社，2010），頁72-73。

[154] 周學信，《踏不死的麥種：潘霍華在納粹鐵蹄下置之死地而後生的神學省思》（臺北：中華福音神學院，2006），頁71-87。

會史論述，許多人不願、不敢表露心跡，避免以基督徒的身分流露對日本或漢民族的真實情感，因為傳道所報效之國，是萬世一系的「神之國」，與國家神道的妥協牽涉到基督教信仰「拜偶像」之罪的問題。更惋惜的是，後人也是根據這種反日史觀，批評時人不敢抗爭、沒有勇氣、缺乏信仰良心。這種「後來的聰明」很容易陷入「時代的錯謬」。缺乏同情的理解，讓時人受到雙重的誤會，既忽略忍耐中對傳道的期待，又漠視順應中對報國的熱切。日治時期的臺灣基督徒很多人生而為日本國民，他們「愛國」似乎沒有錯誤。固然，「傳道報國」的理念是否合乎信仰、方式有無適當，確實值得討論，但倘若一般臺人的消極應對已是最大的限度，則基督徒的身分認同毋寧是更值得設身處地思考的課題。

第三節　終戰與基督徒之民族意識

一、宣教師的觀點

　　1940年宣教師迫於日本政府的法令陸續回國，仍持續關心臺灣教會的發展，雖然相隔兩地，但往往努力透過各種管道，期待獲悉臺灣基督徒的近況。在他們的筆下，展現對宣教工作的執著、思念及期盼。值得注意的是，宣教師再度踏上臺灣的土地時，並未對基督徒呼應「國策」的言行舉止表示苛責，相反的，卻展現包容與勸勉的態度。他們在「新時代的黎明」，對臺灣基督徒帶來極大的幫助。

　　加拿大教會指出，日本統治下的滿洲、臺灣與朝鮮的宣教工作，在戰時實難獲得任何聯繫，但宣教師離開之前都有進行策劃，許多事務應能繼續進行。母會所能做的事就是協助朝鮮等地的聖經傳道婦返鄉。相信透過宣教師們的影響、教導，以及耶穌基督的信

仰，透過前人所奠定的穩固基礎，教會將能維持信心，並在上帝的幫助下繼續建造上帝的國度。[155]

加拿大的明有德表示，因戰火阻隔之故，與臺灣的郵務全部中斷。他說「書桌上堆滿一疊寄出又退回的聖誕卡，上面繪著聖經與蠟燭，正象徵時代所需要的生命與亮光。」明有德與近森一貫等基督徒向來友好，關係最密切的則是臺北雙連教會牧師陳溪圳。在他的眼中，陳氏是一位出色的領袖，身為北部大會議長、基督徒青年運動主席及許多基督教活動的策劃者。不但如此，陳溪圳也是「各種場合都受歡迎的演說者」，往往能耐著性子當一個平臺，為臺灣基督徒翻譯日本人的講道。[156]宣教師對臺人的自立相當有信心，事實也證明，基督徒在戰時仍勉力讓教會經費自給自足。就北部教會觀之，1943年自立的教會已有34間，比例近五成，其中臺北教區共有25間教會，佔總數32%，是最大的教區。

表4-4　1943年北部教會經費自給與補助狀況

	經費自給之教會		仰賴補助之教會	
臺北教區	淡水、雙連、大稻埕、建成、李春生紀念、艋舺、板橋、東園町、新店、松山、新莊、三重埔、樂山園、基隆、瑞芳、九份、雙溪、宜蘭、羅東、三峽、花蓮港、鳳林、玉里、富里、大里	25所	八里坌、北投、士林、三角埔、內湖、坪林、南港、汐止、樹林、西町、暖暖、金山、石底、礁溪、頭圍、三星、利澤簡、蘇澳、大南澳、加禮宛、大和、觀音山	22所
中部教區	桃園、中壢、新竹、苑裡、苗栗、公館、大甲	7所	大溪、南崁、雙溪口、龍潭陂、新埔、關西、北埔、竹東、芎林、通宵、鯉魚潭、南庄、竹南、屯子腳	14所

[155] "Overseas Mission Work", Report of FMCPCC, 1942.5, p. 57.
[156] H. MacMillan, "Examined by Censor! Mail Service Suspended," The Presbyterian Record 67:6 (1942.6), pp. 179-180.

	經費自給之教會		仰賴補助之教會	
東部教區	池上、臺東	2所	關山、新港	2所
總計	34所		38所	

資料來源：徐謙信編著，《北部臺灣基督長老教會年譜》，頁94。

　　英國教會在戰爭中重新思索對日本的態度，首相邱吉爾（Winston L. S. Churchill）誓言要將日本夷為平地、把日人徹底滅絕；但宣教師沈毅敦（Leslie Singleton）等人卻反對把日人視為歹徒而滅盡。他們自問「上帝對日本除了毀滅之外，難道沒有別的心意嗎？」宣教師認為，日本政府確實不應宣稱神道、武士道以及「日本魂」的信念較歐美的基督教更優越，但日本畢竟不是基督教國家，其信徒比例遠少於軸心國的德、義，也比不上英國。不管日本政壇和軍人是否愚妄，其國內還有許多無辜的平民，因此日本不能被滅絕，並期待日人在未來能致力於公民自由，在國際情誼上扮演重要角色。宣教師還表示，其實有很多日人領袖的妻子是基督徒，這或許有所幫助。宣教師指出，有些英國人對日本人存在刻板印象，認為其形象就像一個猖獗、跋扈、配劍的警察，或認為所有的年輕人都由軍事訓練所塑造。英國宣教師表示，為日本的未來著想，須努力祈禱「邪惡政權」快快垮臺。即便日人說神道非宗教，還是要將狂熱的天皇崇拜從太陽神的位階拉下來、戳破「天皇是所有德行和正直的化身」的虛構神話，破除「至上不敗」的皇軍思想。日軍逐漸敗退，證明神道、神社的迷思是錯誤的。[157]

　　英國教會表示，臺灣比中國更富庶，主客觀條件更佳，若從外來政權與極權統治下鬆綁釋放，將能賦予新的眼光，很有希望塑造自己的未來。[158]但他們也表示，宣教師若有機會再接觸到臺灣基

---

[157] L. Singleton, B. Sc., "Our Work Overseas: Christ and the Japanese," *The Presbyterian Messenger* 1152 (1943.7-9), pp. 63-64.

[158] Rev. H. F. Wallace, D.D., "Our Work Overseas: 1844-1944: and The Future,"

督徒，可能需要謹慎地面對，畢竟臺人曾長期服從於強大的戰爭宣傳，因而亟需宣教師發揮影響力，重建基督徒新的信心，以造就和前輩相同的堅定信仰。宣教師尤其認為，臺、日教會之間在殖民統治下發展的關係，使戰爭時期的臺灣教會在人民之間扮演重要的調和角色，其表示：

> 我們重返後所面對的教會是一個已經五年（或更多）獨立於宣教師支援的教會。宣教師重返後將與臺灣教會站在一個新的關係。
>
> 由於開羅宣言決定將臺灣歸還中國，我們應該採取步驟。
>
> 為使過去的分隔不再發生，應在該地建立一個由加拿大和英國共組的教士會。從臺灣教會和日本基督教會之間已發展的關係看來，臺灣教會將能成為現在戰爭時期，人們之間調解的一個重要途徑。[159]

另一方面，也有宣教師認為臺灣不再需要援助，例如劉路得姑娘（Ruth MacLeod）就認為：「我不完全確定神學校需要我們的成員去協助。我也不全然認為在臺灣設神學校是必須的。中國距離不遠且能提供比臺灣更寬廣的前瞻性。主要可透過中國及其島嶼到南臺灣，連結外面的世界。」[160]旅英的基督徒黃彰輝則表示，中國人的態度是影響臺灣人的關鍵，民眾或許會有很複雜的感受，甚至需要經歷一段艱辛的過渡期。但如果臺灣成為中國的一部分，就會像廈門一樣亟需設立學校發展神學教育，但不是去領導其發展方

The Presbyterian Messenger 1159 (1944.4-6), pp. 63-64.
[159] "Memorandum dated April 8th 1945, San Francisco," 1945.04.08, PCEFMA, Mf. No. 35.
[160] "To The Foreign Missions Committee—Future in Formosa—", 1945.07.11, PCEFMA, Mf. No. 35.

向。[161]

　　戰後初期，孫雅各很快就接到臺北神學校教授吳清鎰的信，內容提及馬偕醫院受轟炸變成一棟空殼，沒有醫藥也沒有設備，許多教會完全停擺，神職人員必須自立營生。臺北神學校的學生疏散到新店，因此1945年3月18日空襲時無人傷亡，31日學校完全關閉，教師胡摩西到政府機關工作，吳天命和吳清鎰靠種菜維生。孫雅各認為教會受到日人強大的壓迫一度瀕臨潰敗，但臺人終究維護本身的自由並重歸喜悅，原被日軍徵為倉庫的教堂陸續歸還，呈現欣欣向榮的氣息。[162]

　　米珍珠姑娘則寫信給南部教會，告知英國宣道會倫敦事務所被炸毀，以及宣教師林安、杜雪雲逝於蘇門達臘的消息，她表達想念之情並表示母會期待提供協助，與臺人再度同工。[163]滿雄才於1946年7月再度踏上臺灣的土地，他表示闊別七年之間，距離遙遠而難以得知臺灣的消息，戰爭爆發後更完全斷絕音訊。他將請安報告寄給臺南神學校，希望喚起當時的回憶，使年輕的一代能認識教會如何忍耐戰爭的困苦日子，並成為他筆下關於臺灣唯一有紀念性的文字。他指出連聖經的先知都有大起大落、反動沮喪之時，臺灣教會可能也有同樣的體驗，因此宣教師必須幫助基督徒再次站立起來。[164]

　　由上可知，隨著太平洋戰爭局勢漸漸明朗，外界對臺灣基督徒的未來呈現不同的期待，但不約而同地注意到中國將扮演的角色，

---

[161] "Notes on Formosa Conference", 1945.09.20, PCEFMA, Mf. No. 35.

[162] Go Chheng-ek, "The Church in Formosa Is Rebuilding," *The Presbyterian Record* 71:4 (1946.4), p. 100.

[163] 不著撰人，〈教會消息＿宣教師的消息〉，《臺灣教會月刊》685（1945.12），頁5。
J. W. G., "Sabine Mackintosh: An Appreciation," *The Presbyterian Messenger* 1161 (1945.10-12), pp. 85-86.

[164] W. E. Montgomery, "The Rip van Winkles' Return to Formosa," *Theology and The Church* 6: 3/4 (1967.3), p. 93.

以及臺灣人的身分認同問題。

二、臺灣人的觀點

　　戰爭期前後，臺灣人的政治認同並非固著的狀態，而是因應時局而呈現出游移、流動的現象，且常有徘徊在臺灣、日本與中國之間猶豫掙扎的經驗。[165]如吳濁流說，在殖民地下的臺灣人沒有宣稱祖國的自由，完全像奴隸一樣，而且又被置身於不能不向祖國的敵人忠誠的地位。面臨此種難局，內心唯有想到如何逃避才能安然度過日子。[166]吳三連也表示，臺灣既為日本人所有，則臺人為求生存，在高壓統治下毫無選擇餘地。[167]殖民地母國和臺人心目中的祖國交戰，臺人在心理上很難適應這種新的敵我關係，內心至感痛苦。例如當時就讀日本神學校的李嘉嵩[168]認為，儘管日人採取差別待遇的統治，但臺人仍願意由衷與之同心襄助「國家」，以待日人自承錯誤、改變政策作風，真正落實「一視同仁」。他強烈地意識到身為臺灣人的心理負擔，又必須以一個殖民統治下的基督徒來曲解、掩飾軍國主義下的種種不義，精神上十分苦悶。[169]

　　臺灣人對戰爭態度的轉折，與軍國宣傳的強大作用密切相關。日治末期的青少年接受軍事訓練，對聖戰抱持著幻想，其結果，某些基督徒戰後遇見美國宣教師，甚至一度視為「敵人」，可見戰爭宣傳深植人心的效應，一時之間難以抹除，例如牧師胡茂生[170]說：

---

[165] 陳翠蓮，《臺灣人的抵抗與認同》（臺北：遠流出版公司，2008），頁277。
[166] 吳濁流著，鍾肇政譯，《臺灣連翹》（臺北：前衛出版社，1988），頁93。
[167] 吳三連口述，吳豐山撰記，《吳三連回憶錄》（臺北：自立報系出版部，1991），頁105。
[168] 李嘉嵩（1914-1978），臺南崗仔林人，李崑玉傳道師之子，與林獻堂家交情深厚。畢業於京都兩洋中學、日本神學校、美國紐約協和神學院國際基督教教育訓練班。曾任教會牧師、中學訓導主任、校長、臺灣教會公報社主筆、亦曾任教於臺南神學院、沙勞越（Sarawak）衛理學院，以及玉山神學院。參閱氏著，《一百年來》（臺南：人光出版社，1979），頁1-138。
[169] 李嘉嵩，《一百年來》，頁58-59。
[170] 胡茂生（1925-2012）生於第三代基督教家庭，善化教會胡橫長老之三子。長榮中

> 我曾當過日本兵，被迫受軍國主義的教育，所以初乍見孫雅各牧師這美國人，實在很想把他拖來揍一頓，因為他是宣教師只得罷手。[171]

　　基督徒最痛苦之處在於受監視、不能維持信仰生活，又遭逢戰亂流離失所，例如阮德輝[172]認為日本壓迫教會50年，常常注意、監視基督徒的行動，導致教會難以傳福音，失落根本的生命。他感謝上帝照基督徒的信心，以權能審判世界，打倒「不義、不正、侮辱上帝的日本」，使臺灣獲得光復，教會能自由宣教。他告訴信徒從前的罪惡已經過去，一切有形無形的犯罪，以藉著耶穌降生而赦免，呼籲信徒效法上帝的心，彼此相愛，饒恕無禮失和的人，與其修好，遇到艱困者要關懷愛護、樂於解囊相助。[173]

　　南部基督徒在教團解散後，很快地組成「長老教會復原發起人會」，委託曾任常置委員者設法緊要事務，決議出借公報社房屋與印刷器械給高金聲牧師繼續發行公報。其次，逐一收回新樓醫院、

（1940-1945）畢業後，保送進彰化青年師範就學，但隨即因「學徒兵出陣」之政策被徵召入伍，考上幹部候補生（預備軍官），接受嚴格的軍事訓練並參戰。戰後復學，畢業於臺灣神學院、東京神學大學，分獲加州神學大學、臺灣神學院的榮譽神學博士。歷任馬偕醫院宗教部、宜蘭頭城、臺北南門（牧會40年），曾任北部大會、總會議長，以及馬偕醫院、臺灣神學院、教會公報社、總會宣教中心、美南長老教會財團法人等機構的董事長。參與發表「國是聲明」、「我們的呼籲」、「人權宣言」。賴俊明主編，《牧會百談：胡茂生牧師榮退暨榮任名譽牧師紀念集》（臺北：財團法人中華民國聖經公會出版部，1995），頁34-45。
〈胡茂生訪談記錄〉，2010.04.19，於胡氏自宅，未刊稿。
[171] 蘇光洋主編，《孫雅各牧師紀念專集》，頁15。
[172] 阮德輝（1912-1976），屏東林邊人，臺灣初代牧師阮韞玉之子。畢業於清水公學校、淡水中學、臺南神學校。學成後先在東港教會服務，在親友鼓勵下赴日本神學校深造，並以優異成績畢業。返臺後，1940年封立牧師，歷任竹仔腳、東港及前金等教會。阮氏在前金駐任長達23年，帶領信徒重建教堂，影響深遠。教會公務曾任總會副書記、總會教育處長、臺灣基督教國際救濟會高雄支會主席等職位。阮妻高惠慈出身臺南高家，為高篤行牧師之女；長兄阮德茂醫師曾任彰基院長。參閱阮德輝著，劉清智編，《阮德輝牧師講道集》（臺南：人光出版社，1986），略歷與發刊詞。
[173] 阮德輝，〈聖誕歡喜的原因〉，《臺灣教會月刊》685（1945.12），頁1-2。

長榮中學及女學的管理權，選出新任臺人董事。其三，基於合一的精神，解散不合時宜的教團，籌畫南、北長老教會的「總會」，若有變數則南部大會必須獨立召開。其四，將1946年第一個禮拜日的奉獻劃歸澎湖宣道會費用，並鼓勵各教會提高傳教師待遇，以因應物價上漲。[174]

嘉義地區的傳教師指出，多位會友因轟炸不幸罹難、房屋焚燬，信徒流離失所，連傳教師都疏散到鄉下支會。教堂雖未受損。但幼稚園講堂、主日學教室與牧師館都被總督府挪為軍用，導致聚會中止。臺灣光復後，天下太平、信仰自由，教會也復活，並因應國人要求，從雙十節起主辦北京話講習會，吸引300多人就讀。[175]學習「國語」一時蔚為風氣。

社會知名的基督徒人士林茂生則以理事長兼代理校長的身分，從日人有阪一世手中接收淡江男、女中。他向師生強調敬天即敬上帝，是五千年的傳統與立國基礎，也是奉行三民主義與熱愛真理的態度。同時，他號召舉行「臺北基督教青年會發會式與創立總會」，擔任理事長，並積極關心東部的花蓮港、鳳林、玉里等教會，以因應激增的原住民信徒2,000餘人，他認為原住民在日治末期的十年間，為了信仰的緣故受到很多的迫害，其情景宛如羅馬時代受逼迫的基督徒。[176]基督徒在他的呼籲下，青年活動蓬勃發展，紛紛起而關心社會的需要。

戰後初期，臺灣基督徒一方面對殖民統治展開批判，歷數所遭受的不公對待；一方面對國民政府懷抱高度興趣，以「回歸祖國」的心態來期許。例如南部教會的耆老高金聲指出，日人剝奪臺

---

[174] 楊士養，〈教會消息_教界的消息、南常委的批〉，《臺灣教會月刊》685（1945.12），頁2-3。
　　黃武東，〈南北兩大會分別召開及其活動〉，《百年史》，頁278-279。
[175] 黃武東，〈教會消息_嘉義教會〉，《臺灣教會月刊》685（1945.12），頁4。
[176] 陳溪圳，〈教會消息_北部教界〉，《臺灣教會月刊》685（1945.12），頁4-5。

人的權利，將臺人視為次等國民，教育限制，臺人子弟受教權不平
等；經濟束縛，甘蔗、樟腦臺人採集，價格日人訂定、獨佔；物資
統制、設立組合、配給物品、生意衰微、店面倒閉、稅金增加，非
常悽慘。日本垮臺後，人民脫離拘束，重歸中華民國，成為一等國
民。高氏又說，日治末期，無論安息日或新春稱謝禮拜，入殿要敬
拜天父，有一項奇怪的禮儀摻進來，要先遙拜天皇，為戰歿者祈
禱，這分明是講天皇是神，還沒拜上帝要先向天皇敬禮，要證明其
高於上帝。基督徒的良心因聖殿被玷污、良知被遮蔽而相當痛苦。
現在總算可以清心敬拜上帝。人人熱心學北京話，舊「國語」敗
退，新「國語」登場，眾人展開新生活，欣喜之情正如歡迎國軍的
標語「江山依舊，氣象更新」。[177]從高金聲這位生於清末1873年的
老前輩觀之，說他是「三朝元老」亦不為過，心中的民族意識和祖
國情懷表露無遺。

　　同時，臺灣基督徒對中華民國的歷史與國家象徵的接觸漸趨
頻繁，戰後的國際情勢與日、臺的復員情況亦多有關注。有人從明
末清初直到孫文革命開始介紹中華民國史，指出臺灣回歸祖國，新
增「雙十節」與祖國同慶。民眾在光復受降式盛大慶祝，紛紛唱
「國歌」、舉「國旗」，遊行市街慶歡欣。天主教則為光復節與為
蔣介石生日祈福召開祈禱會頗受肯定。外交方面，基督徒注意到國
際賠償與臺灣留學生的問題。報導戰勝國可能將日本天皇的私產處
分為戰爭賠償、麥克阿瑟（Douglas MacArthur）凍結日本15個商社
的證券，臺灣留日學生十萬人境遇艱困，政府派林茂生、張鴻圖、
廖文毅等人將前往處理等消息。[178]此外，基督徒介紹孫文先生的略
歷，[179]或介紹國家的象徵旗幟，告訴大家12道光芒的「黨旗」源自

---

[177] 高金聲，〈民國35年正月謹賀新年〉，《臺灣教會月刊》685（1945.12），頁5-6。
[178] 不著撰人，〈時事〉，《臺灣教會月刊》685（1945.12），頁7-8。
[179] 吳天識，〈歷史〉，《臺灣教會月刊》685（1945.12），頁8；686（1946.2），頁
　　 8；687（1946.3），頁8；688（1946.4），頁7-8。

革命軍的旗號，而青天白日滿地紅的「國旗」的配色則和歐美民主國家相同，兩種旗都是國旗。[180]基督徒的民族認同的轉換和一般臺灣人並無二致。

同時，基督徒對教會的合一依舊抱著期待。例如大甲教會的胡文池表示，理想的教會是整體合一，臺灣教會30年間持續努力，但都流於虛名，1943年受上帝的引導成立「總會」完成實質合一，但日人為統制教會，在事務尚未接辦妥當時，又組織日本基督教臺灣教團，動機不純正，不是上帝的心意，「人造教團」最後自然消滅。[181]楊士養也說，為秉持「基督的精神」，建議南北實質合一，執行常議員會的決定，恢復「總會」的機制儘快議事，並徹底修正規則。[182]顯然的，基督徒對戰前所成立的「總會」的認同感較之「教團」高出許多，且希望儘快恢復總會的運作以便綜理事務。

然而，由於情勢瞬息萬變，基督徒的認同轉變在當時並未得到妥善的整理、解釋與沈澱，甚至衍生出兩極化的反應。例如許有才表示他終生最痛恨在教會內勾群結黨，認為從地方教會到總會都不應分黨派，運用政治手段「暗盤交易」。許氏甚至批評日治時期某些人讓日本政府牽著鼻子走，竟和政治勢力勾結，忘恩負義地趕走宣教師，戰後卻又搶先歡迎他們回臺，[183]顯然他對教會的「政治圈」頗不以為然。許有才批評的對象，是指北部的陳溪圳等人，但其子女為其辯護指出，陳氏與日本政府及日本基督教團極力合作傳福音，建設臺灣的教會，不但有固定的神觀、創造觀、基督論、救贖論、罪惡觀、道德觀及終末論，更有堅固的意志，有人不瞭解而反對，他還是不搖動也不失去愛心，極力說服繼續合作上帝國的事

---

[180] 林照，〈見學_咱的國旗〉，《臺灣教會月刊》685（1945.12），頁8。
[181] 胡文池，〈不准分離〉，《臺灣教會月刊》685（1945.12），頁6-7。
[182] 楊士養，〈教會消息_元臺灣總會常議員會〉，《教會公報》686（1946.2），頁2。
[183] 林信堅，〈許有才牧師的佳美腳蹤〉，《教會公報》1665（1984.1），頁14。

工。[184]基督徒認知的差距，導致教會內、政教間埋下心結。

　　同化政策的終極目標，乃希望臺灣人成為休戚與共的皇國臣民。1941年起的皇民奉公運動把「國家」、「神道」、「天皇」與「日本精神」緊密結合，進行無限上綱的神化，不僅壓迫固有宗教、習俗，甚至把針對個人或家庭的皇民化政策，擴大到精神層面和社會整體動員。臺人起初以「傳道報國」的態度順應體制，日人卻隨著戰事擴大，仿照「總督府正面指示，社會教化組織側面呼應」的方式，漸次透過非教會直轄的基督教服務組織，驅使全體教會遂行戰爭目的。臺灣方面警覺恐遭孤立，以停止臺灣大會運作來示好，試圖加入日本基督教團，卻在日人不願分享權力又不願共同承擔責任下，未能成功。最後反遭到總督府因勢利用，配合1938年通過的國家總動員法、1941年施行的宗教團體法[185]將臺灣各個基督教、天主教派別合併成「日本基督教臺灣教團」，總督府藉由文教局與教團統理者，掌控該基督教統合機構，逐一接管教會學校、醫院等。由於殖民統治深具封閉與獨佔性，臺、日人之間始終截然分為統治者與被統治者；加以隔離政策與差別待遇長期存在，臺、日始終存在民族隔閡與對立。[186]在此狀況下，臺灣基督徒縱然一度放棄民族立場，認同日人，亦無法消除日人的藩籬和限制。

　　另一方面，總督府持續地推動「國語運動」時，雖不曾全面地禁用臺語，但是對長老教會特別嚴苛且不信任，其影響力滲透到教育信徒最重要的教會公報，使其大量出現日文版面，以及呼應皇民化政策的文章，要求神學校教授日文，廢除漢文。甚至禮拜天教會聚會也必須改成日語講道，特別集會要報備，臺語羅馬字的聖經更加難以流通。在國語政策方面，長老教會顯示出一定程度的順

---

[184] 賴俊明主編，《常綠在人間：陳溪圳牧師百年懷念集》，頁70。
[185] 《臺灣總督府府報》3567，1939.4.29。
[186] 吳文星，《日治時期臺灣的社會領導階層》，頁318。

從，但仍然無法避免戰爭末期教會報遭停刊、神職人員遭逼迫等種種厄運。

關於基督教最重要的禮拜儀式和信仰對象的純正性質，在皇民奉公運動的威勢下，長老教會幾乎無法抵擋，北部教會甚至有迎合的傾向，除了新舊權力鬥爭以外，對宗教信仰的核心價值有嚴峻的挑戰，甚至將聖經的義理過度解釋。因此，後續出現的「錬成會」和各式各樣勤勞報國或精神洗腦的集會、團體，長老教會只能無奈地接受，身心靈受到莫大的打擊，恐怕是當初始料未及。

值得注意的是，傳統教會史的論述常將日治末期十年的經驗，集中焦點於太平洋戰爭後半期，也就是1942年6月關鍵的中途島海戰之後。日本帝國無法再陶醉於「輝煌的戰果」，基督徒受苦的困境也接踵而來，例如國民儀禮、被監視或誣陷、被迫用日語、錬成會、勤勞奉公以及教會財產被日人掌控等。如此易使人誤認為日治末期基督徒的身分認同是均質化的、沒有改變的，都是受壓迫的。根據史料的耙梳，基督徒的民族認同之轉折，應是1942年第二次申請加入日本基督教團遭到拒絕之時點，此一事件使基督徒的民族認同開始產生疑慮；1943年成立「總會」以後，南、北教會的想法漸漸有所不同；而到了1944年之後，基督徒的民族認同已經清楚地覺醒。臺人看見日人有福不願同享，有難不願同當，卻處處要求配合。臺人無法加入教團，日人卻擁有雙重會籍，理由雖為提攜保護，臺人卻很難接受，認為在基督教信仰團體中還是存在著無法跨越的民族差別待遇。臺灣基督徒竭盡心力地「傳道報國」，卻不為日本基督徒所誠心接納，導致戰後對日本統治時期的真實情感鮮少自然流露，呈現的歷史圖像集中於抨擊日本基督徒配合殖民當局侵取掠奪，其情景與所謂「外來政權」的國民黨政府如出一轍，絲毫不能加以寬貸。惟南、北教會缺乏進一步的說明與理解，裂痕不易修補，戰後又太快拾起「傳道報國」的路線，對內引發基督徒許多

疑慮，對外欠缺與社會的溝通，形成戰後至今教會必須處理的國族認同課題。要之，若一味地採取反日抗日的史觀，則不容易瞭解信基督徒的社會處境，難以探查他們複雜且矛盾的民族情感。

第五章
宗教教育與「傳道報國」認同
——以主日學為例

　　清末，英國和加拿大長老教會相繼來臺傳教，其教育事務概分為宗教教育和普通教育，前者主要針對教會信徒，包括每週的主日學、禮拜講道、教會報刊、神學校等；後者則不限信徒子女，包括教會小學、中學、女學、訓瞽堂等。[1] 上述教育中，「主日學」係指每週日教會為使信徒認識基督教義理而開設的宗教教育課程。顧名思義，它強調「主日」[2] 的意涵，鼓勵兒童自幼學習聖經義理和教會生活，使其信仰基礎穩固，漸漸成為堅定且熱心的基督徒。兒童心思單純，容易接受福音，經由主日學教育得以傳承長輩的信仰，促進教會的進步，自不待言。[3]

　　教會重視主日學係根據聖經，用以肯定兒童的純潔、遵行上帝的指示。〈箴言〉記載：「教養孩童，使他走當行的道，就是到老

---

[1] 張妙娟，《開啓心眼：《臺灣府城教會報》與長老教會的基督徒教育》（臺南：人光出版社，2005），頁182-272。

[2] 所謂「主日」（the Lord's Day）是紀念耶穌基督復活的日子，為基督教與天主教所遵守的聖日，亦即每週第一日；猶太教則是守「安息日」，係每週最後一日。

[3] 1915年以降，佛教宗派也成立「日曜學校」，於週日或假日在寺院集合兒童，施以教化活動，屬社會事業之一。確知成立年代的日曜學校至少有50個。因佈教使交換等因素，有些並未長期辦理。本書所稱「日曜學校」乃專指基督教而討論。
參閱松金公正，〈日據時期日本佛教在臺灣推行之「社會事業」（1895-1937）〉，《宗教傳統與社會實踐中型研討會論文集》（臺北：中央研究院民族學研究所，1999），頁16-22。

他也不偏離。」[4]〈馬太福音〉當中記載耶穌說：「讓小孩子到我這裡來，不要禁止他們，因為在天國的，正是這樣的人。」[5]顯然的，教會視兒童為獨立的個體，而非附屬於成人，乃希望培養成信仰高尚的基督徒，[6]因此主日學誠然是攸關基督教信仰核心與教會發展的重要環節。

關於主日學的研究，長老教會在「宣教百週年」時曾出版一份年譜，惟內容簡略，日治時期的資料也只統計到1933年。[7]早期研究者則整理1865-1953年的主日學概況，分為創設、建設、分設、光復四個時期，[8]以1917年「主日學部會」成立、1930年南部劃分四中會自治及1945年終戰為分界點。此一劃分著眼於教會組織的演變，較未考慮主日學本身的發展及時代變遷。

張妙娟的研究則聚焦日治前期臺灣南部長老教會的主日學教育，其以《臺灣教會報》和相關刊物為主要素材，認為1926年是教會主日學的重要時點，並逐漸發展出組織化、系統化的模式。張文翔實且細膩地考察教會主日學的教育理念、師資和教學，內容十分深入，惟其研究斷限為1895-1926年，日治後期不在探討之內。[9]

林嘉瑛從宣教運動的時代背景綜述清季以降百餘年的主日學概況，認為早期主日學、教會小學成員大多重疊，公學校的普及導致教會小學式微，北部尤其嚴重。不過，主日學是否因此流失學生仍有待商榷。蓋主日學的數量遠多於教會小學，且是在週日進行，與

4　〈箴言〉22章6節，《聖經》舊約和合本（香港：聖經公會，1961），頁785。
5　〈馬太福音〉19章14節，《聖經》新約和合本（香港：聖經公會，1961），頁27。
6　潘道榮，《主日學中心之問題》（臺南：新樓書房，1926），頁76。潘氏分嬰兒科1-3歲，幼稚科4-6歲、初等科7-10歲、中等科11-13歲、高等科14-16歲。另外為17-25歲者設師範科；而新生或年長不諳白話字者則編入「特別科」。
7　鄭泉聲編，《臺灣基督長老教會基督教教育歷史年譜》（臺北：臺灣基督長老教會總會教育處，1965），20頁。
8　尤正義，《臺灣主日學的歷史》（嘉義：臺灣宣道社，1967）。
9　張妙娟，〈日治前期臺灣南部長老教會的主日學教育（1895-1926）〉，《興大歷史學報》22（2010.2），頁79-104。

正常上課時間實無衝突，是否受公學校影響有待考察。[10]

　　關於兒童文化及學前教育方面，臺南的兒童文化團體在1927年已分為學校和教會兩個系統。1927-1935年間，民間教育團體加入日本童話協會的分會組織；1935年後，基督教團體承接業務，策劃戲劇表演、童謠創作和童話講演，[11]教會主日學積極投入兒童教育。林崎惠美則指出，日人基督徒於1896年設立臺灣最早的「臺北幼稚園」，其中，臺北基督教會首任牧師河和龜輔貢獻最大，他是哥倫比亞大學博士，專攻主日學教學法，扮演日治初期兒童宗教教育的推手。[12]

　　前人研究對於日治前期的主日學相關議題雖有觸及，然而，1937年以後臺灣進入戰時體制，「主日學」因應政治環境和教材變遷而改稱「日曜學校」，主日學的組織和運作如何受到時局的影響？其課程和教材如何變遷？白話字教育、聖經教育、日語教育之間呈現何種張力？在在均是值得探究的課題。因此，本章使用教會議事錄、《臺灣教會公報》及主日學教材為基礎史料，輔以時人著述及回憶文字，探討日治末期主日學的特徵，希冀適切地瞭解它所呈現的歷史意義。名詞方面，「主日學」及「日曜學校」係按照出現的年代而作不同之表達。主日學老師概以「教員」稱之；教師手冊、學生教科書則分別沿用《教員課本》和《主日神糧》之名稱。

---

[10] 林嘉瑛，〈臺灣基督長老教會主日學校發展之研究〉（臺北：國立臺灣師範大學教育學系碩士論文，2006），頁138-139。

[11] 游珮芸，《日治時期臺灣的兒童文化》（臺北：玉山社，2007），頁144-146。

[12] 林崎惠美，〈日治時期臺灣幼稚園之設立與發展〉，《日治時期臺灣教育學術研討會論文集》（2005），頁43-44。

第一節　日治前期主日學之發展

　　世界主日學的起源可溯及17世紀。早期，北美清教徒移民習於週日由戶長進行家庭宗教教育，至1669年始出現「Sunday School」之稱。1780年，英國報業家雷克士（Robert Raikes, 1736-1811）開始設學從事基礎教育，教導貧童識字和算數，其後普及到歐陸和北美，他因此被尊為「主日學之父」。1824年，全美國的主日學組成聯盟並使用共同教材，至1889年第一次「國際主日學大會」於倫敦召開時，主日學已漸成世界各地教會常見的教育設施。據1928年的統計，全球設有主日學的教會近29萬所，教師近260萬人，學生逾2700萬人。[13]

　　清末，英國長老教會在南臺灣展開宣教工作，引進兒童宗教教育的理念和實務。宣教的最初20年間，設立「教會小學」，採用新式教育法，招收一般兒童，施以初等普通教育，授與算數、地理、漢文、聖經等科。教會小學在府城、岩前、鹽埔、迦蠟埔等地都曾開設，惟其規模不大，且非各教會常置設立。

　　1885年，具有教育專業背景的英國宣教師余饒理（George Ede, 1855-1905）編撰《三字經註解》、舉辦「庇哩亞會」[14]，在主日禮拜前唱詩、讀經、問答、講故事。1889年，府城教會（今臺南太平境教會前身）正式建立規模完善、專人負責、分班上課之主日學，[15]其他教會則尚未普及。[16]不可否認的，從世界宣教的角度來

---

[13] 潘道榮，《主日學中心之問題》，頁71。

[14] 語出聖經《使徒行傳》17章，以庇哩亞人「甘心領受這道，天天考查聖經」的事蹟喻之。

[15] 鄭泉聲，《臺灣基督長老教會基督教教育歷史年譜》，頁1。

[16] 張妙娟，《開啟心眼：《臺灣府城教會報》與長老教會的基督徒教育》，頁182-186。

看，臺灣的主日學其實深受宣教母國之影響，且繫於世界之潮流。

日治前期的主日學教育大抵延續晚清的基礎，逐漸發展組織化的運作模式。據教會規定，兒童長大後要「識道理」方能接受正式的成人洗禮，因此需要加強白話字讀寫、認識基督教信仰。神職人員重視主日學的功能，致力提升信徒子女的學習成果，促進教員的教學效率。首先，透過教會報刊印〈通信教授〉，齊一讀經進度，提供聖經註解。接著，1917年設立「主日學部會」，專責規劃南、北共同的主日學課程，積極舉辦

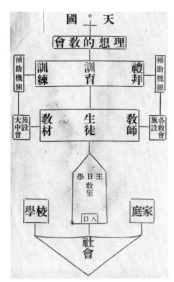

圖5-1 ▌ 主日學理念示意圖
資料來源：潘道榮，《主日學中心之問題》，扉頁。

教員研習會提升教學品質。同時，派遣專人考察教會事務，輔導設置主日學，將「主日學教授法」納入牧師晉升考試。[17]1926年，為落實區域管理，設置南、北主日學部會分別管理，融入因地制宜的措施。其結果，主日學師生人數呈現成長的趨勢。

1928年，牧師潘道榮出任全臺主日學主事（總幹事，下同），推動教會充實教學內容、整修教室、研究教材、加強統計報告，並舉辦教員祈禱會和家庭訪問；同時，引進日本國內「日曜世界社」發行的出席表、學籍簿、教員錄。[18]1930年，南部劃分高雄、臺南、嘉義、臺中四個中會，正式進入分立建設的時期，開始設有主日學巡迴演講和成人部門。[19]1936年，全臺共有157間教會設有主日

---

[17] 吳學明，《從依賴到自立：終戰前臺灣南部基督長老教會研究》，頁322。
[18] 張妙娟，〈日治前期臺灣南部長老教會的主日學教育（1895-1926）〉，頁141-144。
[19] 《臺灣大會議事錄》16回29、30條（1932.3），頁9。

學，教員1,393人、學生11,143人。其中，南部主日學較興盛，110間教會中，96間設有主日學，奉獻金額4516.4圓，至少有14間教會設置專用教室。平均每間教會有教員11人，學生86人，師生比接近1：8，主日學教育可謂蓬勃發展。[20]

由上可知，1937年之前主日學呈現成長的趨勢，時人的回憶文字亦清楚指出此一情形。初代臺人牧師黃俟命擔任長老教中學舍監兼宗教主任時，常以講道督責住宿生，輔助其身心靈發展。在他領導下，校內主日學迅速進步，多名學生主動至各教會擔任教員、培養經驗。是時，黃俟命、潘道榮、鄭溪泮合力研究教材教法、組織主日學教員會、舉辦夏季學校，校長萬榮華（Edward Band, 1886-1971）形容自己是學校的「頭」，黃氏則是學校的「心」。[21]

教會史學者、前哈佛燕京圖書館副館長賴永祥（1922- ）[22]於1930年左右開始上主日學，認為詩歌、故事、遊戲、讀經等內容有趣又有益。賴氏從小接觸聖經故事，熟稔教會信仰義理，15歲時已能勝任白話字初級班助教。

政治受難者家屬、岡山教會長老林高雪貞（1926-2006）自述幼時的聖經基礎始於主日學，尤其是懷孕女教員教唱「背嬰兒」詩歌模樣，既逗趣又辛苦。而「辛苦」的還有和她同齡的牧師之子，不但要掃地，聽故事要坐第一排，聽完還要參加成人禮拜。後來她赴日就讀青山學院，童年經驗成為人生重要的回憶。[23]

獻身中部醫療傳教的蘭大弼醫師（Dr. David Landsborough IV,

---

[20] 臺南長老大會，《南部臺灣基督長老教會設教七十週年紀念寫真帖》（臺南：教會公報，1935），頁1-221。

[21] 賴永祥，〈463您真正是學校之心〉，《教會史話》第五輯（臺南：人光出版社，2000），頁145-148。

[22] 許雪姬等訪談，《坐擁書城：賴永祥先生訪問紀錄》（臺北：遠流出版事業股份有限公司，2007），頁45-46。

[23] 林高雪貞口述，謝大立、廖惠如整理記錄，《荊帕中的百合花：林高雪貞女士口述實錄》（臺北：臺灣神學院出版社，2008），頁44-46。

圖5-2 1936年彰化基督教會主日學常設部幼稚科
資料來源：連瑪玉著，劉秀芬譯，《蘭醫生》（彰化：財團法人彰化基督教醫院，
　　　　　2005），頁236。

1914-2010）[24]自述幼時愛吟聖歌，聆聽耶穌事蹟以及結交臺人友
伴。他認為白話字比漢字簡單，便於記憶臺語詞彙，對於後來在
泉州的醫務推廣有相當助益。[25]其母連瑪玉（Marjorie Landsborough,
1884-1984）是彰化教會最資深的主日學教員，她帶領彰化醫館員
工教導詩歌、聖經故事，組織兒童合唱團，學生超過百人，反應熱
烈。[26]

　　臺南太平境教會主日學創設於1889年，是全臺歷史最悠久者。
1933年該會信徒黃受惠留學東京，對幼稚教育留下深刻印象，返臺

---

[24] 即蘭大衛醫師（D. Landsborough III）之子，又稱小蘭醫師。
[25] 劉翠溶等訪談，《蘭大弼醫生口述歷史》（臺北：中央研究院臺灣史研究所，
　　2007），頁9
[26] Marjorie Landsborough, *In Beautiful Formosa* (London: William Clowes and
　　Sons, 1922), pp.110-111.

図5-3 1935年臺南太平境教會主日學教室和禮拜堂
資料來源：臺南長老大會，《南部臺灣基督長老教會設教七十週年紀念寫真帖》（臺南：教會公報，1935），頁95。

後邀集會友修繕主日學教室，6年後成立「愛兒園」，擔任首任園長。在他苦心經營之下，園生增加，經濟好轉，正式立案為私立太平境幼稚園，[27]形成「主日學」和「幼稚園」相輔相成的模範。

　　前長老教會總幹事、太平境教會出身的高俊明，其母親注重教會事務，為教會兒童授課數十年如一日，畢生重視教育和社會服務，曾任長老、婦女會長、中會婦女部長、長榮女中校友會長和董事長。有趣的是，高家毗鄰教會，對高俊明卻是「地利之不便」，他坦承幼時對教會缺乏興趣，常找藉口玩耍，是個「令父母親煩惱擔憂的小孩」。然而，此一成長背景卻是他投入社會關懷的信仰根基。[28]

　　前長老教會總幹事黃武東（1909-1994）則非常喜歡隨家人共赴教會。他7歲隨父親入信、習白話字，其課本名曰「字母」，他自述年幼懵懂，學到11歲才記住。1935年黃氏就任斗六教會，是時教會振興，會友增加，主日學教室無法容納學生，必須借用禮拜

---

[27] 林崎惠美，〈日治時期臺灣幼稚園之設立與發展〉，頁51。
[28] 高俊明、高李麗珍口述，胡慧玲撰文，《十字架之路：高俊明牧師回憶錄》（臺北：望春風文化事業股份有限公司，2001），頁54-57。

堂、宿舍或空地。不久,該會獲得良機,設立通風、採光、設備均佳的專用教室。顯然的,童年的基礎是黃氏致力於主日學的契機。[29]

主日學對基督教家族的形成有關鍵性的影響。透過信仰和教育的傳承,信徒子女從社會底層獲得上升流動的機會,並致力使家族門風不墜,如此代代相傳而形成龐大的基督教家族。以南部「高雄舊城黃家」為例,其發展的中心繫於基督教信仰,家族積極參與教會活動,凝聚向心力。[30]各代成員中,至少有10位牧師、10位長老,並輪流擔任主日學校長。其中,家族成員陳安靜貢獻尤多,她畢業於長榮高等女學校,長期擔任主日學教員、司琴以及教會長老。[31]黃氏家族成員認為,家族背景雖然平凡,但主日學教育乃是影響個人生涯和教會發展的重要因素。

當時臺灣主日學的發展和歐美基督教國家略有不同。以美國為例,老少信徒均參與主日學,教員從青年以上乃至各行各業,不乏受高等教育的有識之士。當時臺灣基督徒的青年會尚未發展,宗教教育以主日學為主,學生年齡層和公學校相仿,尚未成為信徒一體適用的宗教教育。[32]

---

[29] 黃武東,《黃武東回憶錄:臺灣長老教會發展史》,頁34、37、41、131。

[30] 賴永祥,〈黃香的眼淚〉,《教會史話》二輯(臺南:人光出版社,1995.1),頁181-182。
賴永祥,〈教會史話176:舊城黃香之裔〉,《教會公報》2072(1991.11),3版。

[31] 陳安靜,《恩寵的女兒:陳安靜女士見證集》(臺北:天恩出版社,2006),頁13。
〈黃文嬌訪談記錄〉,2008年7月06日,未刊稿。
〈陳安靜訪談記錄〉,2008年7月20日,未刊稿。
〈黃昭賢訪談記錄〉,2008年7月20日,未刊稿。
〈黃茂全訪談記錄〉,2008年7月27日,未刊稿。
〈黃主帥訪談記錄〉,2008年7月27日,未刊稿。
〈黃保諭訪談記錄〉,2008年7月27日,未刊稿。
〈李佳民訪談記錄〉,2008年7月06日,未刊稿。

[32] 劉振芳,〈雜錄I.在美的感想〉,《教會公報》610(1936.1),頁14-15。

圖5-4 ▋1935年高雄舊城教會主日學教室和禮拜堂
資料來源：臺南長老大會，《南部臺灣基督長老教會設教七十週年紀念寫真帖》，頁29。

　　綜上所述，日治時期的主日學教育乃是順應英、美宣教運動，
與世界主日學潮流同步發展。1930年代，教會普遍設有主日學，師
生人數眾多，呈現蓬勃成長的趨勢。教學內容以白話字和聖經義理
為主，詩歌、圖畫及遊戲為輔，上課時間不長，學生卻印象深刻。
同時，教會組織校長會議和主日學大會，顯示規模漸趨完備。不
過，教會偏重白話字教育而招致批評，時人認為應將重點置於福音
主義的宗教教育。[33]亦有論者指出從體格、知識、社交及宗教四方
面觀察兒童的性格，期待長輩用「上帝的眼光」觀察兒童生命中豐
富的可能性，使上帝在兒童身上薰陶優美高尚的人格，[34]強調主日
學教員應忠於上帝，心性仁愛聖潔，每日三省吾身、關懷學生。[35]
要之，基督徒透過主日學教育，使學生的成長歷程受到深遠影響，
助其塑造人格發展、堅定信仰意志，進一步確立生涯的方向。

---

[33] 主筆，〈新時代的教會〉，《教會公報》611（1936.2），頁3。
[34] 不著撰人，〈兒童教育〉，《教會公報》611（1936.2），頁7-8。
[35] 李水拖，〈70禧年3大恩典〉，《教會公報》611（1936.2），頁14。

第二節　皇民化運動與「日曜學校」

　　1937年中日戰爭爆發，臺灣輿論鼓動而展開「皇民化運動」。其中，影響教會最大者有三，其一為振作國民精神，在殖民政府「舉國一致、盡忠報國、堅忍持久」的口號下，基督徒認為應忍受苦難，在「非常時」奉仕教會、傳道報國。其二為普及國語政策，基督徒開始在報刊文書、集會講道及教會學校漸漸使用日文。其三為變革宗教風俗，由於寺廟整理、正廳改善等措施，臺人頓失信仰依靠，基督徒則希望藉機協助和擴大傳教。

　　此時的臺灣教會持續推動主日學事務，潘道榮仍以牧師之職兼任主事，綜理全臺主日學。潘氏和公報社共同編輯《主日學教員課本》，支領公報社薪津，肩負指導顧問之責。此一時期，全臺主日學之校數計157所，教員數1,393人，學生數11,143人。[36]1937年，基督徒討論主日學的名稱是否更換為「日曜學校」，最後全體議員均反對。[37]其原因可能尚無迫切需要，加以佛教系統也有所謂的「日曜學校」及研究會，[38]為避免混淆而沒有成案。

　　實際執行方面，南部教會的主日學部會較北部擁有更多主導權，部長王守勇編寫白話字教科書《主日學讀本》並積極推行，同時，舉行主日學聯合靈修會，鼓勵學生背誦聖經，表彰資歷十年以上的教員，研議向中會徵收費用，以利教育事業之推動。[39]

　　各教會關於主日學上課時間、授課順序等實際運作狀況略有不同。高雄中會推行兒童讀經運動，增設日語班、成立圖書室，俾便教員進修。臺南中會劃分7個區域舉辦教員修養會，內容以宗教教

36　《臺灣大會議事錄》18回10條（1937.3），頁3。
37　《臺灣大會議事錄》18回47條（1937.3），頁15。
38　林崎惠美，〈日治時期臺灣幼稚園之設立與發展〉，頁44。
39　不著撰人，〈特告：主日學教員課本〉，《教會公報》625（1937.4），頁20。

育、講道、讀經為主。嘉義中會較重視資料統計,印製出席簿、主日記錄簿供各教會使用。臺中中會則側重講習會的課程研討。[40]

1937年8月,日本基督教聯盟要求臺人因應戰爭爆發而配合國策,指示臺日民族共同結成戰時基督教統制團體「北支事變全臺基督教奉仕會」。[41]隨後各地分設支部,替政府服務。同時,日人要求臺人教會以「慰問皇軍」的名義進行戰爭捐納,[42]甚至不得舉行聖誕節慶祝儀式。[43]為求慎重,甚至刊登公報週知信徒。[44]蓋聖誕節是基督教重要節日,自1908年臺南基督徒經宣教師同意而舉辦紀念活動後,各地普遍跟進,早已形成教會重要慶典。[45]然而,12月25日又是大正天皇祭,教會若在皇民化運動期間大肆慶祝實屬突兀,為避開敏感的時刻改為低調處理。因此,主日學部會停辦慶祝活動,延後舉行校長會議。[46]

隨著皇民化運動勃興,總督府認為「說日語」是臺人徹底皇民化的要件,因此普及、常用日語成為重要的施政方針,「國語普及運動」推向高峰。[47]1937年2月總督府斷然廢除公學校漢文課,繼之取消報紙漢文欄;指示各州廳動員各教化團體,致力於家庭、部落及市街庄的「國語化」,以期開啟徹底常用日語的新局面。

南部教會相當配合政策,自1938年8月起獎勵使用「國語」的主日學,[48]依據主日學部會會長黃仁壽之看法,由於教會重視兒

---

40 尤正義,《臺灣主日學的歷史》,頁28-30。
41 共9個宗教團體組成:在臺的日本基督教會、日本聖公會、日本組合教會、日本美以美會、聖教會、臺灣基督長老教會南部大會、臺灣基督長老教會北部大會、基督教婦女矯風會、臺灣基督教青年會,會長為日本基督教會牧師上與二郎。
42 《南大常委議事錄》29回5條(1937.8.11),頁96。
43 《南大常委議事錄》30回8條(1937.10.1),頁99。
   不著撰人,〈公告III.時局與聖誕〉,《教會公報》632(1937.11),頁3。
44 《南大常委議事錄》31回5條(1937.12.21),頁101。
45 謝禮明編,《更新與成長:主日學成立九十週年史》(臺北:臺灣基督長老教會總會教育委員會,1979),頁19。
46 不著撰人,〈南大主日學部會〉,《教會公報》632(1937.11),頁14。
47 吳文星,《日治時期臺灣的社會領導階層》(臺北:五南圖書公司,2008),頁300。
48 黃俟命、林照〈III.南大主日學部會〉,《教會公報》641(1938.8),頁2。

童宗教教育，組織逐漸完備，教員水準提升，[49]相較於1936年的統計數字，南部的校數由96所增為118所，教員數由1,085人增為1,115人，學生數由8,252人增為9,514人，成長頗為迅速。

1940年，國際局勢緊張，日本外交政策日趨嚴峻，外籍宣教師紛紛移交財產離去，臺灣基督徒必須自立擘劃，進行人事改組。同時，1940年正逢日本所謂「皇紀二千六百年」，官方乃利用節日慶典遂行國民精神教化及國家統合動員。臺灣基督徒參與一連串的「內地之旅」，進而肯定國家的強盛及日本基督教的進步。

為效法日本教會，該年臺灣大會有四分之三的議員贊成改「主日學部」為「日曜學校部」，[50]由部長鄭溪泮帶領各中會選任的部員負責，[51]決議南、北教會必須提交相關文書報告以利統計。日曜學校部透過中會校長會議，宣導聖誕節的意義，鼓勵日語授課。高雄中會方面，鼓勵老幼共同參加紀念禮拜，培養兒童良好習慣，擴大舉辦兒童讀經運動，增加聖經問答比賽、兒童作文比賽和短期聖經研究會，並以巡迴文庫幫助偏遠教會。

臺南中會透過報刊鼓勵主日學教育，召開校長會議、聖經研究會、教員靈修會共商方針，輔導各校發揮特色。嘉義中會舉辦教員靈修會，表彰資深教員，發放制式點名簿，力行簿冊檢查，根據白話字程度區分預備科、字母科、白話字聖經科、日語聖經科等。臺中中會則舉辦多次宗教教育講座，積極推動學生背誦全年聖經課程。[52]

此一時期，主導日曜學校的教會人士認為，政治綱領既是「建設高度國防國家、解決日中問題、樹立政治新體制」，則日曜學校

---

[49] 黃仁壽，〈教會與日曜學校〉，《教會公報》655（1939.10），頁2。
[50] 《臺灣大會議事錄》19回70條（1940.3），頁17。
    楊士養、高端莊、陳金然，〈19回臺灣大會〉，《教會公報》662（1940.5），頁13。
[51] 《臺灣大會議事錄》19回41條（1940.3），頁13。
[52] 尤正義，《臺灣主日學的歷史》，頁30-32。

身為「教會的生命線」宜呼應配合，以四個要點因應新時代的需要：其一，確立本質，強調日曜學校直屬教會，應培養忠實的基督徒和善良的國民。其二，編輯新課程，停用「萬國共通」的課程，效法日本基督教會自編教材，引進優良書籍。其三，組織新級別，仿效日本基督教會依據學校制度分級，加強日語和聖經課程以取代白話字。其四，發揮特色，貫徹福音本質，指導兒童涵養上帝意識，培育忍耐奉獻精神。教員方面，勉勵以信仰智識引導兒童，透過測驗、演說及批判輔導之。教員從事實際的指導時，一方面要將教育融入生活，關心兒童的信仰、人格和社會服務，使其能實際應用；一方面要召開祈禱會、夕陽會訓練學生。[53]顯然的，時人認為日曜學校是「傳道報國」的重要一環，必須加倍關心，強調「福音的使命」之意義。[54]

1941年，太平洋戰爭爆發，總督府高舉「臣道實踐」、「犧牲奉獻」，成立「皇民奉公會」，將國家、神道、天皇及日本精神緊密結合、神化，不僅壓迫傳統宗教習俗，更擴大動員臺灣社會。臺人起初以「傳道報國」的態度順應體制，透過全臺校長會議，討論如何推廣日語科別教案。高雄中會設計學生受洗入教的專用卡片，表揚資深教員，增設教員訓練科，授與結業證書，晉升正式教員，藉以提高師資程度。臺南中會召開例行部會、校長大會及學生學藝會，表揚模範生。嘉義中會注重簿冊檢查，獎勵優秀師生。臺中中會鼓勵學生讀經，舉辦六次教員靈修會，編制教員一覽表，鼓勵閱讀宗教教育雜誌。[55]顯然的，太平洋戰爭初期，教會仍盡其所能，勉力維持宗教教育。此一時期，全臺的「日曜學校」之校數計161所，教員數1,287人，學生數11,473人。[56]

---

[53] 潘道榮，〈新體制的日曜學校〉，《北部教會》184（1941.5），頁18-19。
[54] 潘道榮，〈傳道報國〉，《北部教會》187（1941.8），頁25。
[55] 尤正義，《臺灣主日學的歷史》，頁32-33。
[56] 《臺灣大會議事錄》20回15條（1942.3），頁12-13。

隨著戰事擴大，教會的「教員講習會」陸續因時局緊縮、財務困難而逐漸停止，[57]1942年臺灣大會決議通知各日曜學校使用「國語教材」，並改「主日學部會」為「教育部」。[58]社會組織方面，日人主導成立「臺灣基督教奉公團」，驅使基督徒協力國策、配合戰爭。宗教組織方面，臺人本欲加入「日本基督教團」，但日人以「手續不完備」、「非獨立教區」為由駁回；後官方人士介入，透過宗教統制法令成立「日本基督教臺灣教團」，文教局和教團得以影響教會行政與學校醫院等機構。

由於官方干預與資源匱乏，教材供應中斷，教會頓失指導。主日學教育不受教團重視，漸被社會教化、遺族撫慰或青年團所取代，例如臺灣基督教奉公團的規章即明確指出：「奉戴對美、英兩國之宣戰大詔之聖旨，發揮皇國民之本分，盡基督教報國之責，以資練成皇民」之目的。關於實際業務，規章第11條指出：「開辦以提高會員識見為目的之講習會、講演會、修養會等，昂揚國民之戰時意識，善導國民之戰時生活，協助推行國語以使內臺一體化，舉行戰捷祈禱會等」。顯然的，宗教教育亦不得不配合協力國策。

為戰爭體制之故，總督府大肆動員民眾，推行社會教化，基督徒陸續面臨「國民儀禮」、「鍊成會」、「勤勞奉公」等困境，宗教生活倍受影響。基督徒遭懷疑、被監禁；教堂被徵用，戰火熾烈時聚會幾近停擺。日曜學校的部會雖一息尚存，但受大環境影響，教材停止發行，指導宗教教育的功能其實已喪失殆盡。

要而言之，1937年起，臺灣進入戰時體制，長老教會或半自願，或被迫納入戰時宗教統制團體當中，從事軍人慰問、戰爭捐納

---

[57] 劉子祥、林照，〈公告：III. 南大日曜學校部會〉，《教會公報》676（1941.7），頁3。

劉振芳、林照，〈公告：南大日曜學校部會〉，《教會公報》678（1941.9），頁2-3。

[58] 《臺灣大會議事錄》20回15條（1942.3），頁13。

與社會教化。主日學某些活動如聖誕節慶祝會因時局而停辦，教會勉力進行宗教教育，如兒童讀經運動、教員研習會、靈修會、教材教法研習等。1940年，臺灣大會受日本國內的組織與教材影響，改「主日學」為「日曜學校」，並配合「國語政策」，鼓勵日語教學。1942年，臺灣大會設置「教育部」，決議全面使用日語教材，加強使用日語科別教案。1943年，總會下設日曜學校校長一人，其後戰況漸烈，物資短缺，公報社被迫歇業，無法支援各教會的主日學。戰爭末期，主日學雖一息尚存，但在「基督教奉公團」等統制機構的干預下，政府得以驅使全體教會協力戰爭。統制機構逐步將臺灣境內各個派別的教會組織，結成層級更高、涵蓋面更廣的戰時協力團體。1937年起主日學的「教員講習會」與「校長會議」因時局緊繃、經濟困難而間斷召開，至太平洋戰爭爆發後則是「無限期延期」。1944年「日本基督教臺灣教團」成立時，規章中已不見「日曜學校」的蹤影，社會教化取代兒童宗教教育變成教會的主要工作。

表5-1　1937年起南部大會、臺灣大會主日學負責人一覽表

	南部大會	臺灣大會／總會
1937	王守勇／黃俟命	潘道榮（部長兼主事）
1938	黃俟命	
1939	黃仁壽	
1940	（不詳）	鄭溪泮（部長）、王守勇（主事）
1941	劉子祥／劉振芳	
1942	（不詳）	
1943	（不詳）	郭和烈
1944	（不詳）	
1945	（不詳）	

資料來源：《臺灣教會公報》624、632、641、654、676、678號。
　　　　　《臺灣大會議事錄》18回77條（1937.3），頁22。
　　　　　《臺灣大會議事錄》19回41條（1940.3），頁13。

第三節　主日學之課程與教材

　　主日學旨在培養兒童閱讀聖經、認識信仰。課程設計以《主日神糧》、《教員課本》與教案（教學方案，下同）、掛圖等教學素材為中心，透過詩歌、閱讀進行教學，為便於兒童理解與記憶，內容大多淺顯、活潑、富於變化。日治末期的主日學教育大致延續前期的方式，多方鼓勵但不具強制性；自由發展而不拘於常規。不同之處在於，教會對課程內容多所研議，甚至爭論「教導白話字或講解聖經孰為優先？」然實際上兩者難以偏廢。日治末期的主日學教育即因不同教育理念而產生教材與課程的改變。

一、1937-1940年的教材

　　1937年以前，主日學教材版本分歧，例如1926年採用《世界共通主日學學課》，1930年採用《白話字教科書》，聖經課本或白話字教材版本並未固定。[59]1937年3月，擔任主事的王守勇牧師編的《主日學讀本》為白話字教科書，[60]宗教教育的部分仍為《主日神糧》。然而，當時論者強烈批評教會當局過度重視白話字教學和表面化的宗教教育，呼籲採行「徹底聖經主義的信仰教育」。[61]論者責備教員缺乏奉獻心志、教學不力；家長只會批評卻忽略家庭教育；信徒領袖偏離主日學旨趣；主日學部會混淆一般教育和宗教教育，任意教導白話字。[62]此類議論一度引起軒然大波，足可見時人對教員、教材、教法的重視和憂慮。

---

[59] 許有成，《白話字實用教科書》（臺南：臺灣教會公報社，1930）。作者於1961年增補一篇〈拜託〉作為序言及使用說明。該書2009年2月發行42刷，至今仍使用之。

[60] 王守勇，〈II.南大主日學〉，《教會公報》624（1937.3），頁9-10。

[61] 不著撰人，〈主日學的使命〉，《教會公報》631（1937.10），頁1-3。

[62] 黃俟命、林照，〈主日學聲〉，《教會公報》633（1937.12），頁8。

1937年4月，南部大會決議由教會公報社統籌發行課本，《主日神糧》每年一本，售價7錢；《教員課本》每季一本，售價17錢，篇幅約50頁。[63]以1937年第四季的教材為例，主題是：基督教生活的研究，[64]每週一課，含幼稚科共14課。每課先提示單元名稱，再說明本課引用的聖經篇章、摘錄段落，以及開、閉會的聖經和詩歌。接著是聖經金句、目的（某些單元細分聖經科、預備科）、大意和註解。核心部分的教學活動則分預備科及聖經科，前者設計準備、教話、整理；後者則依次為序言、本課、結論。課程題目與教學目的詳如表5-2：

表5-2　1937年第四季《主日學教員課本》課表

課	月日	題目	面	目的
1	10/3	作〔上帝的〕孩子的名分	1	聖經科：說明使其知對上帝的愛，我們信靠主耶穌，獲得作孩子的名分，有如此的特權（金句），也有很大的義務。（3章，18節）預備科：使其能明白，接納耶穌就能稱作上帝的孩子；要他們〔學生〕各人反省，他們自己有都接納祂嗎？
2	10/10	上帝的報賞	4	講明於我們各人的生活裡，上帝不時在報賞我們；他們〔學生〕應該有這種體驗存在。
3	10/17	講話與行為	7	要我們的學生能隨時謹慎於講話。
4	10/24	更新	10	從主耶穌的救贖，我們才有更新的生活。這要我們的學生明白欣慕之。
5	10/31	節制學課	13	指導我們的學生向著節制的路來行：就是完全順從聖神的指揮，來戰贏一切罪惡那樣的理想生活。
6	11/7	品行與平和	17	確切勉勵我們的學生欣慕此種美的品性與基督的和平。
7	11/14	基督教的教職	20	要我們的學生能夠尊重上帝的奴僕；且又各人照上帝所交託的恩賜來盡本分。

---

[63] 不著撰人，〈特告：主日學教員課本〉，《教會公報》625（1937.4），頁20。
[64] 潘道榮編，《主日學教員課本》（臺南：臺灣教會公報社，1937.9），頁1-52。

課	月日	題目	面	目的
8	11/21	基督教的工人	23	上帝有交託我們許多好的事業，我們要作一個不厭倦的工人，那日就有大的報賞。這要我們的學生明白之。
9	11/28	基督教的結實	26	結連於基督，才會結好又多的果子。這要我們的學生記在心。
10	12/5	基督教的安慰	31	真的安慰，真的安息只有從基督能得到賞賜人；這要我們的學生都明白之。
11	12/12	基督教的交流	35	基督徒從倚靠基督的救贖，現在能與父以及信徒相交流，將來於天上有更加美又完全的交流；這要我們的學生欣慕之。
12	12/19	耶穌的出世	40	幫助學生都會明白耶穌出世是真能歡喜的事。且各人確信耶穌作他們的救主。
13	12/26	基督教的獻身	44	將所研究論基督徒的生活，從得救到獻身的一站一站再使學生體會一遍。願他們能夠各人放膽就像保羅先生講，因為論到我……（金句）。
		幼稚科	47-52	—

資料來源：同註64。

　　1937年底，南部大會主日學部預備翌年教材，[65]由於七七事變爆發，決定停購中國出版的掛圖，改向美、日採購。教科書預計發行2,000本，書名仍為《CHÚ-JÌT SÎN-LIÔNG》（主日神糧），漢字譯為《日曜の糧》，規定學生上課時必須和聖詩和聖經一同攜帶。[66]1938年，繼續使用公報社發行的教員課本，但鼓勵主日學盡量用日語教學。主日學部認為日曜世界社的《日曜學校科別教案》和現行教材相仿，均係「世界共通的學課」而繼續推介，[67]並停用中國出版的大幅掛圖。[68]

---

[65] 不著撰人，〈II.1938年度的主日學學課〉，《教會公報》631（1937.10），頁3。
[66] 黃俟命、林照，〈南大主日學部會〉，《教會公報》632（1937.11），頁14。
[67] 不著撰人，〈II.日曜學校課本教案〉，《教會公報》641（1938.8），頁2。
　　黃俟命、林照，〈III.南大主日學部會〉，《教會公報》641（1938.8），頁2。
[68] 《南部大會議事錄》5回10條10款（1939.3），手稿本頁156。

1939年的《主日神糧》除了日文金句之外，又加上日文的「主ノ祈リ」（主禱文），並改成片假名使學生容易閱讀，共發行5,000本。[69]由於受到日本國內教材的影響，教師手冊更名為《日曜學校教員課本》。[70]該年第一季的主題是「彼得的生涯與他的工作」，內容仍是聖經為主的宗教教育。關於編輯大意、各課的題目與教學要點如下：

(1) 日曜學校之目的再檢討：日曜學校不是只培養、指導宗教心的宗教教育的機關而已。其實是教會將所受託的福音，報給兒童知道的教會的事業，就是傳道的機關。換言之，日曜學校就是「聖言的教育」，使兒童知道①信仰上帝的恩典②期待上帝的約束……〔中略〕……若你感受上帝愛的使命，當有分於此光榮的職務。無論採用國語的教案，或是本部所發行的課本，請向此目標來前進。

(2) 日曜學校的宿題：每週要教的課程與家庭禮拜的聖經節都有關連，所以希望各日曜學校教師，勉勵兒童在6日間要去讀主日神糧的家庭禮拜的聖經節。

(3) 金句的活用：每週的金句應該使兒童背誦熟練。更加要緊的是讓他們在一週之間能照金句的標準來實行。[71]

---

[69] 不著撰人，〈昭和14年度的主日神糧〉，《教會公報》644（1938.11），頁2。
[70] 此時部會的名稱仍稱「主日學」，詳見第二節。
[71] 潘道榮編，《日曜學校教員課本》（臺南：臺灣教會公報社，1938.12），扉頁。

表5-3　1939年第一季《日曜學校教員課本》課表

課	月日	題目	面	目的
1	1/1	彼得奉事的受召	1	將彼得當時受召的事實，來使我們的學生想兩項：（1）獎勵他們歡喜聽基督選召的聲，來做祂的學生。（2）使他們能明白作基督的學生是何意義（金句）。
2	1/8	彼得受稱讚與譴責	5	彼得承認基督且受稱讚，我們要學他；但是他不解基督要受苦的事，卻體貼人情，導致被基督譴責；這應作我們的鑑誡。
3	1/15	彼得看見基督的榮光	9	彼得看見主的榮光，就更加認識榮光的基督放棄一切要來開拯救的路；他的心大感動，到那日仍在見證（彼後1：16-18）。所以放棄祂的榮光來救他們，應該時時聽祂，思念祂
4	1/22	彼得的不認主	13	將彼得不認主的事實，來勉勵我們的學生知道，我們仍然也是軟弱，應不時謹慎。
5	1/29	彼得聲明他的愛	17	要我們的學生也會像彼得熟識基督的愛，並一生決心愛主。
6	2/5	彼得在五旬節的講道	20	讓學生明白三件：（1）彼得受聖靈的大教導，我們也應如此受聖靈來完成上帝交託的使命。（2）得救與聖靈有大關係。（3）在每日的生活應求聖靈引導。
7	2/12	彼得醫好跛腳者	23	使他們能知基督的能力，與用合宜的欠缺人，是第一要緊。
8	2/19	節制學課	26	現代基督徒對社會義務，就是做一個節制生活的模範者。
9	2/26	彼得在撒瑪利亞	29	福音眾人都有分：將撒瑪利亞城的人獲得福音的歡喜，使學生欣慕之；並將西門用錢想買聖靈卻遭譴責，來作學生鑑誡。
10	3/5	彼得對異邦人傳教	32	彼得放膽去傳福音於異邦；因為他信，上帝是眾人類所要仰望的，只有從祂能得救（金句）。上帝既然一樣愛世人；我們豈能有人種的差別嗎？這要我們的學生明白並實行之。
11	3/12	彼得救出監	36	使學生從彼得被救出監的事實，來明白兩項：（1）確信上帝奇異的攝理，在保護為道理而受苦的人。（2）要獲得上帝的保護，同心祈禱的重要。
12	3/19	彼得鼓舞基督徒生活	41	照彼得鼓舞當時信者所應有的基督徒生活，來勉勵我們的學生去實行之。
13	3/26	彼得在説明基督的受苦與死	44	對彼得所體驗基督的受苦與死，使我們的學生也會明白，來體驗、來受感動。並能放膽為主作見證。

資料來源：同註71。

二、1940-1942年的課程與教材

1940-1942年公報社持續發行《主日神糧》（日曜の糧），每年一本，篇幅約30頁，售價12錢，運費3錢，封面圖樣為一本聖經配上白話字和日文對照的「祢的話是我腳前的燈」，語出〈詩篇〉119篇105節。

由於1940年是所謂「皇紀二千六百年」，政府為凝聚國民意識，動員全民舉行「奉祝行事」與「奉祝記念事業」，強調圖書出版業皆須「共襄盛舉」。[72]結果，教會在形式上配合政府的步調，將《主日神糧》鈐印「皇紀二千六百年」字樣。內容能按照往常，每季一個主題，1940年第一季「天國：馬太的研究」、第二季「先知奉命所傳的道理」、第三季「詩人所傳的道理」、第四季「普遍上的福音：路加的研究」。各個主題以聖經教義為主，加入片假名的〈使徒信經〉，以及奉獻、飯前、早晚禱、兄弟姊妹、禮拜日的禱告文。另編入每天家庭禮拜的經文，每週日用一節白話字和日文對照的金句為中心。[73]

此一時期，《主日神糧》採用「萬國共通的學課」，與日本基督教會（簡稱日基）的教材出現競合現象。日基的主日學課程仿照國民學校分四級：初等科三級、高等科，外加青年科。臺灣基督徒認為該制度「內容充實，符合現代學生需要，並以聖經為中心。長老教會的課程往往事倍功半，應該要以聖經取代白話字作為本位且使用國語。至少也要採用日基日曜學校局所新編成的教材。因為就日本國內的教會而言，它無論質或量都是最進步的。」[74]南部大會日

---

[72] 蔡錦堂，〈「紀元兩千六百年」的日本與臺灣〉，頁76。

[73] 臺灣教會公報社，《主日神糧（1940年）》（臺南：該社，1939）。
臺灣教會公報社，《主日神糧（1941年）》（臺南：該社，1940）。
臺灣教會公報社，《主日神糧（1942年）》（臺南：該社，1941）。

[74] 潘道榮，〈新體制的日曜學校〉，《北部教會》184（1941.5），頁18-19。

圖5-5 1940年《主日神糧》封面
資料來源：長榮中學提供

圖5-6 1942年冬季的《日曜學校教案》封面
資料來源：原件藏國立臺灣大學圖書館

曜學校部會一面介紹初等科、幼年科的補充教材與教案，[75]一面引介日本國內教材，例如日曜世界社所發行《日曜學校科別教案》及日基日曜學校局發行的雜誌《日曜學校の友》等，[76]使其廣為使用。

　　1942年初，公報社發行的教材供應不及，乃將教材刊印公報代用。[77]該年冬季的《日曜學校教案》是日治時期公報社發行最後一期的《教員課本》。內容講授基督徒與上帝、家庭、世界的關係，以及職務、金錢等日常生活的標準。其中，較特殊的是第5課〈基督徒與國法〉和第9課〈性命獻給主〉，前者強調「在家裡父母是

---

[75] 劉振芳、林照，〈公告：南大主日學部會〉，《教會公報》678（1941.9），頁2-3。
[76] 黃受惠編，《主日學予科讀本》（臺南：臺灣教會公報社，1942），頁1-6。
[77] 不著撰人，〈日曜學校教案〉，《教會公報》682（1942.1），頁14。

長輩;在學校裡老師是長輩,要聽從其教導。社會上也有長輩,就是警察、郡守、州知事、總督、天皇,教導兒童要在上位掌權者的面前做好事做好人。」後者強調「現在我們各項都為了國家,最要緊的就是獻身。所以有的當將官;有的當海軍、空軍、陸軍;征戰來拓展堅固我們的國家。基督徒面對天國也是一樣的精神。」[78]從內容觀之,明顯呈現戰時體制的氣息。

三、紀念日

　　教會節日普遍受信徒重視,會內人士認為上帝創造日月星辰有「分晝夜、作記號、定節令、日子、年歲」的功用;[79]聖經又載以色列人受埃及人壓迫,希望脫離其統治,自由地「向耶和華守節」,成為「上帝選民」的歷史轉捩點。[80]因此,教會年節是淵源於猶太教的節期制度,信徒過節時,一方面可更深入認識信仰,另一方面則可更新禮拜;教會透過不同節期來設計不同的儀式與佈置,有助於禮拜生活化、教育信徒及保持教會傳統的功能。[81]易言之,教會年節對信徒生活甚為重要。每逢復活節、聖靈降臨節、聖誕節等日子,無不舉行特別禮拜及相關紀念活動,以激發信徒的宗教情懷。

　　主日學的專屬紀念日始於1934年,臺灣大會決議4月第三個週日為「臺灣主日學紀念日」。[82]為與世界基督教同步,乃以10月的第三週日為「世界主日學紀念日」。基督徒強調兒童受上帝疼愛,應在大人保護、教導下避免接觸罪惡,以承接未來的期待和文化。

---

[78] 臺灣教會公報社,《日曜學校教案:基督徒生活的標準》(臺南:該社,1942.9),頁25、50-51。

[79] 〈創世記〉1章14節,《聖經》舊約和合本(香港:聖經公會,1961),頁1。

[80] 〈出埃及記〉5章1節,《聖經》舊約和合本,頁73。

[81] 張德謙總編輯,《新編焚而不燬》(臺南:人光出版社,1995),頁165。

[82] 《臺灣大會議事錄》17回70條(1934.3),頁16。
不著撰人,〈公告II.日曜學校紀念日〉《教會公報》649(1939.4),頁2。
今改為「教會學校紀念日」擴大對象到長老教會系統的中學、大學與神學院。

同時，教會配合政府推動初等教育，培養新一代的國民時，以兒童宗教教育為教會的重心之一。[83]

另一方面，西歐國家為紀念第一次世界大戰結束，訂定11月11日為「世界休戰紀念日」。南部教會為配合紀念，訂定11月7日為「兒童和平日」，要求轄內教會舉行「主日學和平禮拜」，呼籲關心世界基督徒與兒童的友誼，[84]並以禮拜儀式鼓舞特別獻金，提供主日學之用。[85]

文宣方面，1940-1942年的《主日神糧》刊印多種的紀念日，如教會年中的行事、全年禮拜日的表、祝祭日、十二生肖、陰曆干支記年與廿四節氣等。[86]「教會年中的行事」登載世界基督教共通節日，如耶穌受難週、母親節、感恩節、聖經紀念日以及臺灣特有的「初週祈禱會」、「南部設教紀念日」，這些節日加上主日禮拜，是全年宗教活動的總綱。所謂「祝祭日」則是政府制訂的官定節日，具有改變臺灣人傳統時序觀念的用意。每逢祝祭日時學校多以休假、神社參拜或「修學旅行」，並在前一天的朝會上誦讀「教育勅語」，講授節日的意義，[87]藉以培養臺灣人「忠君愛國的志氣」。[88]

《主日神糧》將祝祭日印上課本周知主日學師生的做法，不全然是受到皇民化運動的影響。直至戰後10年該書仍附有「國家重要行事」，只不過改成另一個政權的節日而已。[89]因此，《主日神糧》納入教會、日本、傳統華人的年節元素，可視為「信仰本土化」的努力，以調和三者的文化差距，使信徒能對照查閱。該書每

---

83 陳光輝，〈主日學紀念禮拜〉，《教會公報》622（1937.1），頁6-7。
84 不著撰人，〈囡仔的平和日〉，《教會公報》632（1937.11），頁3。
85 不著撰人，〈I.十月3禮拜：世界主日學紀念日〉，《教會公報》631（1937.10），頁3。
86 臺灣教會公報社，《主日神糧（1940年）》，扉頁、頁29-31。
87 呂紹理，《水螺響起：日治時期臺灣社會的生活作息》（臺北：遠流出版社，1998），頁70。
88 臺灣總督府民政部學務課，《祝祭日略義》（臺北：該課，1898），緒言。
89 教會公報社，《主日神糧》（臺南：該社，年份1955-1957）。

圖5-7 1941年《主日神糧》的節日對照
左：教會年中行事與全年禮拜日的表；中：祝祭日；右：舊曆申巳年。

資料來源：原件藏臺灣神學院

年發行一本，印上歲時紀年，一方面鼓勵學生惜時守節，一方面可作為簡易型的「教會版」曆書。

　　要而言之，主日學的教材原來版本分歧，有白話字課本與《主日神糧》兩種。語言識字教育與聖經宗教教育路線的矛盾引起時人強烈質疑，並指出主日學許多陳痾。因此，1937年改由公報社統籌發行《主日神糧》、《教員課本》，其教學目標明確，步驟甚為詳盡。中日戰爭爆發後，主日學部會停購中國教材，改向美、日採購，課本的白話字名稱照舊，但加上日文漢字《日曜の糧》。此一時期，日本國內的教材開始輸入，總督府的國語政策亦大力展開，主日學課程內容受到影響，先是在語言的部分增加日語的經文，繼之，教師手冊也更名《日曜學校教員課本》，惟內容仍屬於聖經中心的宗教教育。1940-1942年《主日神糧》的聖經經文與各式祈禱文大量使用日語，大體上仍未偏離聖經的教義，但部分內容可明顯看到戰時體制的影響，呈現服從長上、昂揚戰意的教導。另一方面，教會重視紀念日的宗教意涵，訂有「臺灣主日學紀念日」、

「世界主日學紀念日」及「兒童和平日」呼籲關心兒童的主體性、宗教教育重要性及和平的可貴。尤其主日學教材致力於文化間的和衷共濟，殊堪肯定。

綜上所述，主日學是每週日教會所推行的信仰教育課程，目的為教導兒童認識基督教義理，它是教會的基礎亦是基督教信仰的核心價值之一。臺灣自1889年已設有規模完善的主日學，日治時期的教學更漸有系統。整體而言，主日學深受母會宣教師影響，且呼應世界宣教潮流。1937年之前，主日學呈現增加的趨勢，在信徒的生命歷程中留下深刻印象，不只塑造其人格的發展，堅定其信仰的意志，甚至確立往後生涯的方向。

1937年進入戰爭時期，長老教會被納入宗教統合組織，愈接近戰爭末期，統制層級與涵蓋面愈擴大。然而，南、北聯合議事的臺灣大會僅在主日學經營理念上取得共識，未能在實務上發揮功效，對南、北教會合一運動的助益不大。臺灣大會及其附屬部會除了討論主日學名稱、鼓勵用日語及收集數據的報告外，未有顯著的作為。南部主日學部會從1926年設立以來，舉凡中會性質的研習活動或教材的編制，幾乎都是獨立運作。由此一時期的數據觀之，臺灣有百餘間教會設立主日學，教員千餘人，學生萬餘人，尚具一定水準。1942年，戰時資源匱乏且總督府政策干預，臺灣教會公報社被迫歇業，無法繼續供應教材，教會失去支援，僅能摸索前進。1944年，規模涵蓋全臺的「日本基督教臺灣教團」成立，當中卻未編制主日學相關部門。教會受限於戰爭體制，社會教化、遺族撫慰或青年團組織逐漸取代兒童宗教教育。

日治末期的主日學授課內容仍以聖經義理為主，未受日本神道信仰干涉，宗教教育保有相當的自主性。1937年，臺灣大會主張維持「主日學」名稱，但翌年即引進日本國內的《日曜學校課本教案》與本土教材並用，兩者均依據世界通用課程編定，因而產生競合現

象。顯然的，「主日學」更名「日曜學校」的過程係受到日本國內教材輸入的影響。其後，陸續訂定「臺灣日曜學校紀念日」等節日。1940年，臺灣大會正式將「主日學」改稱「日曜學校」，積極鼓勵使用日語教學。因此1940-1942年的教科書《主日神糧》受到日語教材和「國語」政策的雙重影響，大量編入日語經文、祈禱文，內容雖以基督教教義為主，某些課目卻流露出「忠君愛國」的氣息，以此作為「傳道報國」之一環。至於推行紀念日方面，則是教會、日本、傳統文化三者並列，可理解為節期對照、兼容並蓄的努力。

　　日治末期，主日學教育出現語言文字的衝突。長老教會的聖經和講道語文一向是臺語；書寫則常用白話字（臺語羅馬拼音），習之方能閱讀聖經。因此，主日學教育常在聖經宗教教育、初等識字教育與日語普及教育三者之間擺盪，導致會內人士強烈批評。當國語政策與日語教材影響力擴大時，教會究竟要採用何種語文？信徒該讀何種版本聖經？一時頗難以解決。不過，據史料所載，南部主日學從1938年起已開始鼓勵使用日語教學。論者亦讚美主日學兒童的愛國心與高額國防獻金，報導抱病送迎皇軍與奉祝日高喊「萬歲」的景象，強調「熱心宗教教育的兒童，自然有豐富的愛國精神」。[90]至1942年臺灣大會更決議「通牒」各教會使用日語教材。顯然的，上述舉措對於官方政策有相當之呼應，無論是被迫或半自願，長老教會本身並非完全沒有責任。戰後，教會回顧日治時期的歷史，往往抨擊當年的殖民政權，批判宗教政策和語言禁令。然而，教會實應進一步檢討該時期的主日學事務，檢視課程是否符合兒童身心靈的發展，省察教導內容究係切合信仰或政治的標準。面對此一歷史處境，臺灣基督徒實有自我反思的空間。

---

[90]　林照，〈主日學生徒：余氏月娥〉，《教會公報》641（1938.8），頁11-12。

第六章
結論

　　1930年代，由於政經文教大環境相對穩定，臺灣基督徒的宣教事務有所拓展。此一時期，基督徒的信仰熱誠昂揚，充滿革新奮起的心志，南、北教會都經歷一連串的奮興運動。南部教會慶祝七十週年的同時，從歷史、政治及聖經義理中確立信心和榮譽感。繼之，臺灣基督徒邀請中國佈道家宋尚節巡迴講道，其強調悔悟改過、疾呼認罪重生，進一步提升基督徒的信仰認同。北部教會則在青壯神職人員的發起下，進行教會自立的「三年運動」。基督徒參與奮興運動，群起響應投入，其深入討論教理意義、經驗生命改變，使基督徒秉持積極進取的觀念，認為自身對教會和社會的發展帶有責任，應同時謀求教會和社會的進步，進而奠定傳道報國的心志，堅固身為「天國子民」的信仰認同。

　　1930年代以降傳教師逐漸世代交替，前輩師承外籍宣教師，後進則受日本神學傳統的影響。臺人學成後，陸續引進諸如重視人性的自由神學、高舉上帝的辯證神學等概念，且從聘牧的人事問題衍生出「教會觀」論爭，顯示其對外國語文及神學義理有深入掌握，並集中討論教會事務。傳教師討論神學議題時，慢慢呈現出「傳道報國」的趨勢，而這所謂「國」的意義，從原本涉及信仰內涵的「天國」，漸漸因教會實踐的因素而擴展到社會的處境，隱約之中，可以嗅到政治意涵的「皇國」。

1937年中日戰爭爆發，在輿論鼓動下，臺灣展開「皇民化運動」，其中影響教會最大者有三：其一，振作國民精神，在殖民政府「舉國一致、盡忠報國、堅忍持久」的口號下，基督徒認為應忍受苦難，在「非常時」奉仕教會、傳道報國。其二，「普及國語政策」，基督徒開始在報刊文書、集會講道及教會學校漸漸使用日文，部分傳教師家庭被認定為「國語家庭」。其三，變革宗教風俗，在寺廟整理、正廳改善等措施下，臺人頓失信仰依靠，基督徒則希望藉機協助和傳教。1940年國際局勢緊張，日本對外政策更加嚴格，外籍宣教師遂陸續移交財產，離開臺灣，基督徒開始必須自立擘劃，並進行人事改組。同時，1940年正逢日本所謂「皇紀二千六百年」，官方乃利用節日慶典遂行國民精神教化及國家統合動員。臺灣基督徒參與一連串的「內地之旅」，進而肯定國家的強盛、日本基督教的進步，一時之間「傳道報國」形成基督徒的重要召命，也使「皇國臣民」的國民認同達到高峰。

　　1941年太平洋戰爭爆發，總督府高舉「臣道實踐」、「犧牲奉獻」，成立「皇民奉公會」，將國家、神道、天皇與日本精神緊密結合、神化，不僅壓迫傳統宗教習俗，更擴大動員臺灣社會。臺人起初以「傳道報國」的態度順應體制，日人則主導成立社會組織「臺灣基督教奉公團」，驅使基督徒協力國策、配合戰爭。宗教組織上，臺人本欲加入「日本基督教團」，但日人以「手續不完備」、「非獨立教區」為由駁回。其後，官方人士介入，透過宗教統制法令成立「日本基督教臺灣教團」，文教局與教團得以影響教會行政與學校醫院等機構。禮拜儀式與信仰教義方面，基督徒難以抗拒皇民奉公運動的威壓，陸續面臨「國民儀禮」、「鍊成會」與「勤勞奉公」等困境。基督徒遭懷疑、被監禁；教堂被徵用，戰火熾烈時聚會幾近停擺，基督徒無奈受迫，身心靈飽受煎熬。日治末期基督徒面對前所未有的政教張力，與日人互動時多採順服被動的

態度，但未因此獲得地位的平等，頗有被歧視和差別待遇之感。基督徒在受苦處境下，喚起身為「臺灣住民」的民族認同，終戰時已調整好其「祖國意識」，和一般臺人並無二致，「傳道報國」轉變為人民之關愛、鄉土之情懷。

「主日學」係各教會在每週日教導兒童認識聖經義理的信仰教育課程，向為基督徒所重視。日治中期以降主日學漸入軌道，使時人印象深刻，助其發展個人特質、堅定信仰意志、確立生涯方向，不啻為基督徒塑造身分認同之一環。戰爭時期教會併入教團，基督徒對主日學經營理念共識不足，實務成效不佳，對教會的合作助益不大。復因官方干預與資源匱乏，教材供應中斷，教會頓失指導。主日學教育不受教團重視，漸被社會教化、遺族撫慰或青年團所取代，惟授課仍以聖經義理為主，宗教教育有一定自主性。然因日本國內教材輸入，臺、日教材並用且競合，日語教學漸成主流，教材大量採用日文聖經和祈禱文，部分課目甚至有「忠君愛國」的氣息，「主日學」也在1940年更名為「日曜學校」。主日學的教育內容在聖經、羅馬字與日語之間擺盪，常遭批評。戰前教會鼓勵用日語教授主日學，戰後反而抨擊當年官方的語言政策，少有檢討課程是否符合身心發展，以及內容是否順服信仰或政治的標準，主日學教育中包含傳道報國的意涵，歷史處境頗值得臺灣基督徒反思。

研究日治時期臺灣史，「世代」（generation）的差異，常是必須處理的課題。柯喬治（George H. Kerr）以1937年盧溝橋事變為觀察點，將日治時期的臺灣人略分為三代：老一代、中生代及新生代，老一代指1885年以前出生者，中生代指1885-1915年間出生者，新生代指1920年後出生者。有學者更進一步提出「戰爭期世代」的概念，用以分析日本投降時年齡在15-25歲之間的青年人，他們生

於1920-1930年，所謂大正尾、昭和初的臺灣人。[1]中生代和新生代的臺人對日治初期的武裝鎮壓印象較為模糊，而日治末期異民族間差別待遇已較為和緩，戰爭體制的「命運共同體」感受則更深刻，加上「效忠皇國」的教育、宣傳，反而讓臺、日漸漸產生「不分族群」的共識。其結果，「被統治者」在殖民政權難以自由直率地表徵自己的認同，呈現出苦惱和無奈，衍生出反日、親日、妥協或愛恨交加等不同的心態。曾受日本教育的臺人，在時代邁入自由多元之下，漸漸從「壓抑」轉為「開放」，包括講日語、唱日本歌，甚至對日本文化的回憶等真實情感均一一流露。[2]不過，臺灣基督徒願意表達「日本以永遠擁有臺灣的心情來珍惜、愛護及建設臺灣，我一生下來就屬於日本人」的認同者，為數卻不多。[3]

不可否認，日治末期的臺灣基督徒同樣呈現世代差異，以神職人員為例，此一時期在教會任職的傳教師大部分生於1885-1915年間，亦即柯喬治分期裡的「中生代」。這群青壯年的臺籍傳教師是日治末期的教會領袖，經過「按牧」（或稱封牧）的儀式而成為正式的牧師。據附錄一所示，基督教傳入南臺灣30餘年後的日治時期，南部教會開始按立第一位臺籍牧師潘明珠，他生於1864年，於1898年4月2日受東港、林後、阿緱、杜君英（屏東內埔鄉村）、建功庄聯合聘任。北部教會最早的臺籍傳教師嚴清華、陳榮輝則封牧於清末1885年，但二人其實是馬偕自行按立，後續十餘年間未再按牧。直到1906年陳清義於艋舺按牧後，北部教會的牧師養成方進入常軌。值得注意的是，臺灣所有在日治時期按立的牧師，都出生於

---

[1] 周婉窈，〈「世代」概念和日本殖民統治時期臺灣史的研究（代序）〉，收入氏著《海行兮的年代：日本殖民統治末期臺灣史論集》（臺北：允晨，2003），頁1-13。

[2] 蔡錦堂，〈跨越日本與國民黨統治年代的臺灣人之日本觀〉，《臺灣文獻》58:3（2007.9），頁25-27。

[3] 高李麗珍口述，謝大立採訪撰述，《見證時代的恩典足跡》（臺北：臺灣神學院出版社，2010），頁256。

1920年代以前，換言之，他們屬於中生代，或中生代到新生代的過渡期。

　　青壯年傳教師主導中會與大會的運作，與教會政治息息相關。[4]據附錄二所示，1934年，尚有「老一代」的牧師參加，如北部的郭水龍、葉金木、鐘天枝、陳清義、張金波；南部的高金聲、楊世註。從1937年起已改由「中生代」的牧師主導教會事務。再依教育與學術的傳承而言，臺灣的神職人員分成「師承宣教師傳道教育的世代」與「受本地及日本神學教育的世代」。前者是第一代基督徒，部分具有漢學根底，他們堅持信仰抉擇、重視道德操守，神學與教會的觀念純樸，敬仰宣教師的領導。後者生而為日本國民，教育背景至少都有中學程度，具備基本的研究能力。同時，對日本語文的聽說讀寫均有一定的掌握，且能接觸大量的日本、歐美神學。他們能閱讀德文原著，甚至修習過希臘文、希伯來文等多種外語。此外，與官方的接觸增加，亦有多人前往日本留學。質言之，他們受到日本基督教的影響實不亞於英、加母會建立的傳統；[5]1930年代以降，青壯年基督徒對神學、哲學展現濃厚的興趣，舉辦讀書會、研討會，發行同人刊物、撰寫論文，對人文學科有相當程度的研究。神學生如同高校學生一般，[6]累積人文素養，

---

[4]　英美傳統的長老教會一般分四級行政組織，即小會（Session）、中會（Presbytery，或稱區會）、大會（Synod）和總會（Assembly or General Assembly）。小會為體制內治理教會的基本單位，由牧師和長老組成，牧師任議長，長老由會員選出，依法規治理一間堂會。中會由牧師團與屬下各教會選出長老共同組成，執掌轄內教會之宣教及各項事務。大會、總會由各中會按其教友人數比例選舉議員、牧師及長老組成，為最高代議及治理機構、宣教的總策劃單位，代表全體教會。長老教會向具民主精神，透過教會各階層的合議制度，由下而上推動教務。

　　參閱Walter Lee Lingle, *Presbyterians: Their History and Beliefs* (Richmond, Va.: John Knox Press, 1944), pp. 116-127.

[5]　廖安惠，〈北部臺灣基督長老教會「新人運動」之研究〉，頁56-70。

[6]　有關高校學生的研究，參閱蔡錦堂，〈日本治臺後半期的「奢侈品」：臺北高等學校與近代臺灣菁英的誕生〉，收入亞東關係協會編《2007年臺日學術交流國際會議論文集》（臺北：外交部，2007），頁49-59。徐聖凱，〈日治時期臺北高等學校之研究〉（臺北：國立臺灣師範大學臺灣史研究所碩士論文，2009）。

自由思考問題，且在比較與探索中，發見臺、日不同的文化本質，繼之在差異與矛盾中尋求身分認同。此一世代受本地及日本神學教育影響，在新舊更迭之中，逐漸取代前輩，成為主導教會方針的基督徒領袖，領導教會行政近半個世紀。中生代的基督徒受到日本帝國的塑造不少於漢文化的薰陶，加以宣教師對殖民統治的肯定、日本基督教的嚴整制度，基督徒本乎此種價值觀，無論信仰或政治的身分，對日本抱持相當程度的認同。

日治末期，臺人對戰爭態度的轉折，莫不與強大的軍事宣傳有關。太平洋戰爭爆發後，日本繼續侵略中國，視英、美盟國為主要敵人，企圖驅逐西方在亞洲的勢力，改以「皇道」為統治基礎，宣傳「大東亞新秩序」，訴求以日、滿、華為中心的共存共榮體系。其結果，不少臺人解除心防，與日本協力合作，年輕人尤其著迷神國皇道的思想。然而，日治末期雖進行嚴格的思想控制與政治教化，臺灣人的認同並未整齊畫一地被塑造，因之呈現「非均質化」的狀態。[7]當戰火在中國延燒時，皇民化政策使臺灣人的矛盾更加擴大。總督府表面上視臺灣人為忠誠的日本臣民，卻不認可臺灣人當兵。皇民化運動向臺灣人的中國歷史記憶宣戰，而總督府對臺灣人的「祖國意識」疑忌有加，因此強調義務、忽略權利，告誡臺灣人要和日本人一樣為國犧牲，卻絕少提到宗教、教育的公平性。[8]

然而，中生代基督徒對日本的支持，並非根深蒂固或完全改變國族認同。因此在戰爭結束時，不因戰敗而與日人同悲，反而迅速地調整身分定位，接受新的局面。基督徒在戰爭最末期受到宗教心靈的壓迫，從苦難的淬練中，認清統治宣傳的迷思，經過不斷辯證與反省，最後終於釐清本身的認同糾葛。顯然的，戰爭時期的高壓

---

[7] 陳翠蓮，《臺灣人的抵抗與認同》，頁275-279。

[8] Tsurumi, E. Patricia, *Japanese Colonial Education in Taiwan, 1895-1945* (Cambridge, MA: Harvard University Press, 1977), pp. 132-133.

下，臺人各有應付局勢的方法與生存之道，如同1895年臺灣遽遭割讓，臺人各自考量條件，分別採取抵抗、內渡、退隱及順服等不同態度。[9]時代變局下的臺人，為生存所做的種種妥協，難以用「民族大義」來衡量。臺人的因應與抉擇，應置於時代脈絡下予以設身處地、同情的理解。

根據基督教義理，教會的政治理想倡導人們透過耶穌基督所啟示的拯救，恢復本身尊嚴的上帝形象，同時勸人不要犯罪，時時悔改革新，成為一位「新造的人」和「良善的基督徒國民」。教會基本上不干涉政治，尊重政府機關的職司掌控和權力運作，認為政治係屬技術性、專門性的事務。從廣義的政治而言，教會的政治理想期待上帝的旨意「行在地上，如同行在天上」。基督徒認為，政府若提出諮詢時，應本乎信仰良心予以忠告，提出符合上帝旨意的政治理想，促請政府改善施政。同時，基督徒的信仰告白中，認為應順服政府的權威，並以上帝的權威為最高標準，政府若未賞善罰惡，則應予以勸告，維護人民權利和尊嚴。[10]

1930年代以前，臺灣基督徒和總督府保持著順服友善的關係，終日治時期從未明顯地扮演過任何「反對者」的角色。[11]然而，由於時代的無奈，日治末期宣教師突然被迫離開，臺灣基督徒一時之間必須緊急接手處理教會事務，基督徒對內面臨社會誤解，對外又有戰爭陰霾，身為少數群體的基督徒根本無從思考如何「反抗」政府，後人抨擊時人缺乏反省意志，似過於苛責。日治末期，即使是強調公義和平的基督教，在政府高壓和人性侷限下，真理難以顯

---

9   吳文星，《日治時期臺灣的社會領導階層》，頁311。
10   臺灣基督長老教會總會，《認識臺灣基督長老教會》，頁70-71。
     並參閱〈韋斯敏斯德信仰告白〉25章4節：「至高的主宰和全世界的君王上帝，為自己的榮耀，和公眾的利益，設立了各樣民事官長，在祂的權下治理人民；為了這個目的，上帝就將配劍的權賦予他們，使他們保護和鼓勵善人，並刑罰作惡的人。」
11   鄭仰恩，〈日治初期臺灣教會政治立場之審視〉，《教會公報》2687（1991.11.30），頁10。

彰，教會對政府未能發出諍言。

　　時人受到「危機神學」影響，為何未能吸納其反對領袖崇拜、抵制君主獨裁的主張？有研究指出係「選擇性引介」所致，蓋因神學思想屬上層結構，而真正主導的卻是下層結構的權力關係，認為時人與政府妥協，出於「對於神的旨意難以臆測，所以採律法主義，避免和政府衝突的兩難。」導致外界質疑其投機性格，給予諸多嚴厲的責難，指責時人在戰爭前後兩個政權都採取妥協態度。[12]另有研究認為留學日本的年輕傳教師人數不多，影響力不足，對政教關係缺乏深刻的神學反省，因此信仰良心不夠堅定，至於英國宣教師則是力有未逮，「無法將勇氣灌注到基督徒的心中」。[13]

　　事實上，根據史料顯示，臺灣基督徒對於危機神學的義理有相當的掌握，引介亦十分完整。重要的是，他們集中討論「教會觀」或「教會論」，也就是德國神學家巴特（Karl Barth）所著《羅馬書註釋》、《教會教義學》的相關內容，而未觸及1930年代中期以降西方反對納粹集權的相關宣言。[14]再者，危機神學在日本雖有影響力，但直到戰後才有人翻譯巴特的經典著作《教會教義學》，正式展開研究，並拓展留德攻讀學位的途徑。[15]換言之，巴特所領導的危機神學在戰後才真正獲得日本基督教的主導地位。[16]臺人在戰前能否援引危機神學和辯證法作為對抗軍國主義的思想後盾，值得商榷，吾人更不應以神學界後來的影響力貿然反推先前的處境。

---

[12] 廖安惠，〈北部臺灣基督長老教會「新人運動」之研究〉，頁130-131。

[13] Ion, *The Cross and the Rising Sun*, p. 5.

[14] 德國由於希特勒掌控權力，各種媒體難以向外散播。例如1933年神學家潘霍華原計畫在廣播節目中強調「承認上帝至高主權的政權，才是唯一合法的政權」但演說未畢，廣播即遭關閉。
參閱周學信，《踏不死的麥種》，頁77。

[15] Sato, "The Second Generation," Yasuo Furuya, *A History of Japanese Theology*, p. 55.

[16] Yagi, "The Third Generation, 1945-1970," Yasuo Furuya, *A History of Japanese Theology*, p. 85.

戰爭時期，臺灣基督徒傳道報「國」的身分認同之中，報效「天國」、實踐宗教信仰之努力可謂無庸置疑。然而這其中包含報效地上的「皇國」，其程度的多寡不能一概而論，至於報效的是「皇國」或「祖國」更呈現出動態的變遷。當時，一般臺灣人的隱遁、消極已是時局下抵抗的極限，[17]基督徒尚且抱著關懷社會的心志，其主張「傳道報國」固然須受教義教理的檢驗，惟不能忽視他們曾經投注過的心力。臺灣基督徒在清末及日治初期，僅僅經歷過外來勢力入侵或內外衝突的反教案件，未曾面臨內部的「政教衝突」。日治末期進入戰爭體制，開始初次感到政教關係的張力，在難以回應的情勢下，才慢慢累積處理政教問題的經驗，並直接影響到戰後的教會、社會生態。

臺灣基督徒的境遇十分複雜，初信皈依者在改宗或政教的張力之中，背負社會壓力，屢屢面臨疑慮、惶恐及矛盾的考驗。基督徒徘徊在文化與族群間的價值衝突，隨著人際關係與社會處境的變遷，方漸漸產生平衡。研究基督徒的身分認同應避免偏頗的史觀，並深入觀察基督徒的處境（context）、重視其生命抉擇，[18]歷史的輪廓方能逐漸清晰。關於基督徒的國族認同方面，傳統的教會史常抱持「反日史觀」，站在民族主義或批判殖民主義之立場，忽視基督徒「傳道報國」的心志，對臺灣基督徒身為日本帝國一分子的身分認同每加以排斥，當事人也很少願意全面地剖析和回顧。影響所及，此一時期的歷史圖像鮮少詳作探討或給予適切評價，導致難以確切掌握基督徒身分認同的形成與變遷，不能瞭解其對殖民統治的真實情感，亦無法客觀瞭解臺灣基督徒與外籍宣教師、日本基督徒之間彼此的態度，遑論從中汲取可用的歷史智慧，殊為可惜。

---

[17] 陳翠蓮，《臺灣人的抵抗與認同》，頁276。
[18] 王政文，〈天路歷程：臺灣第一代基督徒研究（1865-1895）〉（臺北：國立臺灣師範大學歷史學系博士論文，2009），頁204。

遺憾的是，終戰後臺灣還來不及檢討殖民統治的影響，旋被國民政府接收，不久二二八事件發生，繼之戒嚴統治，錯過歷史反思、整理的最佳時機。臺灣從日本同化主義大幅擺盪到中國國族主義，極端意識形態澆灌下，不同的歷史記憶錯亂堆疊，交織成激烈撕扯的政治認同問題。[19]而1970年代以前，臺灣教會領袖對政權還是一貫採取尊重甚至順應的態度，有人就認為臺灣教會在日治時代分成兩派：一派順服於總督府，一派抗拒；而順服派的某些牧師後來似乎又與國民黨過從甚密，導致教會內、政教間隔閡日大，心結日深。[20]不但如此，時人在不同時空背景下所呈現的歷史表述，有時竟存在難以理解的差異。

　　如同大多數的臺人一樣，只有當人們把過去在這塊土地上所發生的事情，無論榮耀的、可恥的，都當成遠大於個人的群體記憶的一部分。加以不斷反思，才能解除歷史意識的危機。[21]臺灣基督徒有必要重新整合對戰爭時期的的歷史意識，轉化此一「危險記憶」的刻板印象，因為根據基督教義理，真正有效的基督徒身分必須不斷反省、修正、再宣認。基督徒持續批判、修訂其信仰，使本身能在實況中適切地見證上帝旨意和作為，此一歷程稱之為「再告白」的信仰行動。每個時代的基督徒必須不斷的「再告白」，以使其信仰落實在現實的生活處境中。「再告白」一方面促使基督徒對過去再確認或重新確認，一方面也必須以認真的態度尋求合適於社會情境的身分認同。[22]基督徒歷經無數政教衝突、角色混亂的洗禮，藉著信仰反省獲得曙光，例如1985年提出臺語版的〈臺灣基督長老教會信仰告白〉，明確地指出天上、地面雙重國度的身分認同，宣示

19　陳翠蓮，《臺灣人的抵抗與認同》，頁224。
20　周聯華，《周聯華回憶錄》（臺北：聯合文學出版社，1994），頁268。
21　周婉窈，《海行兮的年代：日本殖民統治末期臺灣史論集》，頁181。
22　黃伯和，《基督徒身分的塑造：福音與文化觀點的基督教教義發展史》，頁23。

基督徒應具有「普世」和「本土」的眼光，透過苦難與仁愛，致力於和解與認同：

> 阮信，教會是上帝百姓的團契，受召來宣揚耶穌基督的拯救，做和解的使者，是普世的，復釘根在本地，認同所有的住民，通過愛與受苦，來成做盼望的記號。[23]

要之，日治末期1935-1945年可謂一段「傳道報國」的時代，是臺灣基督徒實存歷史的一部分，此一處境不容否認。戰爭前後，基督徒的信仰認同並未改變，其始終認為應傳道報效天國使命，未曾被國家神道動搖。然而，政治認同並非固著的狀態，而是因應時局呈現游移、流動的現象，且常有徘徊在臺、日、中、外之間猶豫掙扎的經驗。基督徒認為傳道報效國家是其社會責任，與日本政府、日本基督教合作，毋寧是出於護衛臺灣利益、關懷鄉土安危的初衷。基督徒飽嚐殖民地的苦難，從信仰進行反省，從國族發現矛盾，使其信仰良心甦醒，找到對斯土斯民的認同，進而拾起對國家社會的責任。基督徒「傳道報國」的身分認同，相信是各個時代都必須回顧、面對的重要課題。

---

23 臺灣基督長老教會總會資料中心，《臺灣基督長老教會總會社會關懷文獻：：1971-1992》（臺南：人光出版社，1992），頁1-2。

▌後記

　　感謝母系——國立臺灣師範大學歷史學系的鼓勵與接納，讓拙文獲得郭廷以先生獎學金，得以出版。事實上，當初知道獲獎時頗為訝異，因為我們這一屆畢業生，有多人提出非常出色的論文。然而，得知消息的那刻，卻感受到這是再一次自我檢視的機會，讓我不禁低頭回想起歷史所謂的功能性，存史、資治、鑑戒。

　　開始思考「傳道報國」此一課題的時點，大約是碩二結束之時。那時剛把學分修完，也提交了幾篇關於日治中、前期臺灣基督教史的報告。雖然大致方向是落在政教關係的探討，但具體目標尚未成型。就在我繼續閱讀史料檔案和前人研究時，卻發現一些難以解釋的內容。這些張力來自於同樣一群人，針對同一件事情，在不同時空背景，所講述的內容竟然有極大的差異。我開始好奇這些令我敬重卻也逐漸凋零的前輩，他們的心路歷程與身分認同。

　　我知道不能單純以民族主義式的「親日、反日」這種二元思維來解讀他們，而必須讓他們自己說話，讓史料自己說話。而當論文逐漸呈現輪廓時，我又開始擔心，這與傳統的臺灣基督教史的說法不盡相同，甚至有些人還在世，而且這樣真的禁得起學術的考驗嗎？但我想起老師的一句話，當你對歷史感到困惑時，願你繼續與歷史對話，history會給你hint。於是，我再次栽進史料堆中，希冀如雲彩般的見證人，以及那個時代所呈現的歷史圖像，到如今繼續發聲。

由於史學本是史料學，在這戰兢的追尋旅程中，沿途景緻實在令人驚嘆。感謝張明容老師的信任，我有兩個暑假幾乎沉浸在長榮中學校內的臺灣教會歷史資料館，在五樓空氣不太流通的偌大陳列室，存放著大批教會議事錄原件，那沾著墨跡的羅馬字清晰可考，我孤身一人，卻彷彿跟一群人開會一般。臺灣神學院史料中心則有齊全的北部教會檔案和許多日本教會文書，英國長老教會宣教檔也透過昏黃的微縮燈光述說著她的故事。最後，臺灣教會公報成了論文最主要的骨架，我真期盼在那時代的每一個人，您們自己來談談吧。

然而，這段旅程如果能夠繼續跑下去，是因為有許多人的支持。最要感謝是指導教授吳文星老師一切的身教言教，揭示「史學絕無懈怠之途」，影響我至深。鄭仰恩老師則是開啟基督教史和神學堂奧的入門師傅。口試委員蔡淵洯和張妙娟老亦悉心指正、諄諄勉勵。從臺南大學時期關心至今的邱麗娟和陳健文老師，讓人如沐春風；蔡錦堂老師教導宗教史和實務學習機會，十分受用。還有已安息的曾祥和老師，感謝她用自己的生活為我上課。感謝碩博士班的林明德、溫振華、鄧世安、康豹、呂芳上、謝國興老師，歷史系王美芳、李文珠等助教，學長姐陳德智、謝明如、蔡秀美、鈴木哲造、中村秀司、曾令毅等，一起奮鬥的同窗鹿智鈞、蔡松穎、吳任博、吳政哲、傅范維、張淑惠等。感謝賴永祥長老無私分享史料，還有教會史研究者陳美玲、江淑文、查忻、阮宗興、廖安惠、王政文等師友，及訪談的前輩。感謝隆田、濟南、永和、古亭及真理堂教會兄姐，尤其是陳建宇、林宗達等的關懷。感謝家人的陪伴，尤其是辛勞的太太千凌和今年母親節出生的小兒敬晨。最後，引用作家陳之藩的話，要感謝的人太多了，惟有感謝上天引領。

你要安置路標，豎立路牌，你要尋找你走過的那條道路。（聖經耶利米書31:21）

南部					北部				
姓名	生年	封牧年	卒年	享年	1937時	姓名	生年	封牧年	卒年	享年	1937時
黃能傑	1853	1903	1926	73	歿	嚴清華	1852	1885	1909	57	歿
林學恭	1857	1903	1943	86	80	陳榮輝	1852	1885	1898	46	歿
林燕臣	1859	1914	1944	85	78	郭希信	1864	1907	不詳	不詳	不詳
潘明珠	1864	1898	1899	35	歿	陳 和	1865	1914	1950	85	72
劉茂堃	1866	1898	1928	62	歿	柯安樂	1867	1914	1917	50	歿
高金聲	1873	1907	1961	88	64	蕭安居	1874	1906	1964	90	63
張安貴	1874	1918	1933	59	歿	陳清義	1877	1906	1942	65	60
汪培英	1878	1923	1949	71	59	陳 旺	1877	1925	1963	86	60
高篤行	1879	1919	1962	83	58	鍾天枝	1878	1919	1957	79	59
楊世註	1881	1917	1971	90	56	林清廉	1878	1919	1961	83	59
吳希榮	1882	1915	1960	78	55	郭水龍	1881	1914	1970	89	56
蘇育才	1883	1919	1939	56	54	劉阿秀	1881	1934	1942	61	56
郭朝成	1883	1927	1962	79	54	高端莊	1881	1935	1942	61	56
王 倚	1887	1927	1969	82	50	葉金木	1882	1914	1975	93	55
廖 得	1889	1924	1975	86	48	石安慎	1882	1942	1953	71	55
潘道榮	1889	1927	1952	63	48	卓開日	1883	1939	1965	82	54
黃俟命	1890	1927	1950	60	47	張金波	1884	1918	1939	55	53
張明道	1892	1930	1988	96	45	郭春木	1887	1907	1908	21	歿
陳瓊瑤	1893	1923	1960	67	44	楊 漳	1887	1942	1960	73	50
陳思聰	1893	1928	1975	82	44	郭馬西	1892	1947	1966	75	45
李承鰲	1893	1929	1988	95	44	莊辛茂	1892	1940	1940	48	45
胡再亨	1894	1927	1940	46	43	汪宗程	1892	1937	1985	93	45
黃仁壽	1894	1930	1964	70	43	徐春生	1893	1924	1966	73	44
楊招義	1894	1932	1968	74	43	莊聲茂	1895	1930	1984	90	42
鄭溪泮	1894	1919	1951	57	43	陳溪圳	1895	1936	1990	95	42
盧 賞	1896	1930	1963	67	41	陳芳本	1895	1939	1987	92	42
戴 反	1896	1932	1982	86	41	林彼得	1896	1933	1991	95	41
楊士養	1898	1925	1975	77	39	曹添旺	1897	1956	1974	77	40
劉振芳	1898	1928	1969	71	39	劉約翰	1898	1938	不詳	不詳	39
吳天賜	1898	1929	1957	59	39	郭樹德	1899	1955	1971	72	38

南部						北部					
姓名	生年	封牧年	卒年	享年	1937時	姓名	生年	封牧年	卒年	享年	1937時
賴仁聲	1898	1924	1970	72	39	卓恆利	1900	1936	1991	91	37
張純恩	1899	1928	1985	86	38	蕭樂善	1900	1940	1992	92	37
紀溫柔	1900	1930	1974	74	37	袁新枝	1900	1943	不詳	不詳	37
陳金然	1900	1932	1967	67	37	吳天命	1901	1952	1960	59	36
王守勇	1900	1934	1972	72	37	鄭蒼國	1902	1936	1992	90	35
侯蓮湖	1900	1941	1960	60	37	蔡長義	1904	1940	1976	72	33
劉其水	1900	1941	不詳	不詳	37	柯施恩	1904	1954	1985	81	33
姬天恩	1901	1941	2001	100	36	駱先春	1905	1938	1984	79	32
梁秀德	1901	1931	1993	92	36	張崑遠	1905	1940	1997	92	32
蔡兩全	1902	1928	1993	91	35	鄭　鐵	1905	1941	不詳	不詳	32
施鯤鵬	1902	1935	1945	43	35	郭和烈	1906	1938	1974	68	31
謝清宜	1902	1939	1944	42	35	吳清鎰	1907	1938	1991	84	30
許有才	1903	1935	1984	81	34	蔡受恩	1907	1937	1986	79	30
林　照	1904	1929	1967	63	33	溫榮春	1909	1936	1965	56	28
許水露	1904	1932	1970	66	33	黃六點	1909	1939	2000	91	28
黃主義	1905	1944	1989	84	32	吳永華	1909	1939	2008	99	28
周燕全	1905	1941	1987	82	32	莊丁昌	1909	1937	1989	79	28
謝慶裕	1906	1941	1977	71	31	徐復增	1909	1940	1984	74	28
林川明	1906	1939	2002	96	31	卓暉力	1910	1938	1954	44	27
許鴻謨	1906	1937	1970	64	31	胡文池	1910	1942	2010	100	27
紀明新	1907	1943	2004	97	30	陳耀宗	1913	1941	1992	79	24
羅文福	1908	1936	1980	72	29	謝福元	1913	1941	1980	67	24
李明意	1908	1940	2005	97	29	卓輝隆	1914	1939	1985	71	23
黃武東	1909	1937	1994	85	28	陳蘭奇	1914	1942	2013	99	23
邱天登	1909	1940	1988	79	28	袁鄒富來	1914	1941	2008	93	23
謝再生	1910	1938	1976	66	27	李雅各	1915	1946	1973	58	22
蘇天明	1911	1939	2000	89	26	李壬水	不詳	1907	1914	不詳	歿
陳光輝	1911	1940	1983	72	26	陳石獅	不詳	1940	不詳	不詳	不詳
廖間淑	1911	1941	1996	85	26						
阮德輝	1912	1940	1976	64	25						
洪萬成	1912	1938	1970	58	25						
黃東識	1912	1941	1983	71	25						
許乃萱	1912	1941	1993	81	25						
賴炳烔	1913	1941	2015	102	24						
李德結	1913	1942	2001	88	24						
羅約伯	1913	1941	1967	54	24						

南部						北部					
姓名	生年	封牧年	卒年	享年	1937時	姓名	生年	封牧年	卒年	享年	1937時
鍾茂成	1914	1941	1992	78	23						
劉華義	1914	1941	2005	91	23						
呂春長	1914	1943	2010	96	23						
李嘉嵩	1914	1944	1978	64	23						
陳瑞山	1915	1940	1992	77	22						
吳德元	1916	1941	1998	82	21						
周金耀	1916	1943	1985	69	21						
曾持衡	不詳	1905	不詳	不詳	不詳						
林緝熙	不詳	1907	不詳	不詳	不詳						
林謹慎	不詳	1924	不詳	不詳	不詳						
許 崑	不詳	1927	不詳	不詳	不詳						
卓偉臣	不詳	1928	不詳	不詳	不詳						
潘金聲	不詳	1930	不詳	不詳	不詳						
周榮安	不詳	1934	不詳	不詳	不詳						
林金柱	不詳	1934	不詳	不詳	不詳						
楊昭鑑	不詳	1939	不詳	不詳	不詳						
黃 云	不詳	1939	不詳	不詳	不詳						
連鎮木	不詳	1941	不詳	不詳	不詳						

資料來源：整理自下列史料——
　　　鄭連明主編，《百年史》，頁476-483。
　　　黃六點主編，《北部教會大觀》，頁655-689、690-695。
　　　楊士養編著，林信堅修訂《信仰偉人列傳》，頁1-380。
　　　陳冰瑩主編，《佳美腳踪專輯》，頁4-128。
　　　賴永祥長老史料庫http://www.laijohn.com
　　　長老教會傳教師查詢http://www.pct.org.tw/pastor.aspx
　　　基督教論壇報資料庫https://www.ct.org.tw

附錄二
日治末期臺灣大會臺人牧師一覽表

1934年 （17回）	北部8名： 郭水龍、葉金木、鍾天枝、陳清義、張金波、徐春生、林彼得、莊聲茂 南部7名： 高金聲、潘道榮、陳瓊瑤、鄭溪泮、陳思聰、楊世註、紀溫柔
1937年 （18回）	北部11名： 張金波、鍾天枝、葉金木、徐春生、劉阿秀、陳溪圳、蕭安居、卓恆利、高端莊、鄭蒼國、林彼得。 南部12名： 潘道榮、劉振芳、吳天賜、黃武東、鄭溪泮、楊士養、施鯤鵬、蘇育才、林　照、張純恩、陳瓊瑤、溫榮春。
1940年 （19回）	北部12名： 陳溪圳、鍾天枝、卓開日、林彼得、劉阿秀、駱先春、莊聲茂、郭和烈、鄭蒼國、高端莊、劉約翰、吳清鎰。 南部12名： 陳思聰、張純恩、許水露、施鯤鵬、陳金然、盧　賞、黃武東、林謹慎、楊士養、黃俟命、紀溫柔、王守勇。
1942年 （20回）	北部14名： 陳溪圳、鄭蒼國、蕭樂善、黃六點、福山春雄（徐春生）、上山清志（吳清鎰）、葉金木、莊聲茂、蔡長義、林彼得、高端莊、徐復增、袁富來、劉約翰。 南部15名： 楊士養、劉振芳、羅文福、許鴻謨、黃武東、楊招義、小林信一（林謹慎）、李傳、許水露、張純恩、滋野真澄（陳金然）、繼山謙三（許有才）、上林照三（林照）、胡文池、陳石獅。

資料來源：《臺灣大會議事錄》17-20回（1934、1937、1940、1942）。
　　　　　底線者為筆者所加，為柯喬治分類中的「老一代」。

附錄三
《臺灣教會公報》標題目錄表（1935-1945）

出版時間	卷號	標題	頁碼
一九三五年一月	臺灣教會公報598卷	新年與公報	1-2
		世界共同祈禱週	2-5
		新年的感想	5-6
		舊約書序說	6-7
		新臺灣話的陳列館	8
		英臺俗語	8-9
		加添阮的信	9-11
		結核病	11-12
		赤體生活	13
		雜錄I. 禁酒大會	13-14
		雜錄II. 見聞與感想_1.日基大會 2.論主日學 3.論傳道的問題	14-16
		青年！看！	16
		高中通信	16-17
		南中通信	17-18
		嘉中通信	18-19
		中中通信	19-20
		人事	20
	芥菜子北部事務108號	恭賀新年	21
		通知	21
		北部女宣道會	21-23
		現在的平埔族與阿美族	23-24

出版時間	卷號	標題	頁碼
一九三五年一月	芥菜子北部事務108號	一粒種子	24
		言當婉喻	25
		愛護平埔族	25-26
		著細膩講話	26-27
		佈道振興基隆區	27-28
		新店教會61週年的紀念	28
		教會消息_艋舺教會 II.淡水教會 III.基隆教會	29
		廣東族通信	29-30
		〔廣告〕	30-34
一九三五年二月	臺灣教會公報599卷	我的教會觀	1-2
		公告I.傳道局	2
		公告II.編輯室	2
		公告III.南部大會招集事	3
		公告IV.各中會的期日	3
		公告V.主日學的書類	3
		公告VI.新聖詩編輯部會	3
		公告VII.東北地方救助金	3-4

出版時間	卷號	標題	頁碼
一九三五年二月	臺灣教會公報599卷	公告VIII.聖書公會的獻金	4
		公告IX.神學校女子部	4
		公告X.讀聖書會單	4-5
		信！傳！行_提摩太後書3：16-17	5
		雜錄I.教話	5-6
		雜錄II.孤兒院的開祖梅叡廉	6
		雜錄III.聲尾	6-7
		雜錄IV.見聞與感想	7-8
		雜錄V.所看八畫的大嶼	8-9
		雜錄VI.訂正：舊約書序説	9
		雜錄VII奇異啊！佛的祝聖誕	9
		青年！看！	10
		高中通信	10-13
		南中通信	13-15
		嘉中通信	15-18
		中中通信	18-21
	芥菜子北部事務109號	聖誕樹的利益	22-23
		死海的奇怪	23
		遐等我	24
		設教佇平埔族中間的情形	24-25
		拿俄米故事	25
		囡仔宣道會	25-26
		傳教的結果	26-27

出版時間	卷號	標題	頁碼
一九三五年二月	芥菜子北部事務109號	淡水中學聖徒募集	27
		北部女宣道會	28-29
		李明悌	29
		教會消息 1.新店教會 2.艋舺教會 3.基隆教會 4.利澤簡拜堂建築	29-30
		廣東族通信	31
		〔廣告〕	32-34
一九三五年三月	臺灣教會公報600卷	第600卷的公報	1-2
		公告I.第3回南部大會	2
		公告II.臺南長老教女學	2
		公告III.傳教師的異動週	2
		公告IV.神學校卒業式	2
		公告V.基督徒軍歌	2
		公告VI.京都堅志會	2-3
		公告VII.世界基督教婦女的祈禱日	3
		新的覺悟	3-5
		新年所感	5-6
		舊約書序説	6-7
		新臺灣話的陳列館	8
		愛！愛！愛！_哥林多前書13章	9
		結核病	9-11
		思念親人	11-12
		嫁娶著調節	12-13

出版時間	卷號	標題	頁碼
一九三五年四月	芥菜子北部事務111號	耶穌流目屎_約翰福音11：35	22-23
		怎樣才是好人？	23-24
		通知	24
		拜託	24
		禁酒興國家	24-25
		第39回北部中會	25-27
		殉道者Perpetua	27-28
		教會消息1.大料坎的消息 2.九份講義所 3.臺東教會 4.新店教會 5.基隆教會	28-29
		傳道理佇平埔族與阿美族的中間	29-30
		廣東族通信	30-31
		故簡阿川小傳	31
		〔廣告〕	32-34
一九三五年五月	臺灣教會公報602卷	我的教會觀（3）	1-3
		公告 I.南部大會	3-5
		公告 II.公報社的聲	5
		公告 III.建築部的批	5-6
		公告 IV.緊急通知	6
		公告 V.東京臺灣基督教青年會的批	6-7
		奉獻	7-8
		結核病	8-9
		雜錄 I.信仰美談	10-11
		雜錄 II.小宇宙	11-12
		雜錄 III.閩南大奮興會見聞與感想	12-13
一九三五年五月	臺灣教會公報602卷	青年！看！	14
		高中通信	15-16
		南中通信	16-18
		嘉中通信	18-19
		中中通信	19
		人事	20
	芥菜子北部事務112號	佇祈禱著常常	21-22
		公告 I.常置委員會	22
		公告 II.中會的特會	22-23
		公告 III.教師試驗部的通知	23
		現在的阿美族	23-24
		疼上帝，疼人	24-25
		廢地利用	26
		廢娼問題的現況	26
		後龍 Y. M. C. A	27
		殉道者Perpetua	27-28
		廣東族通信	28-30
		教會消息 1.新店教會 2.艋舺教會 3.鳳林教會 4.基隆教會	30
		〔廣告〕	31-34
	臺灣教會公報603卷	創造的苦難	1-2
		公告 I.設教的紀念日	2
		公告 II.傳教師總會	2
		公告 III.設教70年特刊部	2
		女宣道會	3

出版時間	卷號	標題	頁碼
一九三五年七月	臺灣教會公報604卷	奇怪事_馬太福音21:18-22；馬可福音11:12-14，19-25	10-11
		結核病	11-12
		雜錄 I.小宇宙	12
		雜錄 II.會內先整理，會外才救得起	12-13
		雜錄 III.海外的聲	13
		雜錄 IV全臺傳教的實況	14
		青年！看！	15
		高中通信	15-16
		南中通信	16-17
		嘉中通信	17-18
		中中通信	18-20
		人事	20
	芥菜子北部事務114號	受聖神的結果	21-22
		母會關係地震的批	22
		對一葩的葡萄	23
		榮光上帝_馬太2：11	23-25
		震災的理解	25-26
		北部宣道會	26
		震災悲傷歌	27
		禮拜日	27-28
		震災記	28-29
		震災義捐金	29
		教會消息 1.新店教會 2.新莊教會	30
		數念故林鄰長老	30
		〔廣告〕	31-34

出版時間	卷號	標題	頁碼
一九三五年八月	臺灣教會公報605卷	樹葉凋落的聲	1-2
		公告 I.英國母會總會的決議	2
		公告 II.傳教師會	2-4
		公告 III.神學校校友會	4
		公告 IV.漢字聖詩再版	4
		公告 V.新樓醫館	4
		公告 VI.臨時南部大會	4-5
		好牧者	5-7
		再臨的兆頭與猶太人的回國_以西結37：21-23	7-8
		結核病	8-9
		答トクメイ生	9-10
		雜錄_郭束鑾的小傳	11
		青年！看！	11
		哭歌〔輓詩〕觀	12
		高中通信	13-15
		南中通信	15-16
		嘉中通信	16
		中中通信	16-18
		人事	18-19
		舊約書的抄本	19-20
		祝詩	20

出版時間	卷號	標題	頁碼
一九三五年九月	芥菜子北部事務116號	士師五經白話字註解	27
		巴拿巴的模樣	27-28
		女王的謙卑	28
		廣東族通信	28-29
		教會消息1.頂雙溪教會2.新店教會	29
		故梁阿海長老	29-30
		〔廣告〕	31-34
一九三五年十月	臺灣教會公報607卷祝南部設教七十週年特輯號	南部設教70年的回顧	1
		教會發展史	2-5
		我的教會觀(4)	5-6
		公告 I.70週年紀念祝賀會	7-8
		公告 II.10月第3禮拜:世界主日學紀念日	8
		公告 III.新樓醫館	8
		公告 IV.紀念的聖書	8
		公告 V.我的干證	8
		公告 VI.日本基督教大會	8
		公告 VII.編輯室	8
		迎接傳教70周年	9-11
		祝賀70周年	11-12
		爬上70層的大藏塔	13-14

出版時間	卷號	標題	頁碼
一九三五年十月	臺灣教會公報607卷祝南部設教七十週年特輯號	著定根更深	13-14
		趣味的數字	14-15
		對70年的感想	15-17
		南部初代殉教者故莊清風	17-18
		七十週年	18-19
		南部教會歷史I.宣教師派遣順 II.本土牧師按手順	19-22
		聖神的洗禮	22-24
		七十週年與舊約	24-25
		雜錄	25-27
		青年!看!	27-28
		高中通信	28-29
		南中通信	29-30
		嘉中通信	30-31
		中中通信	31-32
		人事	32
	芥菜子北部事務117號	偕雅各博士	33-34
		北中常置委員會	34-35
		大甲教會堂獻堂式	35-36
		阿美族與傳道	36-37
		基督徒的進步	37-38
		孤寡養老會紀念禮拜獻金	38
		玉里3年計畫	38-39
		教會消息1.基隆教會2.新店教會	39
		追念與謝謝	39-40
		思念故吳添友長老	40-42
		李德文長老小傳	42
		〔廣告〕	43-48

出版時間	卷號	標題	頁碼
一九三五年十一月	臺灣教會公報608號	公報創刊者	1-2
		公告 I.紀念巴克禮博士	3
		公告 II.聖書紀念日	3
		公告 III.宋尚節博士	3
		公告 IV.故巴博士的紀念像	3
		公告 V.女學的告白	3
		公告 VI.主日學啟事	3-4
		公告 VII.報好的消息	4-6
		公告 VIII.覺書	6
		公告 IX.宋博士要來啦!	6-8
		公告 X.70週年紀念祝賀會	8
		故巴博士的葬式	8-9
		巴博士的履歷	9-12
		弔詞（一）	13
		弔詞（二）	13-14
		悼詞	14
		教會與歷史的關係	14-16
		感謝與祈求	17
		巴牧師有留什麼？	17-19
		雜錄_聖經標語募集	19
		青年！看！	19
		高中通信	19-20
		南中通信	20-21
		嘉中通信	21-22

出版時間	卷號	標題	頁碼
一九三五年十一月		中中通信	22-23
		人事	23
	芥菜子北部事務118號	神聖與權威	24-25
		教會與信仰的關係	25-27
		福音社的聲	27
		埃提阿伯的教會	27-28
		博覽佈道	28
		黎巴嫩會	28-29
		釋明	29-30
		正義與態度	30-32
		廣東族通信	32-33
		教會消息 1.大甲拜堂奉獻祝賀 2.新店教會	33
		葉、林、曾三小傳	33
		〔廣告〕	34-40
一九三五年十二月	臺灣教會公報609號	聖誕的希望	1-2
		公告 I.1936年，年頭的祈禱會	3
		公告 II.1936年頭的主日神糧	3
		公告 III.70年紀念會的經過	3-4
		公告 IV.長老教中學50年紀念	4-5
		公告 V.基督教無料的休憩所	5
		公告 VI.南大主日學部會	5
		公告 VII.公報社的啟事	5

出版時間	卷號	標題	頁碼
一九三五年十二月	臺灣教會公報609號	公告 VIII.讀聖書會	5
		公告 IX.聖詩（琴譜）	5
		實在毋免講	5-6
		守禮拜日的精神	6-7
		舊約書的譯本	7-10
		著怎樣疼主_加拉太2：20	10-11
		雜錄 I.在美的感想	12-14
		雜錄 II.黃香的眼淚	14-15
		雜錄 III.設教70週年祝歌	15
		雜錄 祝詩	16
		高中通信	17
		南中通信	17-19
		嘉中通信	19-20
		中中通信	20
		人事	21
	芥菜子北部事務119號	聖誕以前的耶穌	21
		我的干證	22
		東西南北	24
		編輯部聲	24
		恁毋通激囝兒的受氣	25-26
		傳教師總會消息	26-27
		北部基督教3年運動	27
		總會的感想	27-28
		認罪	28
		顏博士〔Dr. A. S. Grant〕	28-29

出版時間	卷號	標題	頁碼
	芥菜子北部事務119號	冬季北部女宣道會四季會	29-30
		新的生活	30
		東部新教會	30-31
		〔廣告〕	32-38
一九三六年一月	臺灣教會公報610號	新年恭喜	1
		新年的人生觀	1-3
		世界協同祈禱週	3-5
		公告 I.論文的懸賞	6
		公告 II.聖書公會的獻金	6
		公告 III.祝賀會帳項	6
		公告 IV.南大主日學部會	6-7
		公告 V.設教70週年部會	7
		公告 VI.主日學調查書	7
		公告 VII.宋尚節博士	7
		公告 VIII.神學校女子部	7
		公告 IX.傳道局	7
		復看古早的影	8-9
		拉撒路復活	9-10
		先知以利亞與復興	10-12
		主的安慰	12-13
		雜錄 I.在美的感想	14-15
		雜錄 II.幾項的感想	16-18

出版時間	卷號	標題	頁碼
一九三六年一月	臺灣教會公報610號	雜錄 III.感想雜錄	18-19
		青年！看！	19-20
		高中通信	20
		南中通信	20-22
		嘉中通信	22
		中中通信	22-23
		人事	23
	芥菜子北部事務120號	新年	24
		公告：北部中會召集通知	24
		北部臺灣基督教三年運動趣旨	25
		三年運動開始禮拜式	25
		三運與祈禱	26-27
		三年運動的標語	27
		奮興時代	28-29
		總動員的救靈	30
		運動的必要	30-31
		救靈運動	31-32
		青少年運動檄文	32-33
		雙溪堂會成立祝賀式	33
		教會受試煉	33
		〔廣告〕	34-40
一九三六年二月	臺灣教會公報611號	新時代的教會	1-5
		公告 I.各中會的期日	5
		公告 II.世界主日學大會	5
		公告 III.撒夫孫大先生	5
一九三六年二月	臺灣教會公報611號	公告 IV.聖書公會獻金	5
		公告 V.新樓醫院	6
		公告 VI.宋博士來臺延期	6
		學主的生活	6
		兒童教育	7-8
		介紹藥方	8-9
		得勝的秘訣_參看啟17：14	9-10
		換位	10-11
		雜錄 I.海外的聲	12
		雜錄 II.感想	12-13
		雜錄 III.祝蘭醫生在臺40年的詩	13
		雜錄 IV.70禧年3大恩典	13-14
		雜錄 V.南大新樓醫院的消息	14
		青年！看！	14-16
		高中通信	16-17
		南中通信	17-18
		嘉中通信	18-19
		中中通信	19-21
		人事	21
	芥菜子北部事務121號	恭喜新年	22
		宋尚節博士來臺的聲	22-23
		宋尚節博士	23-24
		東部新教會	24
		赦免對敵	24-25

出版時間	卷號	標題	頁碼
一九三六年二月	芥菜子北部事務121號	馬偕醫院的消息	25-26
		新店Y.M.C.A有滿一歲啦！	26-27
		樂山園	27-28
		互青少年活佇上帝的國	28
		你我攏有關係	29
		主差使徒去傳道	29
		教會消息1.北部教會	29-30
		未曾有	30
		東西南北	30
		救靈運動	31
		流血的詩	31
		〔廣告〕	32-38
一九三六年三月	臺灣教會公報612號	新時代的指導者	1-2
		公告 I.法規的修正版	2
		公告 II.傳教師的異動	2-3
		公告 III.聖書公會	3
		公告 IV.神學校女子部	3
		公告 V.共愛女學校募集學生	3-4
		公告 VI.女學校友總會	4
		我也講感想	4-5
		介紹藥方	6
		現代教會的情勢與更新的希望	6-7

出版時間	卷號	標題	頁碼
一九三六年三月	臺灣教會公報612號	無上帝巴勒斯坦的復興	9-10
		雜錄 I.規矩的聲明	10-11
		雜錄 II.祝蘭醫生在臺40年	11
		雜錄 III.給官家做葬式	11-12
		雜錄 IV.他鄉遇故友	12-14
		青年！看！	14
		高中通信	14-17
		南中通信	17-20
		嘉中通信	20-21
		中中通信	21-22
		上京案內	22-23
		人事	23
	芥菜子北部事務122號	新臺灣	24-25
		說教_教會的責任	25-27
		第40回北部中會	27-28
		教師、牧師一覽表	28
		咱也會錯誤	28-29
		芥菜子報的由來	29-30
		馬大安的講義所	30
		奮興時代	30-31
		未曾有	31
		凡若舉刀的欲對刀死	31
		廣東族通信	32
		消息	33
		〔廣告〕	34-40

出版時間	卷號	標題	頁碼
一九三六年四月	臺灣教會公報613號	來數念祂	1-2
		公告I.宋博士奮興的日程	2
		公告II.第二回傳道局所復異動者	2
		公告III.請來註文好冊	2-3
		公告IV.南大建築部	3
		公告V.70週年紀念南大主日學聖句暗誦賞	3-4
		南北合一	4-6
		介紹藥方	6-7
		基督的復活	7-8
		巴別的塔	8-9
		雜錄I.故潘道榮牧師娘（李氏純）	9-10
		雜錄II.傳教師相助會	10
		雜錄III.訂正	10
		高中通信	10-11
		南中通信	11-14
		嘉中通信	14-15
		中中通信	16-19
		人事	19-21
	芥菜子北部事務123號	真理摃破飯碗	22-23
		北中常置委員會	23-24
		淡水中學的問題	24-25
		天邊海角	25-26
		佐波牧師來臺	26

出版時間	卷號	標題	頁碼
一九三六年四月	芥菜子北部事務123號	艋舺設教60週年紀念會	26
		宋博士欲來啦！	27
		淡水中學募集生徒	27
		追悼故陳氏却官	27-28
		廣東族通信	28-29
		福音社的冊（4）	29
		訂正（前號）	30
		部長的厝所	30
		奮興時代（2）〔應為3〕	30-31
		信仰復興	31
		〔廣告〕	32-38
一九三六年五月	臺灣教會公報614號	人生的苦難	1-2
		公告I.憲法修正版	2
		公告II.日基大會謝謝的批	2
		公告III.傳道局	2-3
		公告IV.聖書公會的獻金	3
		公告V.論文懸賞發表	3
		公告VI.佳里起拜堂	3-4
		基督徒生活成功的秘訣（1）	4-5
		基督徒生活成功的秘訣（2）	5
		舊約書的價值	6-7
		介紹藥方	7-8
		看祈禱的耶穌_希伯來5：7	8-9

出版時間	卷號	標題	頁碼
一九三六年五月	臺灣教會公報614號	六十六卷的聖書	9-10
		雜錄I.見聞雜錄	10-11
		雜錄II.弔故李仲義長老英靈	11
		雜錄III.宋博士來啦	11-12
		雜錄IV.諮問	12
		高中通信	12-14
		南中通信	14-17
		嘉中通信	17-19
		中中通信	19-21
		人事	21
	芥菜子北部事務124號	教會學校特別號	22
		中學的問題（2）	22-23
		天邊海角	23-24
		神學校著改革	24-25
		新聖詩試用版無久欲出現啦！	25-26
		今仔日教會的欠缺	26-28
		啥人欲按呢做？	28-29
		三年運動特記	29-31
		〔廣告〕	32-38
一九三六年六月	臺灣教會公報615號	南北真的合一	1-2
		公告I.設教紀念日	2
		公告II.宋博士奮興的效果	2-3
		III.半告老	3-4
		IV.傳教師娘會	4
		V.佈道雜誌歡迎投稿	4-5
		VI.請宋博士	5-6
		VII.神學校啟事	6

出版時間	卷號	標題	頁碼
一九三六年六月	臺灣教會公報615號	VIII.植村紀念會館	6
		離別的訓詞	7-8
		六十六卷的聖書	8-10
		介紹藥方	10-11
		看宋博士	11-12
		雜錄I.耶和華有替我行大事	12-14
		高中通信	14-17
		南中通信	17-20
		嘉中通信	20-21
		中中通信	22-23
	芥菜子北部事務125號	宋博士	24
		我的干證	24-25
		主日學教員的存心10項	25-26
		我的權	26
		北部中會特別會	26-27
		一覽表訂正	27
		教師試驗	27
		宋博士佇臺北的奮興	27-28
		求正義與開放（1）	28-29
		中會與中學	29
		基隆教會	29-30
		對立著什麼時？	30
		克己背十字架	30
		人未會，上帝無不會	31
		三年運動特記	31-32
		〔廣告〕	33-40

出版時間	卷號	標題	頁碼
一九三六年七月	臺灣教會公報616號	宗教生活的重心	1-2
		公告I.臨時傳道局的報導	3
		公告II.巴博士的紀念會	3
		公告III.奮興的短詩	3
		公告IV.宋博士所著的冊	3
		公告V.基督徒軍歌	3
		公告VI.傳教師相助會	3
		公告VII.奮興中的帳項	3
		各種精神病	4-6
		介紹藥方	6-7
		保護能力	7-11
		看祈禱的耶穌	11-12
		高中通信	12-17
		南中通信	17-18
		嘉中通信	18-20
		中中通信	20-21
		人事	21
		奮興準備部會啟	22-23
	芥菜子北部事務126號	南北合一	24
		通知（A）貼街市	25
		通知（B）宋博士的寫真	25
		通知（C）傳教師總會與修養會	25
		通知（D）編輯部的聲	25

出版時間	卷號	標題	頁碼
一九三六年七月	芥菜子北部事務126號	天邊海角	26-27
		青年會第3回夏期學校	27
		烏綠肉雞	27
		聽宋博士的好感	28
		數念女聖徒	28
		紀念瑞穗第一代的信徒	29
		故卓春生	29
		求正義與開放（2）	29-30
		三年運動特記	31-32
		更加厲害的	33
		新讚美歌	33
		〔廣告〕	34-40
一九三六年八月	臺灣教會公報617號	實在上的人物	1-2
		公告I.母會說謝的批	2-3
		公告II.新聖詩試用版	3
		公告III.傳道奮興歌	3
		公告IV.Y.M.C.A夏季學校	3
		公告V.註文宋博士3本冊	3
		公告VI.傳教〔師〕相助會	3
		公告VII.信徒的見證	4
		公告VIII.緊要聲明	4
		六十六卷的聖書	4-5
		介紹藥方	5-6

出版時間	卷號	標題	頁碼
一九三六年八月	臺灣教會公報617號	耶穌的死	6-10
		雜錄I.鄂義長老的異象	10-12
		雜錄II.臺中會場所買的冊	12
		高中通信	13-15
		南中通信	15-16
		嘉中通信	16-19
		中中通信	19-21
		人事	21
	芥菜子北部事務127號	笑容的面_箴言15：13	22-23
		通知與拜託	23
		主若召我靈魂	24
		寄書（A）吃果子無拜樹頭（B）基督博愛（C）著學基督	24-25
		反駁王、卓、余的所論	25-28
		呣通叫傳道	28
		豈著按呢	28-29
		中會與中學	29
		基隆教會	29-30
		三年運動特記	30
		三運的精神	31
		你曾準備？	31
		〔廣告〕	32-38

出版時間	卷號	標題	頁碼
一九三六年九月	臺灣教會公報618號	溫柔與毀謗	1-2
		公告I.新樓醫院產婆講習所	2-3
		公告II.鼓浪嶼的查經會	3
		公告III.日本基督教大會	3
		公告IV.見證、靈程、演講	3
		公告V.佈道隊的詩	3-4
		公告VI.主日學用的尪仔圖	4
		六十六卷的聖書	4-6
		介紹藥方	6-7
		為主發光（1）	7-9
		提防假先知（2）	9-11
		高中通信	11-12
		南中通信	12-13
		嘉中通信	14-15
		中中通信	15-16
		人事	16-17
		雜錄I.澎湖教會消息	17-18
		雜錄II.基督徒生活成功的秘訣（3）	18-19
		雜錄III.基督徒生活成功的秘訣（4）	19-20
		雜錄IV.戇好額人的譬喻	20-21
		夏遊員林山七律、施洗約翰、讚美耶穌	21

出版時間	卷號	標題	頁碼
一九三六年九月	芥菜子北部事務128號	報恩的意義	22
		無傳有災禍	22-24
		從父非孝	24-25
		信仰改造	25-26
		第3回夏期學校、宣言	26-27
		訪問樂山園	27
		四散的羊	27-28
		教會消息_基隆教會	28
		補記一覽表	28
		三年運動特記	28-29
		北部教會歷史	29-30
		故汪式金長老小傳	30-31
		新的聖詩_讚美歌322、奮興詩（59）	31
		〔廣告〕	32-38
一九三六年十月	臺灣教會公報619號	主日學的使命	1-2
		公告I.十月第3禮拜：世界主日學紀念日	2
		公告II.東京臺灣基督教青年會	2
		公告III.宋博士講經集	2
		公告IV.1937年度的主日學學課	2
		公告V.「心所願」與「阿們」	2
		公告VI.新樓病院產婆講習所	2-3

出版時間	卷號	標題	頁碼
一九三六年十月	臺灣教會公報619號	公告VII.編輯室	3
		感想片片	3
		研究雅各的所感	3-4
		審判	4-7
		基督徒生活_第2站	7-10
		咱的禮服	11-12
		舊約地理	12-13
		高中通信	14-15
		南中通信	15-17
		嘉中通信	17-18
		中中通信	18-21
		人事	21
	芥菜子北部事務129號	信仰的公園	22-23
		傳教師總會與修養會	24
		新聖詩試用版發行近啦	24-25
		求正義與開放（3）	25-26
		「駱駝鑽過針鼻」	26-27
		咱的主是金城	27-28
		三年運動特記	28-29
		真理是什麼	29-30
		北部教會歷史	30
		消息	31
		〔廣告〕	32-38

出版時間	卷號	標題	頁碼
一九三六年十一月	臺灣教會公報620號	一滴一滴	1-2
		公告I.彰化基督教醫院	3
		公告II.南大新樓醫院	3
		公告III.第4回的大會	3
		公告IV.長老教中、女學	3
		公告V.巴博士的行述	3
		公告VI.臺灣大會3部會	3
		公告VII.聖詩試用版急告	4
		公告VIII.讀聖書	4
		審判	4-7
		底馬的結局	7-9
		舊約歷史	10
		高中通信	10-13
		南中通信	1316
		嘉中通信	16-18
		中中通信	18-21
		人事	21
	芥菜子北部事務130號	信仰的公園	22-23
		偉人的明訓	23-24
		傳教師夫人修養會著實現	24
		神學校的問題	25
		總稱先生	25-26
		聖詩試驗版急告	26

出版時間	卷號	標題	頁碼
	芥菜子北部事務130號	三年運動特記	26-28
		教會消息	28-30
		消息	30
		訂正（10月號）	30
		教會總動員	30-31
一九三六年十二月	臺灣教會公報621號	恭祝聖誕	1
		1936回的聖誕	1-2
		公告I.聖書紀念日	2
		公告II.1937年度的主日神糧	2
		公告III.1937，年頭的祈禱會	2-3
		公告IV.傳道局	3
		耶穌是什麼？	3-5
		六十六卷的聖書	5-8
		聖誕寓言	8-9
		雜錄I.澎湖的近況	10-11
		雜錄II.澎湖祈禱團成立	11-12
		雜錄III.教救主誕的參考	12-13
		雜錄IV.有活氣的信仰生活	13-15
		高中通信	15-19
		南中通信	19-21
		嘉中通信	21-22
		中中通信	22-23
		人事	23

出版時間	卷號	標題	頁碼
一九三六年十二月	芥菜子北部事務131號	聖誕的感想	24-25
		偉人的明訓	25-26
		信仰的公園	26-27
		三年運動特記	27-28
		北部傳教師總會	28-29
		總稱先生（2）	29
		新聖詩出現啦！	29-30
		有益的逸話	30-31
		馬偕醫院近況	31-32
		教會消息	32-33
		〔廣告〕	34-40
一九三七年一月	臺灣教會公報622號	謹賀新年	1
		新年所感	1-2
		公告I.各中會的期日	2
		II.教士會的會計	2
		III.聖書公會的獻金	2
		IV.巴博士的銅像	2
		V.聖潔教會的紛擾和解	2
		VI.臺灣大會常置委員會	3
		VII.雅歌及路得記的研究	3
		VIII.南大建築部	3
		特告_世界協同祈禱週	3-6
		主日學紀念禮拜	6-8
		舊約歷史	8-9
		兩個賊釘十字架_路加23:43	9-12

出版時間	卷號	標題	頁碼
一九三七年一月	臺灣教會公報622號	高中通信	12-14
		南中通信	14-15
		嘉中通信	15-16
		中中通信	16-20
		人事	20
		雜錄I.故高再祝長老的小傳	20-21
	芥菜子北部事務132號	年頭的事_反省及準備	22-23
		通知（A）北部中會	23
		通知（B）宣道會獻金	23
		通知（C）各部局的帳項	23
		聲明書	23-24
		三年運動特記	24-25
		偉人的名訓	25-26
		信仰的公園	26-27
		聖書與人生	27-29
		傳教師夫人總會的消息	29-30
		強志壯膽_請讀約書亞頭章	30
		教會消息（1）基隆教會（2）新店教會	30-31
		消息	31
		〔廣告〕	32-38

出版時間	卷號	標題	頁碼
一九三七年二月	臺灣教會公報623號	教界的期待	1-3
		公告I.新樓醫院啟事	3
		II.註文宋博士的冊	3
		III.聖書公會的獻金	3
		IV.南大新樓醫院改造後滿一週年	3-4
		V.世界婦人祈禱日	4
		此月著做恁的正月_出12：1	4-5
		路得記研究	5-6
		六十六卷的聖書	6-9
		雜錄I.悼故高再祝先生	9
		II.偕先生祝賀會	9-10
		III.我的見證	10-11
		IV.祝南大新樓醫院一週年紀念	11
		VI.女學50週年紀念會	11-12
		高中通信	12-14
		南中通信	14-16
		嘉中通信	16-18
		中中通信	18-20
		人事	20
	芥菜子北部事務133號	信仰的鬥爭	21-22
		此個青翠？_馬太21：10	22-23
		為著中會祈禱	23-24
		通知（A）佈道團（B）聖書公會	24

出版時間	卷號	標題	頁碼
一九三七年二月	芥菜子北部事務133號	處女會	24
		樂山園訪問記	25
		看護婦募集	25
		三年運動特記	25-26
		用心吟詩謳咾主	26-28
		新奇的遺囑	28-29
		教會的動靜1.基隆教會	29
		2.三角湧教會	29-30
		3三角埔忌諱	30
		〔廣告〕	31
一九三七年三月	臺灣教會公報624號	活命	1-2
		公告I.第4回南部大會	2
		II.第18回臺灣大會	2
		III.傳教師的異動	2-3
		IV.聖書公會獻金	3
		V.女學創立50週年	3
		VI.神學校女子部	3-4
		論祈禱	5-6
		舊約歷史	6-7
		雜錄I.1.宣道會的消息2.瓦峒教會3.馬公教會4.西嶼教會5.花宅教會5.大嶼教會	7-9
		雜錄II.南大主日學	9-10
		雜錄III.臺灣的巴克禮	11
		高中通信	11-14
		南中通信	15

出版時間	卷號	標題	頁碼
一九三七年三月	芥菜子北部事務134號	嘉中通信	15-17
		中中通信	17-20
		人事	20
		基督徒與時間	21-22
		偉人的明訓	22-23
		通知_三年運動	23-24
		正義的主張	24-25
		用心吟詩謳咾主	25-28
		有益的逸話	28
		故李德長老的小傳	28-30
		教會動靜	30
		消息	30
		〔廣告〕	31-38
一九三七年四月	臺灣教會公報625號	現代基督徒的使命	1-4
		公告：I.南部大會	4-6
		II.傳道局再異動者	6
		III.傳教師相助會	6
		IV.聖書公會獻金	6
		V.新樓醫院產婆講習所	6-7
		牛	7-8
		舊約歷史	9-10
		六十六卷的聖書	10-13
		雜錄I.上帝的奇妙	13-14
		II.臺南長老教女學校校友會	15
		高中通信	16
		南中通信	16-17
		嘉中通信	18
		中中通信	19-20

出版時間	卷號	標題	頁碼
一九三七年四月	臺灣教會公報625號	人事：I.結婚II.別世	20
		特告：主日學教員課本	20
	芥菜子北部事務135號	教會的反省	21-22
		信仰的公園	22-23
		肉體內有刺（A）	23-25
		聖書研究會	25
		三年運動特記	25-27
		北部中會	27-28
		福音社移轉	28
		傳道局與孤寡養老會會計	28
		聖書公會獻金	29
		四教會聘請牧師	29
		投稿者須知	29
		長執聯合會	29
		總督視察樂山園	29-30
		竹南教會	30
		憲法的研究會	30
		前月的訂正	30
		〔廣告〕	31-38
一九三七年五月	臺灣教會公報626號	基督的教會	1-3
		公告：I.臺灣大會	3-6
		II.公報社理事長	6
		III.聖書公會獻金	6
		傳教者所唔通的	6-7
		愛的創造	7-9
		六十六卷的聖書	9-10
		路得記的研究	10-11

出版時間	卷號	標題	頁碼
一九三七年五月	臺灣教會公報626號	著傳基督與祂的十字架	11-14
		南大彰化病院近況	14-15
		高中通信	15
		南中通信	15-18
		嘉中通信	18-19
		中中通信	20
	芥菜子北部事務136號	著作上帝的奴隸	21-22
		上帝的能力	22-23
		儆醒	23-24
		三年運動特記_你有拚多少？	24-26
		教會消息I.島內 II.島外	26-29
		雜錄I.宗教教育的問題	29-30
		II.北部佈道隊本部的創會	30
		〔廣告〕	31-38
一九三七年六月	臺灣教會公報627號	傳道的精神	1-2
		公告：I.設教紀念日	2
		II.傳教師總會	2
		III.神學校的啟事	2
		IV第4回夏期學校	2
		六十六卷的聖書	3-4
		路得記的研究	4-5
		稱基督作主	6
		你佇哪啦_創3：9	6-8
		雜錄I.思念梅牧師	8-10
		II.澎湖教聲	10-11

出版時間	卷號	標題	頁碼
一九三七年六月	臺灣教會公報627號	高中通信	11-15
		南中通信	15-16
		嘉中通信	16-19
		中中通信	19
		人事	19-20
		乃幔家的少女	20
	芥菜子北部事務137號	活命	21
		凡事感謝_I帖5：16-18	22-23
		肉體內有刺（B）	23-26
		三年運動特記	26-27
		雜錄I.東部教會五年來的進步	27
		II.有益的逸話	27-28
		III.信仰的公園	28-29
		IV.提防假先知	29-30
		V.訂正一條	30
		VI.公告.	30
		〔廣告〕	31-38
一九三七年七月	臺灣教會公報628號	長執的使命	1-2
		公告I.傳教師修養會	2-3
		II.聖書公會獻金	3
		III.南大建築部	3
		IV.南大常置委員會	3-4
		路得記的研究	4-6
		六十六卷的聖書	6-8
		無惜古早的世界_II彼2：5	8-10
		請聽！！！	10-11
		雜錄I.澎湖教聲	11-13

出版時間	卷號	標題	頁碼
一九三七年七月	臺灣教會公報628號	II.乃幔家的少女	13-14
		高中通信	15-17
		南中通信	17
		嘉中通信	17-20
		中中通信	20
		人事	20
	芥菜子北部事務138號	咱豈偷拿上帝的物嗎？	21-23
		耶和華啊救祢的百姓…	23-25
		教會的一考察	25-26
		論方言	27
		三年運動特記	28-30
		雜錄I.與憂悶的人相與憂悶	30
		II.吳牧師娘古稀祝賀會	30
		教會消息I.太平町日基教會	30
		九份教會	30
		〔廣告〕	31-38
	臺灣教會公報629號	看主耶穌	1-2
		公告I.傳教師修養會	2
		II.感想	3
		III.女奮興家	3
		III.新聖詩的出版	3
		路得記的研究	3-6
		信仰的幸福	6-8
		讀聖經來體驗基督_約書亞1：8	8-12

出版時間	卷號	標題	頁碼
一九三七年八月	臺灣教會公報629號	雜錄I.教會的生活十款	12-13
		II.摩西傳	13-14
		高中通信	14-16
		南中通信	16-17
		嘉中通信	17-18
		中中通信	18
		宣道會通信_澎湖	18-21
		人事	21
	北部中會139號	禮拜的十感	22-24
		耶穌向耶路撒冷在行	24-25
		上帝什麼時幫助咱	25-26
		我的見證	26-28
		我的主	28
		三年運動特記	28-29
		雜錄I.信仰的公園	29-30
		雜錄II.找人	30
		雜錄III.婦女義塾	30
		雜錄IV.傳教師總會	31
		教會消息_基隆教會	31
		〔廣告〕	32-38
一九三七年九月	臺灣教會公報630號	價值的目屎_詩篇56：8	1-2
		公告I.紀念的大舉傳道	2
		II.新冊紹介	2
		III.南大常置委員會	2
		基督教醫院的聲	2-3

出版時間	卷號	標題	頁碼
一九三七年九月	臺灣教會公報630號	路得記的研究	3-5
		六十六卷的聖書	5-9
		基督復活	9-12
		人的活，不只倚靠餅_太4：4	12-13
		雜錄_再寫感想	14-15
		高中通信	15-16
		南中通信	16-17
		嘉中通信	17-18
		中中通信	18-19
		宣道會通信_澎湖	19-20
		摩西傳	20-21
		人事	21
	北部中會140號	徹底十字架的精神的生活	22
		父啊！你要我做什麼	22-24
		信仰	24-25
		三年運動特記	25-27
		尼米耶斯的法度_The Nevious System	27-28
		聽植村環牧師	28-30
		朝鮮教會	30-31
		教會消息_淡水教會	31
		〔廣告〕	32-38

出版時間	卷號	標題	頁碼
一九三七年十月	臺灣教會公報631號	主日學的使命	1-3
		公告I.十月第三禮拜：世界主日學紀念日	3
		II.1938年度的主日學學課	3
		III.日本基督教會大會	3
		IV.信徒的見證	3
		V.加入日基聯盟	3
		VI.教師試驗	3
		VII.皇軍慰問金	3
		蘇育才的感謝	3-6
		教會與獻金	6-8
		路得記的研究	8-10
		六十六卷的聖書	10-13
		高中通信	13-14
		南中通信	14-16
		嘉中通信	16-17
		中中通信	17-20
		宣道會通信_澎湖馬公	20-21
		人事	21
	北部中會141號	平和	22
		苦難的意義	22-24
		改革主義的信仰	24-25
		耶穌干證本身（1）_從約翰	25-26
		三年運動特記	27
		孤寡養老會	27
		什麼款的愛	28-29

出版時間	卷號	標題	頁碼
一九三七年十月	北部中會141號	故李順長老的小傳	29-30
		樂生院	30
		赴東京臺灣學生的禮拜	30
		教會消息I.三角埔教會	31
		II.新莊教會	31
		III.竹南教會	31
		〔廣告〕	32-38
一九三七年十一月	臺灣教會公報632號	非常時教會的奉仕	1-2
		公告I.世界禁酒日	3
		II.团仔平和日	3
		III.時局與聖誕	3
		IV.年報的摘要	3
		V.福音與教會	3
		VI.女宣道會的現狀	3
		VII.彰化基督教醫院	3
		VIII.加入日基聯盟	3
		IX.長老教中學	3
		X.新冊紹介	4
		時局與信徒	4-5
		歐美宗教現勢	5-6
		世界一週	7
		高中通信	7-9
		南中通信	9-10
		嘉中通信	10-11
		中中通信	11
		宣道會通信_澎湖馬公	11-14
		南大主日學部會	14

出版時間	卷號	標題	頁碼
一九三七年十一月	臺灣教會公報632號	息熱中住教會的感想	15-16
		六十六卷的聖書	16-19
		路得記的研究	19-21
		人事	21
	北部中會142號	相尊重使命	22-23
		信仰與生活_行傳5：1-11	23-24
		耶穌干證本身（2）_從約翰	24-26
		三年運動特記	26-28
		東部教會新地名	28
		拜託	28
		通知	28
		言語的修養	29
		能人的聖書觀	29-30
		島外消息	30-31
		教會消息_鳳林教會	31
		補充	31
		〔廣告〕	32-38
一九三七年十二月	臺灣教會公報633號	謹祝聖誕_恩寵的降誕季！！！	1
		讀聖經的運動週	2-3
		公告I.聖書紀念日	3
		II.1938年度的主日神糧	3
		III.傳教師會雜誌的會費	3
		IV.上期的傳道局會議	3

出版時間	卷號	標題	頁碼
一九三七年十二月	臺灣教會公報633號	特告：I.公報與課本	4
		II.1938年，年頭的祈禱會	4
		非常時與信仰	4-7
		世界一週	7
		主日學聲	8
		以馬內利的福音	8-10
		高中通信	10-13
		南中通信	13-15
		嘉中通信	15-18
		中中通信	18-20
		宣道會通信_澎湖馬公	20-21
		人事	21
	北部中會143號	聖誕俗化的防止	22-24
		愛的王	24-25
		改革主義的信仰（2）	26-27
		關係祝聖誕感想	27-29
		毋通個人主義	29-30
		改譯舊約聖經	29
		三年運動特記	30-31
		教會獨立平信徒後援會	31
		〔廣告〕	32-38

出版時間	卷號	標題	頁碼
一九三八年一月	臺灣教會公報634號	新年お目出度う	1-2
		公告I.南大傳道局	2
		II.世界主日學大會	2
		III.世界宣教大會	3
		IV.萬國聯合共勵會	3
		V.聖書公會的獻金	3
		VI.試驗教師	3
		特告_世界協同祈禱週	3-5
		講虎話	5-6
		世界一週	7
		路得記的研究	7-8
		非常時與信仰	8-10
		基督聖誕的宗教	10-12
		歐美宗教現勢	12-13
		高中通信	13-14
		南中通信	15-16
		嘉中通信	16-17
		中中通信	17-19
		宣道會通信I.教勢與希望	19-20
		II.花宅	20
		通知	20
		人事I.女學校長辭職II.結婚III.別世	20
	北部中會144號	教會新的出發	21-24
		教會與祈禱	24-25
		教會與聖神	24-26
		教會與傳道	26-28
		教會的振興	28-29
		相助會的拜託	29

出版時間	卷號	標題	頁碼
一九三八年一月	北部中會144號	教會消息I.汐止教會	29
		教會消息II.三年運動	30
		教會消息III.青年醫師求道	30
		北部臺灣女宣道會特記	30
		〔廣告〕	31-36
一九三八年二月	臺灣教會公報635號	教會的鹽_世界婦人祈禱日	1-2
		公告I.各中會召集的期日	2
		II.1938年度教會重要的日期	2
		III.世界宣教大會	2
		IV.公報社	2
		V.臺南神學校女子部	2-3
		VI.聖書公會獻金	3
		耶穌的傷痕	3-5
		世界一週	5-6
		是舊依舊永新	6-8
		歐美宗教現勢（3）	8-9
		六十六卷的聖書	9-10
		高中通信	10-12
		南中通信	12-14
		嘉中通信	14-15
		中中通信	16-18

出版時間	卷號	標題	頁碼
一九三八年二月	臺灣教會公報635號	宣道會通信_來東吉的經過	18-19
		公告VII.臺南神學校啟事	19-20
		人事I.個人的動靜	20
		II.結婚	20
		III.別世	20
	北部中會145號	教會的財政	21-22
		北中財政機關的研究	22-24
		傳道理與錢袋	24-26
		獻金的模範	26-27
		傳道局會計拜託事項	27
		能德中會的期待	27-28
		基督徒啊，你的心神有妥當抑無？	28-29
		三年運動特記	29-30
		〔廣告〕	31-36
一九三八年三月	臺灣教會公報636號	人生的價值	1-2
		公告_I.傳教師的異動	2
		II.教師試務的新准允者	2
		III.基督徒讀本	2
		IV.宋博士佇叨位	2
		V.臺南長老教女學校校友會	2-3
		VI.神學校圖書室	3
		上帝國_路加13：18-30	3-4

出版時間	卷號	標題	頁碼
一九三八年三月	臺灣教會公報636號	世界一週	5
		歐美宗教現勢（4）	5-7
		六十六卷的聖書	7-9
		是舊依舊永新	9-10
		高中通信	10-13
		南中通信	13-14
		嘉中通信	14-17
		中中通信	17-18
		宣道會通信_澎湖的風俗	18-19
		蘭大衛博士的近況	19-20
		人事_I.傳道講演者	20
		II.高牧師的動靜	20
		III.結婚	20
		IV.別世	20
	北部中會146號	順趁	21
		平信徒運動的楔機	21-23
		教會奮興與聖書運動	23-26
		基督徒啊，你的心神有妥當抑無？（2）	26-27
		欠理解	27
		移轉_I.神學校	28
		II.福音社	28
		北部中會見聞記	28-30
		東部教會的進展	30
		馬偕醫院	30
		〔廣告〕	31-36

出版時間	卷號	標題	頁碼
一九三八年四月	臺灣教會公報637號	愛教會心	1-2
		公告_I.復活節與主日學日	2
		II.教會學校卒業式	2-3
		III.聖書公會獻金	3
		IV.第2回傳道局	3
		V.各中會新設立的教師	3
		VI.廉得烈牧師的小傳	3
		VII.新的聖詩	3
		VIII.主日學教員用課本	3
		IX.編輯室	3
		特告_受難週的默想	3-5
		復活的主在教會中_啟示錄1：4-18	5-6
		世界一週	6-7
		非常時的基督徒	7-8
		耶穌真正復活	8-9
		社告	9
		是舊依舊永新	9-10
		路得記的研究	11-12
		高中通信	12-14
		南中通信	14-16
		嘉中通信	16-17
		中中通信	17-18
		宣道會通信_I.瓦峒教會的現狀II.東吉的囝仔	18-20

出版時間	卷號	標題	頁碼
一九三八年四月		新書紹介	20
		人事_I.宣教師動靜 II.結婚	20
	北部中會第147號	尚未傳到地極	21
		精神喪鄉	22-23
		來看！肉體復活的耶穌_馬太28：1-20	23-24
		復活的理解	24-26
		新編輯部員所感	26-27
		歡迎神學校	27-28
		傳道局與神學校	28
		新店教會	28-29
		三年運動特記	29
		公告I.各堂牧師監選日	29
		公告II.重要集會日	29-30
		公告III.淡水婦女義塾	30
		公告IV.文書統制的件	30
		公告V.傳道局事務囑託	30
		公告VI.設教紀念	30
		公告VII.佈道部新計畫	30
		公告VIII.三年運動拜託	30
		訂正	30
		〔廣告〕	31-36

出版時間	卷號	標題	頁碼
一九三八年五月	臺灣教會公報638號	信仰的偉人	1-2
		公告_I.最後的異動	2
		公告II.《神國日本と基督教》	2
		公告III.無譜的新聖詩	2
		公告IV.教會的學校	2
		公告V.傳道補助金	3
		公告VI.南大常置委員會	3
		公告VII.老母日	3
		主耶穌復活	3-4
		世界一週	4-5
		佇舊約的度、量、衡	5-6
		學講道理	7-8
		現在的基督	9
		咱有未記得一項	9-11
		路得記的研究	11-13
		廉牧師的小傳	13-14
		高中通信	14-15
		南中通信	15-16
		嘉中通信	16-17
		中中通信	17-19
		宣道會通信_馬公	19-20
		人事_I.宣教師動靜 II.結婚III.別世	20

出版時間	卷號	標題	頁碼
一九三八年五月	北部中會第148號	著睏醒	21-22
		想信仰的母性	22-23
		講什麼、聽什麼？	23-24
		造化歌	24-25
		牛津基督教會議（1）	25-26
		研究聖經	26
		合著，開著	26-27
	臺灣教會公報638號	新的物	27
		相續跑	27-28
		公告_I.傳教師轉任	28
		公告II.牧師就任式	28
		公告III.平信徒聖經研究會	28
		公告IV.教師試驗	28
		公告V.臺灣基督教聯盟	28
		公告VI.傳教師相助會	28
		消息_I.神學校	29
		消息II.M .G.クウイヤ	29
		消息III.臨時中會	29
		追念老母日	29-30
		主日學教育	30
		〔廣告〕	31-36

出版時間	卷號	標題	頁碼
一九三八年六月	臺灣教會公報639號	永遠的世界	1-2
		特告I.全國三教代表會同	2-3
		特告II.防空上市民的心得	4-5
		特告III.大舉佈道部會	5-6
		公告_I.聖神降臨節	6
		公告II.設教紀念日	6
		公告III.南部傳教師娘會	6
		公告IV.無譜的新聖詩	7
		公告V.第五回夏期學校	7
		公告VI.教師試驗	7
		公告VII.國語拆本的小聖經	7
		VIII.神學校啟事	7
		佇舊約的度、量、衡	7-9
		學講道理	9-10
		世界一週	10-11
		高中通信	11-14
		南中通信	14-15
		嘉中通信	15-16
		中中通信	17-18
		宣道會通信	19-20
		人事_I.神學校的教授田中從夫II.結婚III.別世	20

出版時間	卷號	標題	頁碼
一九三八年六月	北部中會第149號	基督教與文書傳道	21
		紹介書冊《同心後の實際問題》	21-23
		《北部中會議事錄與摘要》出版紹介	23-24
		聖禮典（1）	24-25
		此三項	25-26
		佇肉體曾死的耶穌，我思念你_馬太27：1-66	26-28
		牛津基督教會議（2）	28-29
		三年運動特記	29
		勉勵咱	29
		消息_1.偕叡廉先生倒去休息	30
		2.韋彼得牧師不再來了	30
		3.組織佈道隊	30
		4.神學生的夏期傳道	30
		5.主日學部會	30
		6.北部信徒聖經研究會	30
		〔廣告〕	31-36
一九三八年七月	臺灣教會公報640號	夏天的警戒	1-2
		公告_I.夏期中重要的集會	2
		II.第3回世界宣教大會	2
		III.北部的3中會	2
一九三八年七月	臺灣教會公報640號	IV.國語拆本聖經	2
		V.神學校決算書	2
		VI.編輯部	3
		佇舊約的度、量、衡	3-4
		毋免搖動，我的干證是真_咱長老會是什麼？	4-5
		世界一週	5-6
		高中通信	6-12
		南中通信	13-14
		嘉中通信	14-15
		中中通信	16-18
		宣道會通信_I.公告 II.馬公III.花宅教會	18-20
		人事	20
	北部中會第150號	也要顧別人的事	21-22
		十字架頂的七句話	22-23
		聖禮典（2）	23-25
		耶穌干證本身（3）_對約翰	25-26
		針小棒大	26-27
		新竹區三年運動	27-28
		牛津基督教會議（3）	28-29
		三年運動特記	29-30
		公告_傳教師總會	30
		〔廣告〕	31-36

出版時間	卷號	標題	頁碼
一九三八年八月	臺灣教會公報641號	預言與現代	1-2
		公告_I.臺灣大會常置委員會	2
		II.日曜學校課本教案	2
		III.南大主日學部會	2
		信稱作義	3-4
		宗教教育講座	4-5
		毋免搖動，我的干證是真（2）_長老會是什麼？	5-7
		學講道理	8-9
		佇舊約的度、量、衡	9-11
		主日學生徒_余氏月娥	11-12
		祈禱會的重要	12-13
		高中通信	13-16
		南中通信	16-17
		嘉中通信	17
		中中通信	18
		宣道會通信	19-20
		人事	20
	北部中會第151號	殉教者司提反	21
		聖禮典	22-23
		罪與得救	23-25
		祈禱會衰微的原因	25-26
		著顧上帝的事	26-27
		故エーツ[Yates]先生的歸天與他的葬式	27-28

出版時間	卷號	標題	頁碼
	北部中會第151號	北部傳教師總會便錄	28-29
		讀《較多之精神》	29-30
		蛇傷治療法	30
		教會消息	30
		〔廣告〕	31-36
一九三八年九月	臺灣教會公報642號	禮拜與聖詩	1-2
		公告_I.新聖詩出版啦！	2
		II.1937年度，南部教會年報的摘要	2
		III.教師試驗	2
		IV.蘭醫生娘的通信	2-3
		「信稱作義」	3
		宗教教育	3-5
		餅碎	5
		學講道理	5-6
		毋免搖動，我的干證是真（3）_長老會是什麼？	6-10
		高中通信	10-13
		南中通信	13-14
		嘉中通信	14-15
		中中通信	15-16
		宣道會通信	16-20
		人事	20
		世界一週	20

出版時間	卷號	標題	頁碼
一九三八年九月	北部中會第152號	盡忠佇少的與微小的	21-22
		聖禮典（4）	22-23
		贖罪的一考察	23-25
		耶穌干證本身（4）_對約翰	25-26
		北中常置委員會	26
		公告	27
		我的人生觀_樂山園患者的歌	27
		南方的土產	27-28
		牛津校舍	28-30
		感母恩的歌	30
		〔廣告〕	31-36
一九三八年十月	臺灣教會公報643號	囡仔的宗教_10月16聖日：世界主日學日	1-2
		公告_I.十月第3禮拜：世界主日學紀念日	2
		II.1939年度的主日學學科	2
		III.新的聖詩	2
		IV.日本基督教大會	2
		V.基督教聯盟總會	2
		VI.新聖詩與讚美歌對照表	3
		「信稱作義」	3-5
		毋免搖動，我的干證是真（4）_咱長老會是什麼？	5-8

出版時間	卷號	標題	頁碼
一九三八年十月	臺灣教會公報643號	宗教教育	8-9
		高中通信_I.教育部II.日曜學校科別教案III.聖書懸賞IV.水底寮教會V.日常佈道	9-12
		南中通信	12-13
		嘉中通信	13-15
		中中通信	15-18
		宣道會通信_澎湖的教會啊！	18-20
		人事_I.宣教師的動靜II.結婚III.別世	20
	北部中會第153號	建設三中會的精神	21-23
		贖罪的功效	23-24
		世界主日學紀念日	24-25
		蛇傷治療法補遺	25
		怎去普天下傳福音	25-27
		建設三中會共通與順序	27
		三年運動特記	27-28
		公告_I.主日學部	28
		II.聖經研究會	28
		III.第3回傳教師夫人總會	28
		批信	29-30
		教會消息_基隆堂會	30
		〔廣告〕	31-36

出版時間	卷號	標題	頁碼
一九三八年十一月	臺灣教會公報644號	高度的文化_11月11日世界平和紀念日	1-2
		公告_I.全國基督教協議會	2
		II.全臺灣基督教奉仕會	2
		III.長老教女學バゼー〔bazaar慈善市〕	2
		IV.昭和14年度的主日神糧	2
		V.新聖詩的訂正	2-3
		VI.平和紀念日	3
		VII.國民精神作興週間	3
		VIII.南大常置委員會	3
		IX.全國協議會的案內	3
		X.日基大會的案內	3
		XI.祝賀北部三中會	3
		XII.編輯室	3
		教派問題，此去著怎樣？	3-6
		用母心的教育（母心より教育）	6-8
		高中通信	8-11
		南中通信	11-13
		嘉中通信	13
		中中通信	13
		宣道會通信_I.竹篙灣	14

出版時間	卷號	標題	頁碼
一九三八年十一月	臺灣教會公報644號	II.再看東吉	14-16
		III.感謝與希望	16-18
		人事_I.彰化院長辭職II.結婚III.別世	18-19
		學講道理	19-20
		宗教教育	20-21
	北部中會154號	信仰的整頓	22-23
		祈禱會衰微的原因	23
		山頂的基督；山下的基督	24
		ネウイアス（J. L. Nevioue）	24-25
		臺北中會成立經過	25-26
		第一回新竹中會	26-28
		北部3中會成立	28
		教會消息_基隆堂會_石底教會	28-29
		重新的馬偕醫院	29
		對遠遠的臺灣	29-30
		對聖地的片信	30-31
		〔廣告〕	32-36
一九三八年十二月	臺灣教會公報645號	聖誕的禮物	1-2
		公告_I.聖書紀念日	2
		II.1939年，年頭的祈禱會	2-3
		III.公報與課本	3
		IV.1939年度的主日神糧	3
		V.上期的傳道局會議	3
		VI.基督聖誕	3

出版時間	卷號	標題	頁碼
一九三九年一月	北部中會156號	更新年頭的所感	22-23
		誇口咱主的十字架	23-24
		同行活路	24-26
		替人祈禱	26-28
		ネヴイアス[Nevious]的方法（II）	28-29
		牛津基督教會議（4）	29-30
		教會消息_I.九份	30
		教會消息_II.新店堂會	31
		〔廣告〕	32-36
一九三九年二月	臺灣教會公報647號	第5回南部大會	1
		社説：教會的權柄	1-2
		公告：I.四中會的期日及場所	2
		II.1939年度教會重要曆	2-3
		III.日基大會的賀狀	3
		IV.憲法的修整	3-5
		V.教士會啟事	4
		VI.聖書公會	4-5
		現在的信徒	5-6
		宗教教育講座	6-9
		高中通信	9-11
		南中通信	11-12
		嘉中通信	12-13
		中中通信	13
		宣道會通信	13-15
		人事：宣教師動靜	15
		人事：結婚 喪事	16

出版時間	卷號	標題	頁碼
一九三九年二月	臺灣教會公報647號	譯載：逐人呣免絕望，的確有向望	16-20
		譯載：用母心的教育	21
	北部中會157號	主張：祢的奴僕在聽	22-23
		論説：我的人生觀	23-25
		論説：無得批評人	25-26
		論説：尚未成聖啦	26-27
		論説：十年間教會婦仁人的運動著怎樣計畫	27-28
		公告：北中常置委員會	29
		通知：常置委員會，新竹中會延期	29
		雜錄：牛津基督教會議（5）	29-30
		雜事：牛津團聚會	30
		雜事：臺北市內的祝聖誕聚會	31
		雜事：送別會	31
		教會消息：基隆教會	31
		〔廣告〕	32-36
一九三九年三月	臺灣教會公報648號	社説：教會的進步	1
		公告：南大召集事	2
		公告：第一回傳道局	2
		講壇：臨在的恩惠	3
		譯載：用母心的教育	4

出版時間	卷號	標題	頁碼
一九三九年三月	臺灣教會公報648號	講座：宗教教育	9
		高中通信	12
		南中通信	14
		嘉中通信	16
		中中通信	17
		宣道會通信	18
		人事：故人的 結婚 喪事	19
		雜錄：協同傳道	19
		雜錄：宣道會的牧師	20
		雜錄：久布白女士	20
		雜錄：世界基督教大會	20
		雜錄：教會的總力戰	21
		雜錄：聖書公會	21
		雜錄：疼的勝利	21
		雜錄：此霎呴是雪明的時代	21
	北部中會158號	主張：教會生活	22
		活動的教會	23
		使徒的終局	24
		臺北神學校：要募集神學生	25
		臺北神學校：神學卒業式	25
		消息：淡水臺幼稚園	25
		消息：淡水聖書研究會	26
一九三九年三月	北部中會158號	消息：臺北區三運聖經研究會	26
		消息：福音社新到的書冊	26
		三年運動特記	27
		聖者イエーツ（Yates）宣教師	28
		草山オクスフオド修養會	29
		鼓舞人學字	29
		桃園教會	29
		小傳：故吳詹氏笑	30
一九三九年四月	臺灣教會公報649號	社説：教會美的紀念日	39815
		II.日曜學校紀念日	2
		公告：I.懸賞論文募集	2
		II.教會學校卒業式	3
		III.第22回日本日曜學校大會	3
		IV.第20回禁酒大會	3
		V.1939年最近申請牧師的教會	3
		VI.各中會編輯部長	3
		VII.本月中重要的紀念日	3
		VIII.各中會的議長，書記	3
		IX.基督教世界大會	3
		論説：復活節	4
		研究：復活的事實	4

出版時間	卷號	標題	頁碼
一九三九年四月	臺灣教會公報649號	講壇：耶穌復活	7
		譯載：用母心的教育	9
		高中通信	13
		南中通信	14
		嘉中通信	17
		中中通信	18
		宣道會通信	20
		人事：宣教師動靜	21
		人事：保母的倦勤	21
		人事：結婚；別世	21
	北部教會159號	宣講：主復活與教會	22
		北部中會	24
		新竹中會	25
		東部中會	27
		臺北中會	27
		第43回北中及分中會所感	28
		公告：傳道局的事務	29
		公告：傳教師的異動	29
		公告：新設教會	30
		教會的進步	30
		世界基督教的現勢	31

出版時間	卷號	標題	頁碼
一九三九年五月	臺灣教會公報650號	設使有的無信，就怎樣？_上帝的信實	1-2
		公告：I.傳道局	3
		II.母親日	3
		III.青年會夏期修養會	3-4
		聖經研究的概略	4-6
		俄巴底亞的冊	6-7
		信仰偉人傳_宗教改革家路德馬丁	7-8
		基督教信仰問答	9
		信仰美談_故清泉嬸	9-10
		第5回南部大會	10-13
		高中通信	13-14
		南中通信	14-15
		嘉中通信	16-17
		嘉中通信	17-18
		宣道會通信_澎湖教會的今昔	18-19
		醫院通信_南大臺南新樓醫院	19
		公報社消息	19-21
		人事I.結婚II.別世	21
	北部教會160號	思念老母	22-23
		南北合一與戀人	23-24
		老母的心	24-26
		我的老母	26
		傳道上的困難	26-27
		無聲抑是無耳孔	27-28

出版時間	卷號	標題	頁碼
一九三九年五月	北部教會160號	世界基督教的現勢	28-29
		印度マドラス[madras]世界宣教大會	29-30
		振興教會	30-31
		消息	31
		〔廣告〕	32-36
一九三九年六月	臺灣教會公報651號	南部設教紀念	1-2
		公告I.設教紀念日	2
		II.第40回南大常置委員會	3
		III.傳道局	3
		IV.神學校啟事	3
		哈該的冊	3-5
		約瑟的受難	5-7
		信仰美談_故鹿仔叔	7-8
		用母心的教育_接4月13面	8-10
		基督教信仰問答	10
		南大救濟	11
		高中通信	11-12
		南中通信	14-17
		嘉中通信	17-18
		中中通信	18-20
		醫院通信_臺南新樓醫院	20
		公報社的聲	20-21
		人事	21

出版時間	卷號	標題	頁碼
一九三九年六月	北部教會161號	基督化生活	22-23
		及時的雨	23-24
		使徒信經義解	24-26
		老母日所感	26-27
		花蓮港教會沿革及新築計畫	27-29
		神學生夏期傳道	29
		臺灣學生基督教青年會啟事	29
		消息	29
		南北教會的合同	30-31
		外位的消息	31
		蕭克昌的一生	31
		〔廣告〕	32-36
一九三九年七月	臺灣教會公報652號	上帝是咱的天父_上帝的攝理	1-2
		公告I.神學生夏期工作	3
		II.南部傳教師修養會	3
		撒迦利亞的冊	3-5
		約瑟的成功	5-7
		榮光的恩上	7-9
		信仰偉人傳_長老會的開祖加爾文·約翰	9-11
		信仰美談	11-12
		信者通做遊技場及期米店抑毋通	12-15
		南大救濟	15-16
		基督教信仰問答	16

出版時間	卷號	標題	頁碼
一九三九年七月	臺灣教會公報652號	東亞傳道會臺灣地方部	17
		高中通信	17-18
		南中通信	18-19
		嘉中通信	19-20
		中中通信	20-21
		人事	21
	北部教會162號	合一：南及北上帝及人	22-23
		福音的本質	23-25
		勇敢的應召	25-26
		使徒信經義解（2）	26-28
		廈門的傳道	28-29
		臺東教會獨立一週年的回顧	29-30
		實質上傳道的困難	30-31
		傳教師總會啟事	31
		苑裡教會感謝的話	31
		消息	31
		〔廣告〕	32-36
一九三九年八月	臺灣教會公報653號	互基督做成	1-2
		公告：Y.M.C.A.聯盟修養會變更	2
		以弗所的批	3-4
		約瑟及他的兄弟	4-5
		對老母的懇望	7-8
		基督教信仰問答	9
		信仰美談	9-10
		宗教小說_用尻脊向上帝	10-13

出版時間	卷號	標題	頁碼
一九三九年八月	臺灣教會公報653號	高中通信_竹子腳教會的近況	13-14
		南中通信_六甲教會	15
		嘉中通信	15-16
		中中通信	16-17
		宣道會通信	17-19
		外位的消息_荷蘭女王的信仰告白	19-20
		公報社啟事	20
		人事	20
	北部教會163號	豐盛的活命	21-22
		羅馬的奴才	22-23
		教會宣教的反省	23-24
		使徒信經義解（3）	24-26
		求互上帝歡喜	26-27
		行來行去	27
		第二個生日著紀念	28
		感想	28
		拜託	29
		消息	29-30
		〔廣告〕	31-36
一九三九年九月	臺灣教會公報654號	世間的掛慮_上帝的智慧與愛疼	1-2
		公告I.南大主日學啟事	3
		II.南部傳教師修養會及總會	3
		約瑟與他的老父	3-6
		瑪拉基的冊	6-8
		以弗所的批	8-9

出版時間	卷號	標題	頁碼
一九三九年九月	臺灣教會公報654號	基督教信仰問答	9
		教會與財政	10-13
		信仰美談	13-14
		宗教小説：用尻脊向上帝	14-16
		高中通信	17
		嘉中通信	17-18
		中中通信	18-19
		公報社通信_I.理事會 II.公報慢發行，發送	19-20
		人事	20
	北部教會164號	對南北教會合一的希望	21-22
		「豐盛」的信仰	22-23
		照你所愛	23-24
		一粒一粒土砂	24-25
		福音歌	25
		金魔	25-26
		簡省字	27
		風琴傳福音	27-29
		著考究生存	29
		一粒麥	29-30
		教會消息_新店教會	30
		〔廣告〕	31-36

出版時間	卷號	標題	頁碼
一九三九年十月	臺灣教會公報655號	教會與日曜學校	1-2
		公告：I.十月第3禮拜：世界主日學紀念日	2
		II南大預算1939:4:1-1941:3:31	3
		III.阿部先生來南	3
		IV.南部大會問安使出發	3
		宗教團體法解釋	3-5
		約拿的冊	5-7
		女性著成做母性	7-9
		信仰美談	9-11
		基督教信仰問答	11
		宗教小説：用尻脊向上帝	12-14
		高中通信_I.蘇育才牧師的小傳 II.教育部	14-17
		南中通信_I.臺南太平境Y.M.C.A.修養會 II.懸賞論文審查延期	18
		嘉中通信	18-19
		中中通信	19-22
		宣道會通信	22
		人事_I.神學校新任教授〔宮內彰〕II.結婚 III.別世	22

出版時間	卷號	標題	頁碼
一九三九年十月	北部教會165號	獨立的信仰	23-24
		無講話的宣教	24-25
		按呢總親和嗎？	25-26
		能人的能	26-27
		張金波牧師葬式	27-28
		父子牧師	28
		廈門教會成立	29
		安士德覽〔Amsterdam〕的消息_世界基督教青年大會（1）	29-30
		請關心伫至微小的	30-31
		教會消息_東部通信	31
		桃園教會	32
		頂城街教會	32
		九份教會	32
		社告	33
		啟事	33
		〔廣告〕	34-40
一九三九年十一月	臺灣教會公報656號	和平的結連	1-2
		公告：臺大常置委員會	2
		約珥的冊	3-4
		宗教團體法解釋	5-6
		教會自治建設	6-7
		信仰美談	7-8
		信仰問答	9
		宗教小說：用尻脊向上帝	9-12

出版時間	卷號	標題	頁碼
一九三九年十一月	臺灣教會公報656號	高中通信I.大學傳道 II.教育部 III.教會消息	12-14
		南中通信I.編輯部會 II.教會消息	14-15
		嘉中通信I.教育部	15
		II.教會消息	15-16
		中中通信I.溪湖信徒修養會	16-17
		II.上帝是什麼？	17
		III.謹弔故李氏月英さん	18
		宣道會通信	18-19
		醫院通信I.新樓醫院	19-20
		II.彰化醫館	20-21
		南大編輯部的聲	21
		讀者的聲（新設）	21
		公報社啟事	21
		買舊冊	22
		人事	22
	北部教會166號	最上的奉獻	23-24
		時代、教會、神學	24-26
		你有祈禱不對否？	26
		東部通信	26-27
		無得再掛著彼個擔	27-28
		消息_1.台北中會 2.加拿大母會及合同教會的和議成立	28-29
		天的米糧	29

出版時間	卷號	標題	頁碼
一九三九年十一月	北部教會166號	安士德覽〔Amsterdam〕的消息_世界基督教青年大會（2）	29-30
		論教職的待遇	30-32
		通知	32
		多謝	32
		〔廣告〕	33-40
一九三九年十二月	臺灣教會公報657號	聖誕的歡喜	1-3
		公告：I.世界聖書紀念日	3
		II.南大主日學啟事	3
		III.昭和15年，（1940）.年頭的祈禱會	4
		救主誕及神學	4-6
		東方的牧者	6-8
		聖誕及舊約的預言	8-10
		聖誕的団仔	10-11
		信仰問答	12
		聖誕的社會的意義	12-14
		聖誕節的由來	14
		高中通信I.高雄中會啟事	15
		II.高中教育部	15-16
		III.埤頭教會的批	16
		南中通信_交通佈道	16-17
		嘉中通信_1.嘉義教會修養會	17

出版時間	卷號	標題	頁碼
一九三九年十二月	臺灣教會公報657號	2.鹽水教會〔主日學〕	17-18
		中中通信_II.水里坑教會	19-20
		II.故鍾德和君的略歷	20
		宣道會通信	21-22
		社告	22
		人事	22
	北部教會167號	較贏誘試的路（林前10:13）	23-24
		教會與神學	24-25
		聖誕感想牧者與博士	25-26
		明牧師的批	26-27
		家庭的聖誕	27-28
		帶人讀聖經	28
		通知	28
		讀行傳25章	28-29
		悼詞的對象	29
		教界消息：I.新港，石雨傘教會	29-30
		II.大里教會	30
		III.鳳林教會	30
		IV.龍潭教會	30-31
		V.新莊教會	31
		VI.廣東的消息	31
		VII.偕先生又來啦[偕叡廉]	31-32
		VIII.艋舺教會	32

出版時間	卷號	標題	頁碼
	北部教會167號	IX.雙溪教會獨立所感	32
		〔廣告〕	33-40
一九四〇年一月	臺灣教會公報658號	恭賀新年與救主聖誕	1-2
		公告：I.傳道局	2
		II.南部教會各用紙統一	3
		以弗所的批	3-5
		信仰美談_車馬叔	5-6
		信仰問答	6
		宗教團體法解釋	7-8
		母性愛的教育_	8-9
		世界協同的祈禱會	10-11
		高中通信	12-13
		南中通信	13-14
		嘉中通信	14-15
		中中通信	15-16
		咱的神學校	16-17
		新樓病院通信	17-18
		宗教小説_用尻脊向上帝	18-20
		內地見聞記	20
		讀者的聲	20
		公報社啟事	21
		人事 I 故人消息 II.議員當選III.結婚 IV.別世	21

出版時間	卷號	標題	頁碼
一九四〇年一月	北部教會168號	年頭的反省	22-23
		新年的光	23-24
		新的曙光	24-25
		對廣東	25-27
		安士德覽〔Amsterdam〕的消息（3）	27
		請醫師來新店	28
		新生活與經濟	28
		好用的牛	29
		溫故知新	30-31
		消息_新莊教會	31
		教師試驗通知書	31
		牛津運動_第2回世界大會	31
		〔廣告〕	32-40
一九四〇年二月	臺灣教會公報659號	基督徒的生活	1-2
		公告：I.四中會期日與場所	2
		公告：II.新樓醫院長留任	2
		公告：III萬國婦人祈禱會	3
		公告：IV聖書公會獻金	3
		公告：V臺南神學校募集學生	3
		那鴻的冊	3-6
		信仰美談	6-7
		母性愛的教育_來學動物	7-8
		信仰問答	8

出版時間	卷號	標題	頁碼
	北部教會170號	能人的修養	30-31
		教會消息	31
		廣告	32-40
一九四〇年四月	臺灣教會公報661號	復活與教會	1-3
		公告：南大常置委員會	3-4
		十字架的意義	4-6
		西番雅的冊	6-8
		信仰美談	8-10
		臺灣教會當面的問題〔1〕	10-11
		信仰問答	11
		高中通信_第11回高雄中會	12
		南中通信	12-15
		嘉中通信	15-16
		中中通信	17-18
		宣道會通信_馬公	18
		宗教小説_只有一條路	18-20
		啟事	20
		讀者的聲	20
		聖書公會獻金	20
		人事	21
	北部教會171號	著遵守禮拜	22-23
		上帝的子	23-25
		替眾教會掛慮	25-26
		南洋的羅籐	26-27
		順路看教會	27-28
		公告：新竹中會要錄	28-29

出版時間	卷號	標題	頁碼
一九四〇年四月	北部教會171號	II.第四回東部中會	29-30
		III東中宗教教育部通信	30
		教會消息_1.新店教會	30-31
		教會消息-2.賀川豐彥先生的講演	31
		教會消息_3.臺北神學校	31
		廣告	32-30
一九四〇年五月	臺灣教會公報662號	五旬節與咱	1-2
		公告：教師試驗通知	2
		雅各伫伯特利	3-5
		老母與子兒	5-7
		聖句的理解	7-8
		信仰美談	8-9
		信仰問答	9
		臺灣教會當面的問題〔2〕	10-11
		宗教小説_他是我的丈夫	11-12
		第19回臺灣大會	12-14
		高中通信	14
		南中通信	15-16
		嘉中通信	16-18
		中中通信	18-19
		宣道會通信_澎湖宣教略史	19-20
		啟事	21
		讀者的聲	21
		人事	21

出版時間	卷號	標題	頁碼
一九四〇年五月	北部教會172號	紀念「生」的艱苦一	22-23
		傳福音	23-25
		來看	25-27
		所欠用的米糧	27
		公告	28
		基督徒相交陪練習	28-29
		順路看教會	29-30
		小經濟	31
		東部通信	31
		〔廣告〕	32-40
一九四〇年六月	臺灣教會公報663號南部設教75週年紀念號	設教75	1-3
		公告：I.設教紀念日	3
		II.教師試驗	3
		III.神學生夏期的工作	3
		IV.女神學生夏期工作	3
		南部福音發展	3-6
		南部教會醫療傳道史	6-8
		信仰問答	9
		南部教會迫害史	9-12
		宗教小説_兩款的愛	12-13
		高中通信	13-15
		南中通信	15-16
		嘉中通信	16-18
		中中通信	18-19
		宣道會通信	19-20

出版時間	卷號	標題	頁碼
一九四〇年六月		設教75週年祝詞	20-21
		讀者的聲	21
		人事	21
	北部教會173號	教會的役員	22-24
		信仰生活的檢討（1）	24-26
		訂正	26
		神學生夏期傳道	27
		東西南北	27-28
		使徒信經義解（4）	28-29
		聽北部第一回大會	30-31
		教會請牧師	31
		[廣告]	32-40
一九四〇年七月	臺灣教會公報664號	雅各離開哈蘭	1-3
		公告：I.YMCA夏期修養會	4
		II.女宣道會總會	4
		III.請納相助會的錢	4
		南部教會醫療傳道史	4-6
		聖句的例解_基督徒的生活	6-7
		思念梅監務牧師	7-9
		故梅監務牧師的小傳	9-12
		故梅監務牧師的略歷	12-13
		追悼牧師梅監務輓詩	13
		心門的鎖匙	13
		信仰問答	14

出版時間	卷號	標題	頁碼
一九四〇年七月	臺灣教會公報664號	宗教小説_兩極端的教育（1）	14-16
		第19回臺大第一回常委	16
		高中通信	17
		南中通信	17-18
		嘉中通信	18-19
		中中通信	20
		病院通信	20
		啟事	21
		神學生夏期工作	21
		訂正	21
		人事	21
	北部教會174號	聖的約	22-23
		信仰生活的檢討（2）	23-25
		約翰6:1-14	25-26
		使徒信經義解（4）〔5〕	26-27
		東西南北	27-28
		編輯部的拜託	28-29
		頭回中會、頭回大會	29-30
		第1回北部大會	30-31
		教會請牧師	31
		〔廣告〕	32-40

出版時間	卷號	標題	頁碼
一九四〇年八月	臺灣教會公報665號	天國的寶訓_寶貝與珍珠的比喻	1-3
		公告：I.通知	3
		II.傳道局	3
		III.臺灣傳教師總會	3
		彌迦的冊	4-6
		麻豆教會受迫害	6-7
		南部教會醫療傳道史	7-8
		父母所當行的路	8-10
		宗教小説_兩極端的教育（2）	11-12
		高中通信	12-13
		南中通信	13-14
		嘉中通信	14-16
		中中通信	16-18
		宣道會通信	18-19
		病院通信	19-20
		啟事	20
	北部教會175號	團結的祈禱與教會的發展	21-22
		我就是路，是真理，是活命	22-24
		口座開設	24-25
		東西南北	25-26
		花蓮港教會堂新築	26-27
		無形的看板	27-28
		實行的佈道隊	28
		大學傳道	28
		福音的種子	29
		教會請牧師	29-30

出版時間	卷號	標題	頁碼
		莊牧師別世	30
		〔廣告〕	31-40
一九四〇年九月刊頭改版	臺灣教會公報666號	教會生活	1-2
		公告：公報社啟事	2
		南部教會醫療傳道史	2-4
		聖句的例解：信賴基督	4-5
		腓利門的批	6-7
		因為是伊的父母	7-9
		高中通信	9-11
		南中通信	11-12
		嘉中通信	12
		中中通信	12-14
		宣道會通信_澎湖宣教略史	14
		基督教奉祝大會	15
		請教牧師與先生	15-16
		啟事	16
		讀者的聲	16
		人事	16
	北部教會176號	晚餐的意義	17-18
		公告：I.財務局通信	18
		II.北大人事相談部	18-19
		III.新竹中會財務部通信	19
		實行的人生	19-20
		使徒信經義解（6）	20-21
		苦難的事物	21-22
		佈道良機	22-23

出版時間	卷號	標題	頁碼
	北部教會176號	東西南北	23-24
		新竹中會傳教師，主日學教員修養會	25
		踮佇咱的基督	25
		〔廣告〕	26-36
一九四〇年十月	臺灣教會公報667號沒有中中通信	雅各倒來伯特利	1-3
		公告：I.神學校閉校	3
		II.大字漢文新聖詩發賣	3-4
		阿摩司的冊	4-6
		南部教會醫療傳道史	7-8
		信仰美談	8-9
		著教育老父	9-11
		高中通信	11-12
		南中通信	12-13
		嘉中通信	13-14
		宣道會通信_澎湖宣教略史	14-16
		應答_請教牧師與先生	15-16
		啟事	16
		通知	16
		人事	16
	北部教會177號	真正的慰安	17-18
		耶和華的神大大臨到伊	18-19
		福音的聲	19-20
		傳教原因	20
		聽第五回臺北中會	21-22

出版時間	卷號	標題	頁碼
一九四〇年十月	北部教會177號	東西南北	22-23
		大川校長就任式	23
		南北神學生相與讀冊	23-24
		福音社啟事	24
		新聖詩出版啟事	24-25
		關山教會設教好的紀念	25
		〔廣告〕	26-36
一九四〇年十一月聖書紀念號	臺灣教會公報668號	聖書與生活	1-3
		公告：聖書紀念日	3
		聖經翻譯事	3-6
		聖書的由來與成立	6-8
		聖句解說	9-10
		臺大常委	10
		高中通信	11-12
		南中通信	12-13
		嘉中通信	13
		中中通信	14
		澎宣的近況	14-15
		安姑娘的批	15-16
		編輯部的聲	16
		公報社啟事	16
	北部教會178號	教會的威嚴	17-18
		聖書的話是世間的光	18
		艱苦與向望	18-20
		風颱的教訓	20-21
		此霎是拯救的日	21-22
		東西南北	22-24
		牧師的艱難	24

出版時間	卷號	標題	頁碼
一九四〇年十一月聖書紀念號	北部教會178號	風颱的損害	24-25
		消息_1.基督教奉祝大會	25
		消息_2.傳道局的異動	25
		消息_3.潘道榮牧師轉籍北部中會	25
		消息_4.孫雅各牧師與妙醫生返美	25
		消息_5.九份教會遭颱風損壞	25
		消息_6.羅東教會教師娘過世	25
		消息_安姑娘盡程退休	25
		〔廣告〕	26
一九四〇年十二月	臺灣教會公報669號聖誕特別號	聖誕與生活	1-3
		普天同慶聖誕	3-4
		クリスマス劇_伊是罪人的救主	5-7
		無得失去這兩項	7-9
		聖夜的天使	9-13
		高中通信 I.奉祝皇紀2600年，高雄州下基督教信徒大會	13
		南中通信	14
		嘉中通信	14-15
		中中通信	15-16
		公報社啟事	16
		人事	16

出版時間	卷號	標題	頁碼
一九四〇年十二月	北部教會179號	基督降誕的因由	17-18
		愛的誕生	18-19
		宣道會消息	19
		東西南北	20-21
		消息	21
		高中通信 II.屏東教會的批	14
		內地見聞記	22
		日基大會消息	23-24
		內地旅行見聞記	24-25
		〔廣告〕	26
一九四一年一月	臺灣教會公報670號	約拿單的囝仔	1-2
		公告：I.傳道局的公告	2
		II.聖書公會的獻金	2
		III.南大常委	2-3
		IV.教師試驗	3
		V.年頭祈禱會	3
		南部教會醫療傳道史	3-5
		聖書的由來及成立	5-8
		聖句解說	8-9
		活命的燈	9-12
		赴式典及大會	12-13
		高中通信	13-14
		南中通信	14-15
		嘉中通信	15
		中中通信_I.臺中中會II.教會消息	15-16
		公報社啟事	16
		人事	16

出版時間	卷號	標題	頁碼
一九四一年一月	北部教會180號	新年的意向	17-18
		迎接新年	18-19
		教會的換新	19
		消息	20-21
		福音社啟事	21-22
		女宣道會年會	22
		獎勵人念聖經節	22
		好的奉獻	22-24
		宣道會獻金	24
		內地旅行見聞記	24-25
		〔廣告〕	26-32
一九四一年二月	臺灣教會公報671號	福音的使命	1-2
		公告：聖書公會獻金	2-3
		南部教會醫療傳道史	3-4
		聖句解說	4-5
		以弗所的批	5-7
		福音的意義	7-10
		信仰美談	10-11
		高中通信	11-12
		南中通信	12
		嘉中通信	13
		中中通信	13
		澎湖教會歷史（花宅）	13-14
		南部醫療傳道史	14-15
		內地教會所感	15-16
		公報社啟事	16
		感謝	16
		人事：結婚、別世	16

出版時間	卷號	標題	頁碼
一九四一年二月	北部教會181號	此世間的迷惑	17-18
		著尊重禮拜堂的禮拜	18-19
		研究教會歷史	19-20
		聖書通信教授	20-21
		所羅門的墮落	22-23
		募集神學生	23
		竹中財務部	23
		感想	23-24
		偉大的恩賜	24
		我所願	24-25
		拾穗	25
		〔廣告〕	26-32
一九四一年三月	臺灣教會公報672	佈道論	1-2
		公告：I.南部大會召集事	3
		II.募集南部神學生	3
		III.聖書公會獻金	3
		IV.長榮高等女學校校友會	4
		V.宣教師的請安	4
		何西阿的冊	4-7
		聖句解說	7-8
		南部教會醫療傳道史	8-10
		保羅教會觀的本質	10-11
		高中通信	12
		南中通信	13
		嘉中通信	13-14
		中中通信	14-15

出版時間	卷號	標題	頁碼
一九四一年三月	臺灣教會公報672	東京臺灣基督教青年會通信	15
		公報社啟事	16
		人事：別世	16
	北部教會182號	主啊！欲叼落去？	17-18
		信徒的光榮	18-19
		聖神充滿：使徒行傳13：52	19-20
		臺北中會	20-21
		論安樂家	21-22
		淡水神學	23
		真的建設	23-25
		研究教會歷史	25
		教訓教會	25
		〔廣告〕	26-32
一九四一年四月	臺灣教會公報673	復活的主	1-2
		公告：I.聖書公會獻金	2-3
		復活冊	3
		基督的復活	4-5
		聖句解說	6-7
		南大任命	7-8
		高中通信	8-10
		南中通信	10
		嘉中通信	10-12
		中中通信	12-13
		澎湖教會歷史	13-14
		小宇宙	14-15
		「什麼人無做賊？」	15
		公報社啟事	16
		人事：別世	16

出版時間	卷號	標題	頁碼
一九四一年四月	北部教會183號	新體制的教會	17-19
		耶穌基督的復活	19-20
		耶穌基督的死	20-21
		聖書通信教授：出埃及記	21-22
		頭一個復活節	22-24
		教會的消息	24
		拜託：關係研究教會歷史	24
		東部中會_第5回	25
		〔廣告〕	26-32
一九四一年五月	臺灣教會公報674號	基督的死，怎樣能救人？	1-3
		公告：公報社理事會	3
		公告：傳教師相助會	3
		公告：老母日	3
		南部教會醫療傳道史	3-5
		小宇宙	5-6
		第六回南部大會	7-8
		高中通信	8-9
		南中通信：1.教育部會 2.傳教師會	9-10
		嘉中通信	10-12
		中中通信	13-14
		南支傳道狀況	14-15
		販賣聖書	15-16
		啟事_琴譜新聖詩欲出版	16

出版時間	卷號	標題	頁碼
一九四一年五月	北部教會184號	真理	17-18
		新體制的日曜學校	18-19
		北部大會消息（1）	19-21
		傳道局啟事	21
		臺北神學校	21
		神學校教授就職式	22-23
		用語的整頓	23
		安樂家及教會社會，家庭的關係	23
		臨時大會前後感想	23-24
		對信救主耶穌以來	24-25
		獎勵養兔	25
		〔廣告〕	26-32
一九四一年六月	臺灣教會公報675號	教會的使命	1-2
		公告：教師試驗	2
		公告：設教紀念日	2
		公告：傳教師相助會	2
		公告：公報社理事會	2-3
		公告：傳道局的公告	3
		南部教會醫療傳道史	3-5
		小宇宙	5
		耶穌及撒瑪利亞的婦仁人	5-7
		信仰美談：南丁格蘭女士	6-8
		高中通信	8-9
		南中通信	9-10

出版時間	卷號	標題	頁碼
一九四一年六月	臺灣教會公報675號	嘉中通信	10-13
		中中通信	13-14
		宣道會消息	14
		高德章的小傳	14-15
		弔詞[高德章]	15
		吊慰主筆高先生[高德章]	16
		人事：別世	16
	北部教會185號	著仰望主	17-18
		宣言	18
		傳教師總會及修養會	18-19
		大會的消息（2）	19-20
		臺北神學校現況	20-21
		神學生熱天的做工	21
		今仔日的教會	21-22
		請互我喝	22-23
		聖神降臨節	23
		九份教會堂獻堂式	23-24
		釋明	24
		內外的消息	24-25
		〔廣告〕	26-32
一九四一年七月	臺灣教會公報676號	咱是團體	1-2
		公告：I.第19回臺大第3回常委	2-3
		II.南大常置委員會	3
		III.南大日曜學校部會	3
		IV.南部傳教師總會	3-4
		V.院長招聘	4

出版時間	卷號	標題	頁碼
一九四一年七月	臺灣教會公報676號	南部教會醫療傳道史	4-5
		小宇宙	5-6
		耶穌及撒瑪利亞的婦仁人	6-7
		信仰美談：南丁格蘭女士	7-8
		東京臺灣基督教青年會通信	8-9
		高中通信	9-12
		南中通信	12-13
		嘉中通信	13-15
		中中通信	15-16
		人事：1.結婚 2.別世	16
	北部教會186號	信心、德行、智識	17
		傳教師修養會	17-18
		神學生熱天做工	18
		大會的消息（3）	18-21
		上帝召人	21
		新體制的謙基督者	21-23
		熱天的讚美	23-24
		印度人的肖寫（2）	24-25
		內外的消息	25
		〔廣告〕	26-32
一九四一年八月	臺灣教會公報677號	怎樣能成一體	1-2
		公告：南部傳教師修養會研議	2
		公告：著記得你在生（路加16：19-31）	2-4
		小宇宙	4-5

出版時間	卷號	標題	頁碼
一九四一年八月	臺灣教會公報677號	耶穌及撒瑪利亞的婦仁人	5-7
		南部教會醫療傳道史	7-8
		高中通信	8-10
		南中通信	10-11
		嘉中通信	11-13
		中中通信	14-15
		宣道會消息	15-16
		公報社啟事	16
		人事：別世	16
	北部教會187號	與基督相與艱苦	17
		臺北神學校後援會	18
		難復要緊的事	18-19
		內外的消息	20
		著作上帝的子兒	20-21
		用語的整頓	21
		主的學生	22
		日本基督教團誕生	22-23
		將來的教會	23-25
		傳道報國	25
		〔廣告〕	26-30
一九四一年九月	臺灣教會公報678號	一體攻破難關	1-2
		公告：南大日曜學校部會	2-3
		通俗羅馬書	3-4
		請來看，千四外	4-5
		罪惡擦消	5-6
		羅馬城的記錄	6-7
		小宇宙	7
		高中通信	7-10

出版時間	卷號	標題	頁碼
一九四一年九月	臺灣教會公報678號	南中通信	10-13
		中中通信	13-15
		女宣道會	15-16
		人事：結婚、別世	16
	北部教會188號	著背十字架	17-18
		北大人事相談部	18
		馬大款（流）	18-19
		東部消息	20
		靈的關係的內的分割	20-21
		現代教會所要求的傳教者	21-23
		印度人的肖寫（3）	23-24
		日本基督教團誕生	24-25
		〔廣告〕	26-30
一九四一年十月	臺灣教會公報679號	一體的雨傘蔭	1-2
		公告：消息	2
		公告：彰化醫館的聲	2-3
		通俗羅馬書（第二回：頭緒）	3-4
		保羅的基督觀	4-7
		高中通信	7-8
		南中通信	8-12
		嘉中通信	12-13
		中中通信	13-16
		人事：別世	16
	北部教會189號	教會與神學校	17-18
		為著主的活與死	19-20
		馬偕醫院現況	20

出版時間	卷號	標題	頁碼
	北部教會189號	馬偕醫院理事職員親睦會	20-21
		入院感激知足歌	21
		內外的消息	21-23
		現代教會的缺陷	23-25
		〔廣告〕	26-30
一九四一年十一月	臺灣教會公報680號	不久欲結算	1-2
		公告：第54回南大常委	2
		聖書的權威	2-5
		通俗羅馬書	5-6
		高中通信	7-9
		南中通信	9-12
		嘉中通信	12-15
		中中通信	15-16
		人事：別世	16
	北部教會190號	祂的魂猶佇的	17-18
		北大人事相談部	18-19
		臺北中會傳道部	19
		彼得與羅馬教會	19-21
		宗教新聞	22-23
		活佛	23-24
		各教會著設振替口座	24-25
		報恁好的消息	25
		新俗語	25
		〔廣告〕	26-30

出版時間	卷號	標題	頁碼
一九四一年十二月	臺灣教會公報681號	耶穌出世	1-2
		彰化醫館的聲	2-3
		設使逐日是聖誕	3-5
		日本基督教傳道界的大人物木村先生	5-6
		通俗羅馬書	6-8
		利益別人就是利益家己	8-9
		高中通信	9-11
		南中通信	12-13
		嘉中通信	13-15
		中中通信	15-16
	北部教會191號	迎接聖誕	17
		長執信徒靈修會	18-19
		教會諸機關在活動	19-20
		教會的鍊成	20-24
		內外的消息	24-25
		取消續表遺憾	25
		馬偕醫院新院長	25
		〔廣告〕	26-30
一九四二年一月	臺灣教會公報682號	我換新萬物	1-2
		公告：I.教師試驗 II.傳道局	2
		公報社啟事，新年的祈禱會	2-3
		新年共同的祈禱會	3-4
		主啊！今年請再容允伊	4-6
		通俗羅馬書	6-8

出版時間	卷號	標題	頁碼
一九四二年一月	臺灣教會公報682號	太平洋平和祈禱會	8-9
		高中通信	9-11
		南中通信	11-12
		嘉中通信	12-13
		中中通信	13-14
		人事：別世	14
		日曜學校教案	14-16
		日曜學校教案	14-16
	北部教會192號	迎接新的年	17-18
		報國會至急通達	18
		對美、英戰與基督徒的態度	18-19
		教會消息	19-20
		彼得及羅馬教會	20-22
		十二使徒	22-23
		真理歌	23-24
		孝子	25
		〔廣告〕	26-30
一九四二年二月	臺灣教會公報683號	忠誠の宗教	1-2
		公告I.傳道局招集事	2
		公告II.公報社啟事	2
		上帝的攝理	3-4
		通俗羅馬書	4-5
		好的方法	5-6
		佇我的就比蜜更甜	6-7
		來聽飼養囝仔	7-8
		高中通信	8
		南中通信	9-11
		嘉中通信	11-13

出版時間	卷號	標題	頁碼
一九四二年二月	北部教會193號	中中通信	13-14
		人事：別世	14
		聖語研究_論「敬虔」	15-16
		教會當面的問題	16-18
		竹中的消息	18
		臺北神學校生徒募集	18
		良書紹介	19
		內外の消息	21-22
		大東亞戰爭與基督教	19-21
		內外の消息	21-22
		熱心的員外伯	23
		〔廣告〕	24-28
一九四二年三月	臺灣教會公報684號	新體制と基督教	1-2
		海面罩茫	3-5
		公報社啟事	5
		咱的時代	6-7
		通俗羅馬書-接二月號	7-8
		東京臺灣基督教青年會通信	8-9
		女界出席	9-10
		彰化基督教醫院消息	11
		歹命囝仔	11-12
		高中通信	12-13
		南中通信	13
		嘉中通信	13-14
		中中通信	14

出版時間	卷號	標題	頁碼
一九四二年三月	北部教會194號	得勝的路	15-16
		臺北神學校生徒募集	17
		感謝的生活	17-18
		傳道師增給及教會的覺悟	19
		內外の消息-宗教團體戰時體制	19-21
		主所留的平安	21-23
		真理歌	23
		〔廣告〕	24-28
一九四二年十二月	臺灣基督教會報1號	愛の建設	1
		勝利の生活	1
		説教：犧牲	2
		福音に相應しき生活	2
		南北教會合一問題	3
		宣言	3
		內外教界消息：中華基督教の動向	4
		內外教界消息：朝鮮基督教會	4
		內外教界消息：賀川豐彥氏近況	4
		內外教界消息：日本基督教團總會其他	4
		內外教界消息：基督教新聞雜誌の聯合	4

出版時間	卷號	標題	頁碼
一九四二年十二月	臺灣基督教會報1號	內外教界消息：教團經營神學校設立案	4
		全臺灣教會各部局役員	5
		クリスマスの喜び	6
		彙報：宣言	6
		彙報：皇軍ニ對スル感謝決議	6
		彙報：臺灣基督教奉公會理事地方委員長決定	6
		彙報：臺灣基督教奉公團團則	6
		教會動向：北部大會臨時會	7
		教會動向：臺大常置委員會	7
		教會動向：臺北神學校卒業式	7
		教會動向：板橋教會報國講演會	7
		教會動向：大社基督長老教會	7
		公告：聖書紀念日獻金、教師試驗期日	8
		報告	8
		個人消息	8
		芳苑	8
		編輯室	8

出版時間	卷號	標題	頁碼
一九四三年一月	臺灣基督教會報2號	統制經濟と信仰生活	1
		宗教的啟示と心理學	2
		説教「始めに神」	3
		聖書研究「神は我が光なり」	4
		芳苑	4
		信仰勇進_教會出身軍屬の譽れ	5
		信仰勇進_新年と信仰	5
		信仰勇進_北部開教七十年回顧郭水龍	5
		信仰勇進_南北合一實現近し	5
		教會動向_島內一週	6
		教會動向_東部通信	6
		教會動向_中部巡回鍊成會	6
		教會消息	7
		個人消息	7
		公告	7
		編輯室	8

出版時間	卷號	標題	頁碼
一九四三年二月	臺灣基督教會報3號	臨時臺灣大會式辭：戰時教會の整備	1
		教會の本質	2
		説教「靈性の生長」	3
		信仰の建設_戰時下に大御心畏し日本基督教團統理者富田滿氏等に賜謁	4
		信仰の建設_各宗團代表者協議會	4
		信仰の建設_日本基督教團第一回總會重要議案大要如左	4
		信仰の建設_必勝信念の昂揚に宗教諸團體を動員	4
		信仰の建設_宗教の使命愈々重し	4
		大東亞建設と宗教	5
		日本基督信者使命甚人_比島歸還宗教班報告	5
		基督教奉公團の活躍	5
		教會動向_東園町教會獨立成る	6
		教會動向_教界風景	6

出版時間	卷號	標題	頁碼
一九四三年二月	臺灣基督教會報3號	教會動向_牧師待遇の美舉	6
		教會動向_板橋教會獨立實現	6
		教會動向_金山教會報熱	6
		教會動向_日曜學校讀本編輯に努力	6
		芳苑	7
		芳苑_聖書紀念日献金報告一	7
		芳苑_臺灣大會臨時會	7
		臺北神學校男子神學部學生募集	7
		教會諸消息	8
		報告	8
		〔廣告〕	8
一九四三年三月	臺灣基督教會報4號	內臺一如臺灣基督教團の急速實現を大に期待	1
		國家の力としての基督教	1
		宗教的啟示と心理學（承前）	2
		教會の本質（承前）	2
		説教「問題の所在」	3
		福音に相應しき生活（詳説）	3,5

出版時間	卷號	標題	頁碼
一九四三年三月	臺灣基督教會報4號	南北合一創立總會特輯_臺灣基督長老教會の合同と其の使命（式詞）	4-5
		臺灣基督長老教會創立總會	5-6
		個人消息	5,7
		個人消息_堀豐彦教授通信	5
		個人消息_新店教會員總會	5
		個人消息_臺北教區會の會況	5
		個人消息_振替口座訂正	5
		日本の性格を具へた持つ基督教へ：文教局宗教調查官宮本氏の祝詞	6
		南北合一は神の結びである_上日本基督教團臺灣教區長祝詞	6
		に於ける日本基督教傳道局昭和十八年度傳道方針決定	7
		戰時基督教の動き_宗教團體戰時中央委員總會を開き宗教報國を決意	7
		戰時基督教の動き_東京基督教研究所近く開設さる	7

出版時間	卷號	標題	頁碼
一九四三年三月	臺灣基督教會報4號	戰時基督教の動き_教團教學研究會開催	7
		戰時基督教の動き_日本基督教團「教學叢書」刊行	7
		戰時基督教の動き_日本希有基督教信徒銅像應召	7
		戰時基督教の動き_國民貯蓄運動決議大阪戰時報國會懇談會	7
		戰時基督教の動き_臺灣基督教奉公團中間教師錬成會開催	7
		個人消息	7
		私立臺北神學校高等女學部生徒募集	8
		編輯室	9
		〔廣告〕	9
一九四三年四月	臺灣基督教會報5號	心の統制	1
		教師試驗論文「基督教神觀に於ける超越と內在」(一)	2-3
		基督教生活の基調	3
		説教「晚餐への招待」	4
		信仰の樂園　神の救護行為	5
		祈禱の改善	5

出版時間	卷號	標題	頁碼
一九四三年四月	臺灣基督教會報5號	教會生活の喜び	5
		戰時基督教の動き_基督教戰時報國會は全國的働きをなし	6
		戰時基督教の動き_木材供出運動	6
		戰時基督教の動き_香港基督教會は多くの教派が有つて	6
		戰時基督教の動き_四月十五日より全國十六都市に聖旨奉戴基督教大會を	6
		戰時基督教の動き_川添萬壽得遺稿集出版	6
		戰時基督教の動き_東京基督教青年會駐泰坪上貞大使講演	6
		戰時基督教の動き_日本基督教司法保護事業協會靜岡支部結成式	6
		戰時基督教の動き_財團法人丸山高等女學校の創立	6
		戰時基督教の動き_賀川豐彦氏講演	6

出版時間	卷號	標題	頁碼
一九四三年四月	臺灣基督教會報5號	戰時基督教の動き_日基教團の邀請に應へ青少年傳道を計畫	6
		戰時基督教の動き_伯林カトリック大加藍へトウイクス	6
		戰時基督教の動き_宗教タ學の刷新	6
		戰時基督教の動き_宗教審議會を設置	6
		戰時基督教の動き_日基教團日曜學校局「日曜學校讚美歌」	6
		芳苑_	6
		芳苑_大日本を憶へて	6
		國民儀禮に使用の言葉	7
		中堅教師錬成會閉會	7
		教會の教育的貢獻	7
		教會報の使命	7
		臺神高女部の新學年	7
		戰時生活の指針	7
		主の復活	7
		編輯後記	8
		〔廣告〕	8

出版時間	卷號	標題	頁碼
一九四三年五月	臺灣基督教會報6號	有益な買溜	1
		教師試驗論文「基督教神觀に於ける超越と內在」(二)	2、4
		説教「家庭の神聖」	3
		〔廣告〕新刊紹介《最新刊基本英語譯》新約聖書	3
		教師檢定委員會（第一回）	4
		空襲時の道德	4
		平靜の心	4
		聖書研究「イエスの真價と信仰の意義　百卒長見解」	5
		芳苑	5
		戰時基督教の動き其他_南方基督教の開發と聖書の普及方策	6
		戰時基督教の動き其他_宗教論文の刊行	6
		戰時基督教の動き其他_日基教團教學叢書刊行	6
		戰時基督教の動き其他_日本基督教青年會の新發足	6
		宗教文化叢書　文部省が編輯	6

出版時間	卷號	標題	頁碼
一九四三年五月	臺灣基督教會報6號	宗教文化學設立中央委員會の構想具現	6
		中國基督教團の成立	6
		宗教團體戰時中央委員會戰時活動を實施	6
		戰時國民生活の強化會 翼贊會宗教界の協力要望	6
		教師の素質向上に養成機關を充實せしめる為文部省各宗學校の內容調查	6
		新比島の獨力完成にラウイル內務長官教會の協力を要望	6
		臺南教區會の會況	7
		第一回中部教區會々況	7
		臺灣基督長老教會總會常議員會	7
		內臺合同準備委員	7
		教會青年志願兵	7
		教師、信徒の錬成道場 近く臺北神學校に開設	7
		第二回教師錬成會 六月中旬に開催	7

出版時間	卷號	標題	頁碼
一九四三年五月	臺灣基督教會報6號	信徒修養會 和美教會主催	7
		豐原教會牧師就任式	7
		靈性の展覽會	7
		編輯室	8
		個人消息	8
		〔廣告〕	8
一九四三年六月	臺灣基督教會報7號	最善を盡す基督教	1
		決戰體制確立に全力	1
		聖書を讀むものゝ諸型相	2
		聖書の感化	2
		〔廣告〕新刊紹介《最新刊基本英語譯》新約聖書	2
		説教「オリブ山に於けるイエスの訓令」	3
		聖書研究「イエスの真價と信仰の意義 バプテスマのヨハネの見解」	4
		芳苑	4、7
		戰時基督教の動き◇日本基督教團厚生局健民運動を展開	5
		戰時基督教の動き◇軍人援護精神昂揚運動實施に關する件	5

出版時間	卷號	標題	頁碼
一九四三年六月	臺灣基督教會報7號	戰時基督教の動き◇朝鮮新教團の設立近く誕生の模様	5
		戰時基督教の動き◇日本基督教團三神學校認可とその陣容	5
		戰時基督教の動き◇宗教報國、父子相繼、白戸八郎氏應召	5
		戰時基督教の動き◇戰時特別布教の展開、厚生省、翼贊會も支援	5
		戰時基督教の動き◇聖旨奉戴基督教大會、東京に於いて開催	5
		戰時基督教の動き◇ヴアチカン放送局　日本向放送開始	5
		戰時基督教の動き◇共榮圏信徒、學生交換を計畫	6
		戰時基督教の動き◇寺院教會を活用、錬成道場開設	6
		戰時基督教の動き◇共榮圏信徒に送る書翰、日本基督教團より懸賞募集	6
一九四三年六月	臺灣基督教會報7號	戰時基督教の動き◇南方の宗教に關する郡司陸軍司政長官の講話	6
		戰時基督教の動き◇岩橋氏著「海なき燈臺」の光榮	6
		戰時基督教の動き◇日本基督教團の感謝獻金運動	6
		戰時基督教の動き◇南湖院の看護婦養成	6
		戰時基督教の動き◇反樞軸軍の盲爆ローマ法王難詰	6
		東京臺灣基督教青年會近況	6
		國民貯蓄意義	7
		臺灣基督教奉公團第二回第三回教師錬成會	7
		臺灣基督教團	7
		堀内及四郎氏を中心に懇談會開催臺北神學校に於いて	7
		傳道師に家族手當を支給　元北部傳道局に於いて決行	7
		個人消息	8
		問題なき問題	8

出版時間	卷號	標題	頁碼
		夏の生活	8
		〔廣告〕	8
一九四三年七月	臺灣基督教會報8號	光を消し合ふな	1
		錬成會から大東亞傳道へ	1
		聖書研究「弟子達のイエスに對する意見」	2
		芳苑	2
		錬成會の錬成 民眾指導を希望 皇民奉公會大澤宣傳部長錬成會にて講話	3
		國史研究を獎勵 西村文教局長第三回錬成會に於いて激勵	3
		臺灣基督教奉公團牧師錬成會歌	4-5
		微小な敵に備へよ	5
		上謙二郎牧師入營壯行會 新店教會堂に於いて舉行	6
		臺北教師會 新店にて開會	6
		臺北教師坐談會 錬成會に於いて	6
		教會青年 志願兵、報國隊等 挺身御奉公の方々	6
一九四三年七月	臺灣基督教會報8號	鹿港教會青年奮つて志願兵へ	6
		生命と生命との交り	6
		基督教の平靜	6
		日本的基督教へ新運動展開	6
		第一回高雄教區會	7
		教師錬成會七月二十九日より臺北神學校にて開催	7
		消息	8
		編輯室	8
		〔廣告〕	8
一九四三年八月	臺灣基督教會報9號	基督教の奇特の姿	1
		神癒に就いて	2
		傳教師修養會の聲	3
		情熱	3
		懺悔	3
		錬成會から錬成へ	3
		強かれ	3、7
		聖書研究「イエス從ふ者」	4
		芳苑	4
		戰時基督教の動き◇聖公會系教團に合同、準備完了、教團に書類を提出	5
		戰時基督教の動き◇皇道宗教の確立の為日本新教協會を結成	5

出版時間	卷號	標題	頁碼
一九四三年八月	臺灣基督教會報9號	戰時基督教の動き◇戰時事務局と特別布教講師推薦	5
		戰時基督教の動き◇日本會社設立許可申請中	5
		戰時基督教の動き◇近江療養院の近況	5
		戰時基督教の動き◇岸本東京市長を會長に宗教報國會の發足	5
		戰時基督教の動き◇興亞宗教協力會議世界宣言	5
		戰時基督教の動き◇宗教世界宣言を發表	5
		戰時基督教の動き◇興亞宗教協力會議に於いて會長永井柳太郎氏の挨拶の要旨	5
		戰時基督教の動き◇基督教諸學振興會獎學金を十名の學徒に交附	5-6
		戰時基督教の動き◇中國から學生見學團來京、南京基督教青年會の企て	6

出版時間	卷號	標題	頁碼
一九四三年八月	臺灣基督教會報9號	戰時基督教の動き◇興亞宗教同盟宗教大會を開催	6
		戰時基督教の動き◇東亞傳道會、教團に移管	6
		戰時基督教の動き◇日本新教協會生る	6
		東京臺灣基督教青年會夏期鍊成會	6
		傳教師修養會宗教決戰の決意を固めて歸任	6
		戰時特別傳道の計畫 三浦清一牧師來援	6
		山本元帥の令兄は高野丈三牧師	7
		基督教奉公團臺中支部坐談會開催	7
		大安溪水害慰問	7
		謝清宜牧師別世大肚教會にて葬	7
		前號誤植訂正	7
		國民的祝福	7
		編輯室	8
		〔廣告〕	8

出版時間	卷號	標題	頁碼
一九四三年九月	臺灣基督教會報10號	最後に期待されるもの	1
		神癒の價值	2
		説教「敢闘の信仰」	3
		耶穌の聲	3
		理解の山上へ進む	4
		芳苑	4
		聖なる凱旋 故陳清義牧師を憶ふ	5
		空襲時食物衛生	5
		力から力へ 新き力	6
		西村傳道	6
		死に打ち勝つ者	6
		思考か滅亡か	6
		基督教の前進 讚美歌改訂委員決定	7
		基督教の前進 從軍宗教家懇談會	7
		基督教の前進 近江兄弟社の一計畫	7
		基督教の前進 前駐米大使海軍大將野村閣下講演	7
		基督教の前進 日基教團日曜學校局第一回教師錬成會	7
		基督教の前進 四國廢娼成績良好、高知も近く公娼廢止實現の模樣	7

出版時間	卷號	標題	頁碼
一九四三年九月	臺灣基督教會報10號	基督教の前進 日本基督教青年會夏季錬成會	7
		基督教の前進 各種の團體に聯絡	7
		基督教の前進 教團信條の確立	7
		基督教の前進 香港の消息	7
		基督教の前進 廣東の傳道	7
		基督教の前進 三浦清一氏傳道講演會況	7
		基督教の前進 基隆教會の新陣容	7
		高等女學部門第二回修養會 報國校友會主催	7-8
		編輯室	8
		〔廣告〕	8
一九四三年十一月	臺灣基督教會報12號	精神力の增強	1
		臺灣基督教史料アツカイ博士著『遙けき臺灣より』(一)	2
		説教「神の冒險」	3
		聖書研究「偉大な者」	4
		芳苑	4
		歌唱報國	5

出版時間	卷號	標題	頁碼
一九四三年十一月	臺灣基督教會報12號	日本基督教の動き□東京支教區教師修養會	5
		日本基督教の動き□日本基督教團教師錬成會	5
		日本基督教の動き□日本宗教文化學會今秋開催	5
		日本基督教の動き□日本東部神學校第一回卒業式	5
		日本基督教の動き□臺北神學校第十五回卒業式	5
		日本基督教の動き□臺灣基督教團創立委員會	5
		日本基督教の動き□傳道師家族手當	5
		日本基督教の動き□臺北神學校理事會	5
		日本基督教の動き□臺北教區常置委員會	5
		臺灣基督教奉公團理事會	5
		各地教會消息○員林	6
		各地教會消息○鳳山	6
一九四三年十一月	臺灣基督教會報12號	各地教會消息○基隆	6
		各地教會消息○瑞芳	6
		各地教會消息○新店	6
		各地教會消息○樹林	6
		編輯室	6
		〔廣告〕	6
一九四三年十二月	臺灣基督教會報13號	大決戰下に基督祭を迎え	1
		臺灣基督教史料アツかイ博士著『遙けき臺灣より』(二)	2
		説教「戰爭世界に生まれるイエス」	3
		祈禱	3
		此日の彌撒を－基督祭の朝歌へる－	3
		聖書研究「偉大な者」	4
		芳苑	4
		青年指導要望	5
		戰爭中の基督聖誕を迎へて	5
		公告（教師檢定）	5
		各地教會消息 屏東	5
		各地教會消息 臺中	5

出版時間	卷號	標題	頁碼
一九四三年十二月	臺灣基督教會報13號	各地教會消息 員林	5
		各地教會消息 富里	5
		諸會事○臺北神學校理事會	6
		諸會事○成文委員會	6
		諸會事○總會書局委員會	6
		個人消息	6
		高橋久野牧師の別世	6
		編輯室	6
		〔廣告〕	6
一九四四年一月	臺灣基督教會報14號	基督教信仰と國家的奉仕	1
		年頭の獅子吼－臺北市長老教會聯合新年修養會－	1
		臺灣基督教史料アツかイ博士著『遙けき臺灣より』(三)	2
		説教「創造的生命」	3
		祈禱	3
		一塊の乾けるパン	3
		聖書研究「牧ふ者なき羊」	4
		芳苑	4
		默示錄現代的意義	5

出版時間	卷號	標題	頁碼
一九四四年一月	臺灣基督教會報14號	諸教會の動き○員林教會	5
		諸教會の動き○新營教會	5
		諸教會の動き○高雄市苓雅寮教會	6
		補訂	6
		諸教會の動き○岩前教會	6
		諸教會の動き○樂山園	6
		編輯室	6
		〔廣告〕	6
一九四五年十二月	臺灣教會月刊685號	聖誕歡喜的原因	1-2
		教會消息_教界的消息	2-3
		教會消息_南常委的批	3
		教會消息_高雄州下教會公啟	3
		教會消息_嘉義教會	4
		教會消息_北部教會	4-5
		教會消息_宣教師的消息	5
		民國35年正月謹賀新年	5-6
		論説_不准分離	6-7
		公告 1.光復印書局	7

出版時間	卷號	標題	頁碼
一九四五年十二月	臺灣教會月刊685號	公告 2.臺灣教會月刊	7
		公告 3.廣徵消息	7
		公告 4.每月15日之前	7
		時事	7-8
		歷史_孫文先生的略歷	8
		見學：咱的國旗 1.黨旗2.國旗	8

▌參引書目

一、檔案、年鑑

1. 《南部臺灣基督長老教會大會議事錄》（1931-1943）
2. 《南部臺灣基督長老教會常置委員會議事錄》（1931-1941）
3. 《南部臺灣基督長老教會傳教師總會會錄》（1924-1937）
4. 《臺北長老中會議事錄》（1935-1939）
5. 《北部臺灣基督長老教會大會議事錄》（1940-1946）
6. 《北部傳道局文書綴》（1942-1943）
7. 《臺灣基督長老教會大會議事錄》（1912-1942）
8. 《臺灣基督長老教會總會年鑑》（1957、1960、1963、1985）
9. 《臺灣基督長老教會北部教會大觀》（1972）
10. 《中華基督教會年鑑》（1914-1936）
11. 《英國長老教會海外宣教檔》（The Presbyterian Church of England Foreign Mission Archives, PCEFMA, 1847-1950.）
12. Campbell, William, *Handbook of The English Presbyterian Mission in South Formosa* (Hastings: F. J. Parsons, LTD, 1910). （即《臺南教士會議事錄》）
13. *College Diary, Tainan: Tainan Theolog College and Seminary, 1936-1941, 1947-1949.* （即《臺南神學校日誌》）
14. 《日本基督教臺灣教團檔案》（1944-1945）
15. 日本基督教團宣教研究所教團資料編纂室，《日本基督教團史資料集（第一卷）》（東京：日本基督教團宣教研究所，1997）。
16. 日本基督教團宣教研究所教團資料編纂室，《日本基督教團史資料集（第二卷）》（東京：日本基督教團宣教研究所，1998）。
17. 《長榮中學校校友會會員名簿》（1942）。
18. 《南北法規部會記錄》（1940~1941）。
19. 《臺北神學校校務文書檔》（1919~1944）。
20. 《臺灣總督府公文類纂》。

二、報刊雜誌

1. 《臺灣教會公報》（含《臺灣教會月刊》）
2. 《芥菜子》（含《北部事務》、《北部中會》、《北部教會》）
3. 《臺灣基督教會報》
4. 《臺灣基督教報》
5. 《臺灣青年》The YMCA of Taiwan
6. 《使信雜誌》The Presbyterian Messenger
7. 《加拿大長老教會會誌》The Presbyterian Record
8. 《教務雜誌》The Chinese Recorder and Missionary Journal
9. 《北部傳道師會會誌》
10. 《福音と教會》
11. 《神學與教會》
12. 《臺灣日日新報》
13. 《臺灣日誌》
14. 《臺灣時報》
15. 《臺灣總督府府報》

三、時人論著

（一）專書

1. 三浦清一，《羅馬書‧エペソ書研究》（臺北：臺灣基督教會報事務所，1943）。
2. 大澤貞吉，《國民儀禮の栞》（臺北：皇民奉公會中央本部，1942）。
3. 中森幾之進，《日本基督教臺灣教團規則》（臺北：日本基督教臺灣教團事務所，1944）。
4. 矢內原忠雄著，林明德譯，《日本帝國主義下之臺灣》（臺北：吳三連臺灣史料基金會，2004）。
5. 光晉編輯發行，《第五拾壹回東京中會記錄附臨時中會記錄及附錄》（東京：東京中會事務所，1937）。
6. 全臺灣基督教信徒大會，《全臺灣基督教信徒大會要項》（臺北：該會，

一九三五年十一月.9-10在臺北公會堂）。

7. 宋尚節，《工作的回顧》（北京：恩典院，1938）。

8. 宋尚節，《我的見證》（上海：華文印刷局，1935）。

9. 杉山元治郎，《宗教團体法詳解》（大阪：日曜世界社，1939）。

10.杜聰明，《杜聰明言論集》（高雄：私立高雄醫學院，1964）。

11.林獻堂著，許雪姬、呂紹理主編，《灌園先生日記（九）一九三七年》
（臺北：中央研究院臺灣史研究所、近代史研究所，2004）。

12.皇民奉公會宣傳部，《皇民奉公運動早わかり》（臺北：該部，1941）。

13.宮本延人，《日本統治時代台湾における寺廟整理問題》（奈良：天理教
道友社，1988）。

14.宮本延人口述，宋文薰、連照美編譯，《我的臺灣紀行》（臺北：南天書
局，1998）。

15.宮崎直勝，《寺廟神の昇天：臺灣寺廟整理覺書》（東京：東都書籍，
1942）。

16.財團法人北部臺灣基督長老教會，《北部臺灣基督長老教會憲法：規則：
條例》（臺北：臺北教士會書房，1934）。

17.高梨安麿，《宗教團体法解說》（東京：教文館，1939）。

18.許有成，《白話字實用教科書》（臺南：臺灣教會公報社，1930）。

19.雪峯逸嵐〔張春榮〕，《基督徒軍歌》（高雄：ハレルヤ堂書店，
1934）。

20.鹿又光雄，《始政四十週年記念臺灣博覽會誌》（臺北：始政四十週年記
念臺灣博覽會，1939）。

21.黃受惠編，《主日學予科讀本》（臺南：臺灣教會公報社，1942）。

22.楊士養，《南臺教會史》（臺南：臺灣教會公報社，1953）。

23.臺南長老大會，《南部臺灣基督長老教會設教七十週年紀念寫真帖》（臺
南：教會公報，1935）。

24.臺灣北部中會禧年紀念部編輯，《北部臺灣基督長老教會的歷史》（臺
北：該會，1923）。

25.臺灣省行政長官公署統計室，《臺灣省51年來統計提要》（臺北：該室，
1946）。

26.臺灣基督長老教會，《臺灣基督長老教會的典禮》（臺南：新樓書房，

1931）。

27. 臺灣基督長老教會，《臺灣基督長老教會的典禮》（臺南：新樓聚珍堂，1919）。

28. 臺灣教會公報社，《日曜學校教案：基督徒生活的標準》（臺南：該社，1942）。

29. 臺灣教會公報社，《主日神糧（1940年）》（臺南：該社，1939）。

30. 臺灣教會公報社，《主日神糧（1941年）》（臺南：該社，1940）。

31. 臺灣教會公報社，《主日神糧（1942年）》（臺南：該社，1941）。

32. 臺灣總督府，《臺灣總督府國民精神研修所要覽》（臺北：編者，1939）。

33. 臺灣總督府文教局，《現行臺灣社寺法令類纂》（臺北：帝國地方行政學會，1943）。

34. 臺灣總督府文教局社會課，《臺灣公益法人一覽》（臺北：該課，1944）。

35. 潘道榮，《日曜學校教員課本》（臺南：臺灣教會公報社，1938）。

36. 潘道榮，《主日學中心之問題》（臺南：新樓書房，1926）。

37. 潘道榮，《主日學教員課本》（臺南：臺灣教會公報社，1937）。

38. 蔡培火著，張漢裕主編，《蔡培火全集》（臺北：吳三連臺灣史料基金會，2000）。

39. 蕭樂善，《教會振興運動的要旨與實際：三年運動叢書1》（臺北：北部臺灣基督長老教會三年運動，1938）。

40. 蕭樂善，《聖經的要領：三年運動叢書2》（臺北：北部臺灣基督長老教會三年運動，1937）。

41. 明有德，《較多之精神：三年運動叢書3》（臺北：北部臺灣基督長老教會三年運動，1939）。

42. 羅文福，《臺灣基督教團規則》（1943）。

（二）傳記、回憶錄

1. 王倚，《我的神學校》（手稿本，原件藏臺南神學院圖書館，1968）。

2. 吳三連口述，吳豐山撰記，《吳三連回憶錄》（臺北：自立報系出版部，1991）。

3. 吳濁流著，鍾肇政譯，《臺灣連翹》（臺北：前衛出版社，1988）。

4. 李嘉嵩，《一百年來》（臺南：人光出版社，1979）。

5. 周聯華，《周聯華回憶錄》（臺北：聯合文學出版社，1994）。

6. 林高雪貞口述，謝大立、廖惠如整理記錄，《荊帕中的百合花：林高雪貞女士口述實錄》（臺北：臺灣神學院出版社，2008）。

7. 胡文池，《憶往事看神能：布農族宣教先鋒胡文池牧師回憶錄》（臺南：人光出版社，1997）。

8. 高李麗珍口述，謝大立採訪撰述，《見證時代的恩典足跡》（臺北：臺灣神學院出版社，2010）。

9. 高俊明、高李麗珍口述，胡慧玲撰文，《十字架之路：高俊明牧師回憶錄》（臺北：望春風文化事業股份有限公司，2001）。

10.許石枝口述，張明德執筆，《上帝的愛和荊棘的人生》（臺北：自行出版，2007）。

11.許有才著，許聖姿譯，《奇妙恩寵：許有才牧師回憶錄》（臺南：人光出版社，1998）。

12.許雪姬等訪談，《坐擁書城：賴永祥先生訪問紀錄》（臺北：遠流出版事業股份有限公司，2007）。

13.連瑪玉著，劉秀芬譯，《蘭醫生》（彰化：財團法人彰化基督教醫院，2005）。

14.陳安靜，《恩寵的女兒：陳安靜女士見證集》（臺北：天恩出版社，2006）。

15.黃加盛，《黃加盛牧師回憶錄》（臺南：人光出版社，2002）。

16.黃武東，《黃武東回憶錄：臺灣長老教會發展史》（臺北：前衛出版社，1988）。

17.劉翠溶等訪談，《蘭大弼醫生口述歷史》（臺北：中央研究院臺灣史研究所，2007）。

18.賴炳烔口述，黃莉雯編撰，《凡事感謝：賴炳烔牧師傳道記事》（臺北：天恩出版社，2014）。

四、近人論著

（一）專書

1. 土肥昭夫等著，查常平譯，《現代社會轉型中的天皇制和基督教》（北京：華夏出版社，2007）。

2. 尤正義，《臺灣主日學的歷史》（嘉義：臺灣宣道社，1967）。

3. 巴特著，胡簪雲譯，《教義學綱要》（香港：基督教文藝出版社，1963）。

4. 日本基督教團史編纂委員會，《日本基督教團史》（東京：日本基督教團出版部，1967）。

5. 吳文星，《日治時期臺灣的社會領導階層》（臺北：五南圖書公司，2008）。

6. 吳文星，《日據時期臺灣師範教育之研究》（臺北：國立臺灣師範大學歷史研究所專刊（8），1983）。

7. 吳學明，《從依賴到自立：終戰前臺灣南部基督長老教會研究》（臺南：人光出版社，2003）。

8. 呂紹理，《水螺響起：日治時期臺灣社會的生活作息》（臺北：遠流出版社，1998）。

9. 呂紹理，《展示臺灣：權力、空間與殖民統治的形象表述》（臺北：麥田出版社，2005）。

10. 李末子，《空谷足音：我的父親李水車》（花蓮：李路加等自行出版，1994）。

11. 李芳謀主編，《臺灣基督長老教會三峽教會設教百年紀念特刊》（臺北縣：該會，1981）。

12. 李常受，《聖經中的四個人》（臺北：財團法人臺灣福音書房，2010）。

13. 李筱峰，《林茂生、陳炘和他們的時代》（臺北：玉山社，1996）。

14. 村上重良著，張大柘譯，《宗教與日本現代化》（高雄：佛光出版社，1993）。

15. 亞德邁耶、格林、湯瑪恩合著，《新約文學與神學後期著作及背景》（香港：天道書樓，2006）。

16. 周婉窈，《日據時代的臺灣議會設置請願運動》（臺北：自立報系文化出

版部，1989）。

17. 周婉窈，《海行兮的年代：日本殖民統治末期臺灣史論集》（臺北：允晨文化，2003）。

18. 周學信，《踏不死的麥種：潘霍華在納粹鐵蹄下置之死地而後生的神學省思》（臺北：中華福音神學院，2006）。

19. 林本炫，《臺灣的政教衝突》（臺北：稻鄉出版社，1994）。

20. 林正珍，《日據時期金門鴉片檔案譯註暨相關調查研究》（金門：金門縣文化局，2014）。

21. 林鴻信，《教理史》（臺北：禮記出版社，2005）。

22. 河原功監修，《臺灣日誌》（臺北：臺灣總督府，1992，復刻版）。

23. 近藤正己著，林詩庭譯，《總力戰與臺灣：日本殖民地的崩潰（上）》（臺北：臺大出版中心，2014）。

24. 金田隆一，《昭和日本基督教會史：天皇制と十五年戰爭のもとで》（東京：新教出版社，1996）。

25. 雨宮榮一、高橋三郎、島崎暉久合著，郭維租譯，《教會與無教會》（臺北：永望文化事業有限公司，2001）。

26. 查忻，《旭日旗下的十字架：1930年代以降日本軍國主義興起下的臺灣基督長老教會學校》（臺北：稻鄉出版社，2007）。

27. 查時傑，《民國基督教史論文集》（臺北：宇宙光出版社，1994）。

28. 徐謙信，《臺灣北部教會暨神學院簡史》（臺北：臺灣神學院，1972）。

29. 高橋三郎著，郭維租譯，《基督信仰的根本問題：紀念內村鑑三演講集》（臺南：教會公報出版社，2007）。

30. 張妙娟，《開啟心眼：《臺灣府城教會報》與長老教會的基督徒教育》（臺南：人光出版社，2005）。

31. 張德謙總編輯，《新編焚而不燬》（臺南：人光出版社，1995）。

32. 梁家麟，《徘徊於耶儒之間》（臺北：宇宙光出版社，1997）。

33. 梁家麟，《華人傳道與奮興佈道家》（香港：建道神學院，1999）。

34. 郭和烈，《臺灣基督長老教會北部教會歷史》（臺北：自行出版，1962）。

35. 陳光輝，《基督教教育實際指導》（臺南：教會公報出版社，1965）。

36. 陳玲蓉，《日據時期神道統制下的臺灣宗教政策》（臺北：自立晚報，1992）。

37.陳智衡，《太陽旗下的十架：香港日治時期基督教會史（1941-1945）》（香港：建道神學院，2009）。

38.陳翠蓮，《臺灣人的抵抗與認同》（臺北：遠流出版公司，2008）。

39.游珮芸，《日治時期臺灣的兒童文化》（臺北：玉山社，2007）。

40.黃伯和，《基督徒身分的塑造：福音與文化觀點的基督教教義發展史》（臺南：教會公報社，1997）。

41.黃茂卿，《臺灣基督長老教會太平境馬雅各紀念教會九十年史》（臺南：該會，1988）。

42.黑田四郎著，邱信典譯，《賀川豐彥傳》（臺南：人光出版社，1990）。

43.新興基督長老教會，《廖得牧師紀念文集》（高雄：該會，1977）。

44.葉能哲主編，《臺灣神學院百週年紀念特刊》（臺北：臺灣神學院百週年慶典籌備委員會，1982）。

45.董芳苑，《宗教與文化》（臺南：人光出版社，1995）。

46.董顯光，《基督教在臺灣的發展》（臺北：聖屋社，1970）。

47.臺南中會，《臺灣基督長老教會臺南中會70週年紀念冊》（臺南：該會，2003）。

48.臺灣基督長老教會信仰與教制委員會，《教會禮拜與聖禮典》（臺南：臺灣教會公報社，1993）。

49.臺灣基督長老教會總會，《認識臺灣基督長老教會》（臺南：人光出版社，1981）。

50.臺灣基督長老教會總會法規委員會，《教會法規》（臺北：該會，1999）。

51.臺灣基督長老教會總會資料中心，《臺灣基督長老教會總會社會關懷文獻：1971-1992》（臺南：人光出版社，1992）。

52.臺灣基督長老教會總會歷史委員會，《臺灣基督長老教會百年史》（臺南：臺灣教會公報社，1965）。

53.劉靜貞，《日本政府對臺灣宗教學校的管理：以臺北神學校為中心，1895-1945》（國科會研究計畫成果報告，1995）。

54.劉翼凌，《宋尚節傳》（香港：證道出版社，1962）。

55.澄山教會，《澄山教會設教110週年紀念特刊》（臺南：該會，2009）。

56.潘正吉主編，《幽谷芳蘭：愛蘭教會設教百週年紀念特刊》（南投：該會，1971）。

57. 蔡麗貞，《我信聖而公之教會：教會歷史專題》（臺北縣新店市：校園書房出版社，2004）。

58. 鄭仰恩，《定根本土的臺灣基督教：臺灣基督教史研究論集》（臺南：人光出版社，2005）。

59. 鄭仰恩，《歷史與信仰：從基督教觀點看臺灣和世界》（臺南：人光出版社，1999）。

60. 鄭仰恩主編，《上帝與神學：信仰尋求了解》（臺南：人光出版社，1997）。

61. 鄭仰恩主編，《臺灣基督長老教會歷史教育手冊》（臺北：使徒出版社，2010）。

62. 鄭泉聲編，《臺灣基督長老教會基督教教育歷史年譜》（臺北：臺灣基督長老教會總會教育處，1965）。

63. 鄭連德、吳清鎰、徐謙信、鄭連明，《臺灣基督長老教會北部教會九十週年簡史》（臺北：北部臺灣基督長老教會大會，1962）。

64. 蕭永真、陳皙宗、孫芝君，《蕭安居牧師生平及其家譜》（自行出版，2008）。

65. 賴永祥，《教會史話（五）》（臺南：人光出版社，2000）。

66. 賴俊明主編，《牧會百談：胡茂生牧師榮退暨榮任名譽牧師紀念集》（臺北：財團法人中華民國聖經公會出版部，1995）。

67. 賴俊明主編，《常綠在人間：陳溪圳牧師百年懷念集》（臺北：財團法人中華民國聖經公會出版部，1994）。

68. 戴忠德，《臺灣基督長老教會花宅教會簡史》（澎湖：該會，1992）。

69. 總會原住民宣道委員會，《臺灣基督長老教會原住民族宣教史》（臺北：該會，1998）。

70. 謝禧明編，《更新與成長：日學成立九十週年史》（臺北：臺灣基督長老教會總會教育委員會，1979）。

71. 鍾啟安，《臺北市中華基督教青年會四十年史》（臺北：該會，1985）。

72. 蘇光洋主編，《孫雅各牧師紀念專集》（臺北：臺灣神學院校友會，1978）。

（二）專書論文、期刊論文、會議論文

1. 吳學明，〈日治時期臺灣基督長老教會研究的回顧與展望〉，收入林治平主編《臺灣基督教史：史料與研究回顧論文集》（臺北：宇宙光出版社，1998），頁213-236。

2. 吳學明，〈終戰前臺灣政教關係研究：以臺南長老教中學為中心〉，收入《通識教育與歷史專業：東亞研究的微觀與宏觀學術研討會論文集》（2005），頁115-129。

3. 林蘭芳，〈日據末期臺灣「皇民奉公」運動（1941-1945）〉，收入《中華民國史專題論文集：第三屆討論會》（臺北：國史館，1996），頁1193-1238。

4. 查時傑，〈皇民化運動下的臺灣長老教會：以南北教會學校神社參拜為例〉，收入《中國海洋發展史論文集第三輯》（臺北：中央研究院中山人文社會科學研究所，1990），頁127-156。

5. 查時傑，〈臺灣光復前後的基督教會（1940-1948）〉，收入《中華民國史專題論文集第三屆討論會》（臺北：國史館，1996），頁1153-1169。

6. 松金公正，〈日據時期日本佛教在臺灣推行之「社會事業」（1895-1937）〉，收入《宗教傳統與社會實踐中型研討會論文集》（臺北：中央研究院民族學研究所，1999），頁1-37。

7. 許介鱗，〈日據時期的政治措施〉，收入《臺灣近代史：政治篇》（南投：臺灣省文獻委員會，1995），頁223-290。

8. 黃德銘，〈長老教中學的發展與本土教育（1885-1934）〉，收入侯坤宏、林蘭芳編《社會經濟史的傳承與創新：王樹槐教授八秩榮慶論文集》（臺北：稻鄉，2009），頁69-102。

9. 楊嘉欽，〈日治時期臺灣總督府對天主教之政策與態度〉，收入《第五屆臺灣總督府檔案學術研討會論文集》（南投：國史館臺灣文獻館，2008），頁429-445。

10. 董芳苑，〈論長老教會與臺灣的現代化〉，收入《臺灣近百年史論文集》（臺北：吳三連臺灣史料基金會，1996），頁183-211。

11. 蔡錦堂，〈日本據臺末期的政教關係：以總督府社寺係主任對「寺廟整理

運動」的言論為中心〉，收入周宗賢主編《中國政治、宗教與文化關係國際學術研討會論文集》（臺北：淡江大學歷史學系，1994），頁251-263。

12.蔡錦堂，〈皇民化運動前臺灣社會教化運動的展開：1931-1937〉，收入《臺灣史國際學術研討會：社會、經濟與墾拓論文集》（臺北：國史館，1995），頁369-388。

13.鄭兒玉撰，吉田寅譯，〈台湾のキリスト教〉，收入氏等編，《アジア・キリスト教史（1）》（東京：教文館，1981），頁69-111。

14.三野和惠，〈日本統治下台湾におけるキリスト教と反植民地主義ナショナリズム1：宣教文書《山小屋》（1938）に見る「苦しみ」と「愛国」の問題に著目して〉，《日本台湾学會報》14（2012.6），頁24-46。

15.土肥昭夫撰、楊啟壽譯，〈地方教會史的研究方法〉，《玉神之音》55（1986.4），頁6-8。

16.吳文星，〈太陽旗下的臺灣：教育篇〉，《日本文摘》第100期紀念特刊（1994.5），頁80-100。

17.吳文星，〈日據初期（1895-1910）西人的臺灣觀〉，《臺灣風物》40:1（1990.3），頁157-174。

18.吳文星，〈日據時期臺灣社會領導階層與「國語普及運動」（上）〉，《近代中國》55（1987.10），頁265-279。

19.邱麗娟，〈清末臺灣南北基督長老教會傳教事業的比較研究（1865-1895）〉，《臺南師院學報》29（1996），頁99-120。

20.夏文學，〈探尋南神精神的原質：從四〇年代的閉校與復校談起〉，《神學與教會》21：2（1996.6），頁131-145。

21.高井ヘラー由紀，〈日本統治下台湾における台日プロテスタント教會の『合同』問題——1930年代および1940年代を中心に〉，《キリスト教史学》59（2005.7），頁90-118。

22.張妙娟，〈臺灣基督長老教會史研究之回顧與展望：以近二十年來學位論文為中心〉，《史耘》6（2000.9），頁133-150。

23.張妙娟，〈從廈門到臺灣：英國長老教會在華傳教事業之拓展〉，《高雄應用科技大學學報》31（2001.12），頁479-510。

24.張妙娟，〈出凡入聖：清季臺灣南部長老教會的傳道師養成教育〉，《臺灣文獻》55:2（2004.6），頁151-174。

25. 張妙娟，〈日治前期臺灣南部長老教會的主日學教育（1895-1926）〉，《興大歷史學報》22（2010.2），頁79-104。

26. 陳世慶，〈日據臺時之「皇民奉公」運動〉，《臺北文物》8：2（1959.6），頁75-79。

27. 陳慕真，〈日治末期的臺灣基督長老教會：以《臺灣教會公報》為中心〉，《臺灣史料研究》37（2011.6），頁32-49。

28. 黃德銘，〈臺灣南部基督教長老教會組織發展之研究──以南部大會為中心（1896～1930）〉，《南大學報》39:1人文與社會類（2005.4），頁135-151。

29. 蔡鈴真，〈基督教神學教育在臺灣〉，《人生雜誌》284（2007.4），頁56-57。

30. 蔡蕙頻，〈日治時期臺灣的宗教發展與尊皇思想初探〉，《臺北市立教育大學學報人文社會類》40：1（2009.5），頁119-142。

31. 蔡錦堂，〈「紀元兩千六百年」的日本與臺灣〉，《師大臺灣史學報》1（2007.12），頁51-88。

32. 蔡錦堂，〈日據末期臺灣人宗教信仰之變遷：以「家庭正廳改善運動」為中心〉，《史聯雜誌》19（1991.12），頁37-46。

33. 蔡錦堂，〈日據時期臺灣之宗教政策〉，《臺灣風物》42:4（1992.12），頁105-136。

34. 蔡錦堂，〈再論「皇民化運動」〉，《淡江史學》18（2007.9），頁227-245。

35. 蔡錦堂，〈再論日本治臺末期神社與宗教結社諸問題：以寺廟整理之後的臺南州為例〉，《師大臺灣史學報》4（2011.9），頁67-93。

36. 蔡錦堂，〈跨越日本與國民黨統治年代的臺灣人之日本觀〉，《臺灣文獻》58:3（2007.9），頁1-27。

37. 鄭仰恩，〈臺灣基督徒的身份認同〉，《路標》6（1997.6），頁155-166。

38. 鄭仰恩，〈我們的神學該怎麼教？神學教育的多元發展與整合〉，《臺灣神學教育年刊》1（2000.10），頁57-78。

39. 鄭仰恩，〈愛德華滋與北美洲第一次大醒悟運動〉，《臺灣神學論刊》33（2011），頁27-44。

40. 賴永祥，〈臺灣基督徒的心路歷程〉，《路標》6（1997.6），頁69-80。

41. 林崎惠美，〈日治時期臺灣幼稚園之設立與發展〉，《日治時期臺灣教育

學術研討會論文集》（2005），頁38-68。

42.陳國棟，〈日治時期臺灣長老教會之研究（1895-1945）：就本色化教會與政教關係探討〉，收入《臺灣歷史文化學術研討會會議論文》（1999），頁68-80。

43.蔡錦堂，〈日本治臺後半期的「奢侈品」：臺北高等學校與近代臺灣菁英的誕生〉，亞東關係協會編《2007年臺日學術交流國際會議論文集》（臺北：外交部，2007），頁49-59。

（三）學位論文

1. 王政文，〈天路歷程：臺灣第一代基督徒研究（1865-1895）〉（臺北：國立臺灣師範大學歷史學系博士論文，2009）。

2. 王昭文，〈日治時期臺灣基督徒知識分子與社會運動（1920-1930年代）〉（臺南：國立成功大學歷史學系博士論文，2009）。

3. 李欣芬，〈基督教與臺灣醫療衛生的現代化：以彰化基督教醫院為中心之探討（1896-1936）〉（臺北：國立臺灣師範大學歷史學系碩士論文，1989）。

4. 林晚生，〈解讀1894-1896年《臺灣教會公報》探討當時教會與社會的關係〉（臺南：臺南神學院道學碩士論文，1999）。

5. 林嘉瑛，〈臺灣基督長老教會主日學校發展之研究〉（臺北：國立臺灣師範大學教育學系碩士論文，2006）。

6. 孫慈雅，〈日本統治下的臺灣教會學校〉（臺北：國立政治大學歷史研究所碩士論文，1984）。

7. 徐聖凱，〈日治時期臺北高等學校之研究〉（臺北：國立臺灣師範大學臺灣史研究所碩士論文，2009）。

8. 高井ヘラー由紀，〈日本統治下における日本人プロテスタント教會史研究（1895-1945年）〉（東京：國際基督教大學大學院比較文化研究科博士論文，2003）。

9. 康奕妊，〈日據時代的基督教政策初探——以韓國與臺灣基督教為例〉（臺北：國立臺灣大學歷史研究所碩士論文，1999）。

10.張兆林，〈臺灣基督長老教會政教關係之演變〉（臺北：真理大學宗教學

系碩士論文，2004）。

11. 許銘閎，〈臺灣基督長老教會政教關係之研究〉（臺北：東吳大學政治學系碩士論文，2008）。

12. 陳志忠，〈日治時期臺灣教會經驗初探：以日本基督教會及無教會主義為例〉（臺北：臺灣神學院神學碩士論文，2005）。

13. 陳家倫，〈臺灣社會之宗教與政治關係的演變——以一個宗教團體的社會學分析〉（臺北：國立臺灣大學社會學研究所碩士論文，1984）。

14. 陶月梅，〈日據晚期政治對臺灣基督長老教會之影響（1937-1945）〉（臺北：臺灣神學院道學碩士論文，1989）。

15. 廖安惠，〈北部臺灣基督長老教會「新人運動」之研究〉（臺南：國立成功大學歷史研究所碩士論文，1997）。

16. 鄭麗玲，〈戰時體制下的臺灣社會（1937-1945）－治安、社會教化、軍事動員〉（新竹：國立清華大學歷史研究所碩士論文，1994）。

17. 鄧慧恩，〈日治時期臺灣知識份子對於「世界主義」的實踐：以基督教受容為中心〉（臺南：國立成功大學臺灣文學系博士論文，2011）。

五、口述訪談記錄

1. 〈陳尊貴訪談記錄〉，2006.05.07，於麻豆教會，未刊稿。

2. 〈翁修恭訪談記錄〉，2009.12.18，於濟南教會，未刊稿。

3. 〈彭明聰訪談記錄〉，2010.03.10，於彭氏自宅，未刊稿。

4. 〈許石枝訪談記錄〉，2010.03.14，於濟南教會，未刊稿。

5. 〈李　柱訪談記錄〉，2010.03.14，於濟南教會，未刊稿。

6. 〈林國煌訪談記錄〉，2010.03.21，於濟南教會，未刊稿。

7. 〈鄭連德訪談記錄〉，2010.04.07，於鄭氏自宅，未刊稿。

8. 〈胡茂生訪談記錄〉，2010.04.19，於胡氏自宅，未刊稿。

9. 〈鄭兒玉訪談記錄〉，2010.04.21，於長榮中學，未刊稿。

10. 〈賴炳烔訪談記錄〉，2010.05.07，於賴氏自宅，未刊稿。

11. 〈潘雪雲訪談記錄〉，2010.02.11，於湖美教會，後由作者修改，刊於石素英主編，《女群、聖職與決策：臺灣基督長老教會女性領袖生命敘事》（臺北：臺灣神學院出版社，2010），頁174-186。

六、西文論著

1. Band, Edward, *Barclay of Formosa* (Tokyo: Christian Literature Society, 1936).
2. Band, Edward, *Working His Purpose Out: The History of the English Presbyterian Mission, 1847-1947* (London: Publishing Office of the Presbyterian Church of England, 1947).
3. Barclay, Thomas, *Formosa for Christ* (Tainan: Taiwan Church Press, 2005).
4. Barth, Karl; translated by Grover Foley, *Evangelical Theology: An Introduction* (London: Weidenfeld and Nicolson, 1963).
5. Furuya, Yasuo, *A History of Japanese Theology* (Grand Rapids: Wm. B. Eerdmans, 1997).
6. Landsborough, Marjorie, *In Beautiful Formosa* (London: William Clowes and Sons, 1922).
7. Landsborough, Marjorie, *More Stories from Formosa* (London: Presbyterian Church of England, 1932).
8. Lingle, Walter Lee, *Presbyterians: Their History and Beliefs* (Richmond, Va.: John Knox Press, 1944).
9. Lyall, Leslie T., *John Sung* (London: The China Inland Mission, 1956).
10. MacLeod, Duncan, *The Island Beautiful* (Toronto: Board of Foreign Missions of the Presbyterian Church in Canada, Confederation Life Building, 1923).
11. Richardson, William J., *Christianity in Taiwan under Japanese Rule, 1895-1945* (New York: St. John University, 1971).
12. Tsurumi, E. Patricia, *Japanese Colonial Education in Taiwan, 1895-1945* (Cambridge, MA: Harvard University Press, 1977).
13. Cheng, Yang En, "Calvinism and Taiwan," *Theology Today* 66:2 (2009.7), pp. 184-202.
14. Chou, Wan-yao, *The Kominka Movement: Taiwan under Wartime Japan, 1937-1945* (Ph. D. dissertation of Yale University in New Haven, 1991).

史地傳記類　PC0699　國立臺灣師範大學歷史研究所專刊41

傳道報國
——日治末期臺灣基督徒的身分認同（1937-1945）

作　　　者 / 盧啟明
責 任 編 輯 / 鄭伊庭
圖 文 排 版 / 楊家齊
封 面 設 計 / 楊廣榕

發 行 人 / 宋政坤
法 律 顧 問 / 毛國樑　律師
出　　　版 / 國立臺灣師範大學歷史學系、秀威資訊科技股份有限公司
印 製 發 行 / 秀威資訊科技股份有限公司
　　　　　　114台北市內湖區瑞光路76巷65號1樓
　　　　　　電話：+886-2-2796-3638　傳真：+886-2-2796-1377
　　　　　　http://www.showwe.com.tw
劃 撥 帳 號 / 19563868　戶名：秀威資訊科技股份有限公司
　　　　　　讀者服務信箱：service@showwe.com.tw
展 售 門 市 / 國家書店（松江門市）
　　　　　　104台北市中山區松江路209號1樓
　　　　　　電話：+886-2-2518-0207　傳真：+886-2-2518-0778
網 路 訂 購 / 秀威網路書店：http://store.showwe.tw
　　　　　　國家網路書店：http://www.govbooks.com.tw

2017年12月　BOD一版
定價：420元
版權所有　翻印必究
本書如有缺頁、破損或裝訂錯誤，請寄回更換

國家圖書館出版品預行編目

傳道報國：日治末期臺灣基督徒的身分認同(1937-1945) /
盧啟明著. -- 一版. -- 臺北市：秀威資訊科技, 2017.12
　　面；　公分 -- (國立臺灣師範大學歷史研究所專刊；
41)
　BOD版
　ISBN 978-986-326-490-3(平裝)

　1. 基督徒　2. 國家認同　3. 日據時代　4. 臺灣

248.33　　　　　　　　　　　　　　　106019677

讀 者 回 函 卡

感謝您購買本書，為提升服務品質，請填妥以下資料，將讀者回函卡直接寄回或傳真本公司，收到您的寶貴意見後，我們會收藏記錄及檢討，謝謝！

如您需要了解本公司最新出版書目、購書優惠或企劃活動，歡迎您上網查詢或下載相關資料：http:// www.showwe.com.tw

您購買的書名：＿＿＿＿＿＿＿＿＿＿＿＿＿＿＿＿＿＿＿＿＿＿＿＿＿

出生日期：＿＿＿＿＿＿年＿＿＿＿＿＿月＿＿＿＿＿日

學歷：□高中 (含) 以下　　□大專　　□研究所 (含) 以上

職業：□製造業　□金融業　□資訊業　□軍警　□傳播業　□自由業
　　　□服務業　□公務員　□教職　　□學生　□家管　　□其它＿＿＿＿

購書地點：□網路書店　□實體書店　□書展　□郵購　□贈閱　□其他

您從何得知本書的消息？

　□網路書店　□實體書店　□網路搜尋　□電子報　□書訊　□雜誌
　□傳播媒體　□親友推薦　□網站推薦　□部落格　□其他＿＿＿＿＿＿

您對本書的評價：（請填代號　1.非常滿意　2.滿意　3.尚可　4.再改進）

　封面設計＿＿＿　版面編排＿＿＿　內容＿＿＿　文／譯筆＿＿＿　價格＿＿＿

讀完書後您覺得：

　□很有收穫　□有收穫　□收穫不多　□沒收穫

對我們的建議：＿＿＿＿＿＿＿＿＿＿＿＿＿＿＿＿＿＿＿＿＿＿＿＿

＿＿＿＿＿＿＿＿＿＿＿＿＿＿＿＿＿＿＿＿＿＿＿＿＿＿＿＿＿＿＿＿

＿＿＿＿＿＿＿＿＿＿＿＿＿＿＿＿＿＿＿＿＿＿＿＿＿＿＿＿＿＿＿＿

＿＿＿＿＿＿＿＿＿＿＿＿＿＿＿＿＿＿＿＿＿＿＿＿＿＿＿＿＿＿＿＿

11466

台北市內湖區瑞光路 76 巷 65 號 1 樓

秀威資訊科技股份有限公司　　　收

BOD 數位出版事業部

....

（請沿線對折寄回，謝謝！）

姓　　名：＿＿＿＿＿＿＿＿＿＿　年齡：＿＿＿＿　性別：□女　□男

郵遞區號：□□□□□

地　　址：＿＿＿＿＿＿＿＿＿＿＿＿＿＿＿＿＿＿＿＿＿＿＿＿

聯絡電話：(日)＿＿＿＿＿＿＿＿＿＿　(夜)＿＿＿＿＿＿＿＿＿＿

E-mail：＿＿＿＿＿＿＿＿＿＿＿＿＿＿＿＿＿＿＿＿＿